Hostigamiento psicológico laboral:

el *mobbing* y su incorporación en la legislación laboral venezolana

Juan Carlos Pró-Rísquez

Abogado, *Magna Cum Laude*, Universidad Central de Venezuela
Magíster en Derecho (LL.M.), Southern Methodist University
Doctor en Ciencias, mención «Derecho», Universidad Central de Venezuela
Profesor Titular y Jefe de la Cátedra de Derecho del Trabajo
y de la Seguridad Social, Escuela de Derecho, Facultad de Ciencias Jurídicas
y Políticas, Universidad Central de Venezuela

Hostigamiento psicológico laboral:
el *mobbing* y su incorporación en la legislación laboral venezolana

Revista Venezolana de Legislación y Jurisprudencia, C. A.
Caracas, 2019

Editorial RVLJ (Revista Venezolana de Legislación y Jurisprudencia, C. A.)

Diagramación y portada: Reinaldo R. Acosta V.
Corrección: Elizabeth Haslam

Depósito Legal N° DC2019000893
ISBN 978-980-7561-11-2

Correo: revista_venezolana@hotmail.com
Twitter & Instagram: @la_rvlj
www.rvlj.com.ve
Los Ruices, Caracas-Venezuela. Código Postal 1071
Teléfono: (0212) 234.29.53

Acta-veredicto de ascenso a la categoría de «titular»

Quienes suscriben, miembros del jurado designado por el Consejo de la Facultad de Ciencias Jurídicas y Políticas el profesor Ramón Escovar León, el profesor Alberto Arteaga Sánchez y por el Consejo de Desarrollo Científico y Humanístico, el profesor Julio Corredor, para examinar el trabajo titulado «*Hostigamiento psicológico laboral: el mobbing y su incorporación en la legislación laboral venezolana*» con el fin de ascender a la categoría de Titular, presentado por el profesor Asociado Juan Carlos Pró-Rísquez (…) dejan constancia de lo siguiente:

1. El jurado fijó el día 6 de marzo de 2018 a las 3:00 pm en el Aula 15 de la Escuela de Derecho de la Facultad de Ciencias Jurídicas y Políticas, para que su autor exponga y defienda el trabajo presentado, dando así cumplimiento al artículo 94 del Reglamento del Personal Docente y de Investigación de la Universidad Central de Venezuela.

2. Ese día a la hora fijada, se procedió a la instalación formal del acto académico, con presencia de público. El coordinador informó al profesor del tiempo que disponía para hacer su presentación y el profesor Asociado Juan Carlos Pró-Rísquez realizó una presentación del trabajo «*Hostigamiento psicológico laboral: el mobbing y su incorporación en la legislación laboral venezolana*» con apoyo audiovisual realizó una presentación en *power point*. Dicha exposición duró 45 minutos. Concluida la presentación, los miembros del jurado hicieron observaciones y formularon un conjunto de preguntas que fueron respondidas a cabalidad por el profesor Asociado. Además, el jurado verificó la formalidad de la publicación efectiva acorde con el Reglamento. Finalizada la defensa del trabajo de ascenso, el jurado

decidió por unanimidad de acuerdo con el artículo 93 del Reglamento citado, el admitirlo por considerar, sin hacerse solidario de las ideas expuestas por el autor, que se trata de un trabajo personal que representa un aporte significativo al Derecho, que constituye un valioso aporte para la ciencia jurídica venezolana. Asimismo refleja la madurez y cultura jurídica de su autor, tal como requiere para ascender a la categoría del profesor Titular, al exponer claramente las diferentes posiciones sobre el tema planteado, tanto en la doctrina venezolana como en la extranjera, expresando también su opinión personal al respecto, todo de conformidad a lo pautado en los artículos 75 y siguientes del Reglamento del Personal Docente y de Investigación de la Universidad Central de Venezuela.

3. En vista de los méritos del trabajo el jurado, por unanimidad, acordó concederle mención honorífica y recomendó su publicación.

En fe de lo cual se levanta la presente acta-veredicto, en seis ejemplares de un mismo tenor y a un solo efecto, en Caracas a los 6 días del mes de marzo del año 2018, dejándose también constancia que conforme a lo dispuesto por el Consejo de la Facultad, actuó como coordinador del jurado el profesor Alberto ARTEAGA SÁNCHEZ.

Profesor Ramón ESCOVAR LEÓN   Profesor Alberto ARTEAGA SÁNCHEZ
                Profesor Julio CORREDOR

A mi pesar, tuve que apartar del pensamiento a nuestros hijos soldados
en cuanto se terminó la merienda, porque mis compañeros me habían preparado
una novatada y al volver al tractor empezaron a tirarme bolas (…)
y a reírse tanto con el juego que al final me reí yo también y les devolví
mis buenos bolazos (…) me habría parecido que jugábamos como cuando niños
con bolas de nieve. Al rato llegó el supervisor y dejamos todos la juerga
y volvimos a lo nuestro. El supervisor no se lo tomó a mal
y me dijo que era normal esa broma con los nuevos, para irnos conociendo
y perdiéndonos el respeto y hacer cariño y lazos, que sin afectos
el trabajo se podía hacer monótono, aburrido y eterno, y que por lo demás
en el sótano blanco eran todos estupendos compañeros y que no me preocupase,
que una pasada la novatada era ya uno de ellos y no habría más bromas pesadas
sino mucho respeto y ayuda para lo que me hiciera falta, y bromas de las otras,
de las que alegran sin ensuciar, según fuesen surgiendo en la dinámica del día a día.
A mí, que la novatada no podía haberme importado menos y que
hasta lo había pasado bien, me pareció que el supervisor exageraba
con tanta reserva y tanta explicación, que esas cosas entre hombres y mujeres
que trabajan juntos y comparten el sudor, aunque el sudor no huela,
son de lo más normales, pero el supervisor era un tipo un tanto estirado
al que le gustaba explicar muchísimo lo obvio. Eso sí, correcto y muy educado.

Rendición
Ray Loriga
Premio Alfaguara de Novela 2017
Penguin Random House Grupo Editorial, S.A.U.
Barcelona, 2017, pp. 107 y 108.

*Para mis hijos, Álvaro, Camilo, Marisol y Amanda,
con la esperanza que vivan en un mundo amable y que sean felices,
independientes, bondadosos y productivos.*

Sumario

Introducción

Creemos que el Derecho del Trabajo contemporáneo se debe enfocar principalmente en la persona prestadora de servicios laborales subordinados y su ambiente de trabajo, y muy particularmente en el estudio y desarrollo de los derechos del trabajador como persona y ciudadano frente a su patrono, en relación con su entorno en su centro de trabajo, a lo que se suele referir como ciudadanía en la empresa[1]. En efecto, el Derecho del Trabajo es una disciplina que está inusitadamente referida a la protección de uno de los sujetos de la relación laboral, el trabajador, y la mayoría de sus normas están elaboradas para protegerlo, e incluso su normativa está menos interesada en las obligaciones propias de esa relación de trabajo, en su objeto y en su causa, que en la persona física del trabajador[2].

Por ello es nuclearmente importante revisar los remedios otorgados por las normas jurídicas, y aplicados por los órganos jurisdiccionales, para la adecuada protección de los derechos del trabajador en su condición de ser humano. La dignidad de la persona del trabajador, los derechos inviolables que le son inherentes, el libre desarrollo de la personalidad, el respeto a la

---

[1] JEAMMAUD, Antoine: «Los derechos de información y participación en la empresa. La ciudadanía en la empresa». En: *Autoridad y democracia en la empresa*. Madrid, Editorial Trotta, 1992, p. 179.

[2] No desconocemos que la legislación laboral vigente en Venezuela, el Decreto Ley Orgánica del Trabajo, los Trabajadores y las Trabajadoras (DLOTTT), pretende privilegiar al «proceso social trabajo» que al trabajador mismo, y que esa es la idea en que pretende fundamentar su normativa y propósito. No obstante ello, más del noventa por ciento (90 %) del DLOTTT repite y reedita la normativa de la derogada Ley Orgánica del Trabajo de 1990 (LOT), parcialmente modificada en 1997 y en 2011, por lo que se repite finalmente la idea originaria de la LOT, que no es otra que la protección física e intelectual del trabajador, como persona natural que es.

ley y a los derechos de los demás, constituyen el fundamento del orden político y de la paz social, y deben ser recogidos por el ordenamiento laboral.

En los últimos años ha aumentado la preocupación entre los investigadores de la salud y la seguridad en el trabajo, ante el crecimiento de tipos de conductas laborales con efectos adversos para la salud, seguridad y bienestar de los trabajadores. La globalización, el aumento de competencia y la movilidad trasnacional, el subempleo y la inestabilidad laboral sin duda influyen psicológicamente en nuestra vida profesional. Surge así el estudio sobre la figura del hostigamiento en el trabajo que ha sido tímidamente desarrollada por la doctrina patria[3], no obstante que se reseña

---

[3] Véase entre otros: Kahale Carrillo, Djamil Tony: Mobbing: *El acoso laboral. Tratamiento jurídico y preventivo.* Caracas, Vadell Hermanos Editores, 2011; Kahale Carrillo, Djamil Tony: «El acoso moral en el trabajo (*"mobbing"*): Delimitación y herramientas jurídicas para combatirlo». En: *Gaceta Laboral*, Vol. 13, N.° 1, Maracaibo, Enero, 2007, http://www.scielo.org.ve/scielo.php?script=sci_arttext&p id=S1315-85972007000100005; Morales, María: «Acoso Laboral como riesgo psicosocial en el contexto laboral venezolano». En: *Lex Laboro*, Vol. VI, enero-julio 2014, http://publicaciones.urbe.edu/index.php/lexlaboro/article/viewArticle/2928/4125; Navarro Urbáez, Ricardo: «La violencia desde la óptica del profesional: frente a la víctima y al victimario». En: *Derecho contra la violencia.* Mérida, Navarro, Catán y Asociados-Universidad de los Andes, Corpoula, s/f, pp. 261-294; Mena, Carla: «El *mobbing* o acaso laboral en el trabajo». En: *Revista Derecho del Trabajo*, N.° 5, Fundación Universitas, 2008, pp. 595-612; Molina Navarrete, Cristóbal: «La batalla por el derecho humano a un ambiente laboral libre de acoso-*mobbing*». En: *Revista Derecho del Trabajo*, N.° 5, Fundación Universitas, 2008, pp. 537-572; Mangarelli, Cristina: «El acoso en las relaciones de trabajo. *Mobbing* laboral». En: *Revista Derecho del Trabajo*, N.° 5, Fundación Universitas, 2008, pp. 509-536; González Fuenmayor, Mervy: *Las conductas lesivas en las relaciones laborales.* Caracas, Vadell Hermanos Editores, 2009; Rodríguez de Tescari, Marbella: «El acoso laboral atentado contra la dignidad humana». En: *Libro Homenaje a la Academia de Ciencias Políticas y Sociales en el Centenario de su fundación 1915-2015*, Caracas, Colección Centenario, Acienpol, 2015, T. I, pp. 543-567; Henríquez, Carlos Alberto: «El acoso laboral y medios probatorios». Venamcham, Comité de Seguridad, Higiene y Ambiente. Marzo 2015, http://venamcham.org/index.php?option=com_

un aumento progresivo del hostigamiento psicológico laboral[4]. Se trata de una figura más común de lo que parece, que propicia un profundo deterioro psíquico en el trabajador, y de allí que parte importante de su estudio

content&view=article&id=1983:comite-de-seguridad-higiene-y-ambiente-marzo-2015&catid=8:comite-al-dia; Gil, Carmen: *Propuesta de Anteproyecto de ley contra el acoso laboral ante la inexistencia de un instrumento legal en Venezuela*, Universidad Nororiental privada, «Gran Mariscal de Ayacucho», Facultad de Derecho, mayo 2015, http://www.grin.com/es/e-book/300926/propuesta-de-anteproyecto-de-ley-contra-el-acoso-laboral-ante-la-inexistencia. Entre los trabajos de grado puede citarse, entre otros: Manrique, Yevelyn: *El* mobbing *como conducta lesiva de la relación de trabajo y el* mobbing *horizontal dentro del marco normativo laboral venezolano*. Trabajo Especial presentado para optar al Título de Especialista en Derecho del Trabajo. Caracas, Universidad Central de Venezuela, Facultad de Ciencias Jurídicas y Políticas, Centro de Estudios de Postgrado, Especialización en Derecho del Trabajo, noviembre 2010 (Tutora: Carla Mena); Córdova, Janette: *Análisis jurisprudencial del* mobbing *en Venezuela*. Trabajo Especial presentado para optar al Título de Especialista en Derecho del Trabajo. Caracas, Universidad Central de Venezuela, Facultad de Ciencias Jurídicas y Políticas, Centro de Estudios de Postgrado, abril 2010 (Tutora: Carla Mena); Córdova, Janette*: La prueba documental del* mobbing *en Venezuela*. Trabajo Especial presentado para optar al Título de Especialista en Derecho Procesal. Área del conocimiento Procesal Laboral. Caracas, Universidad Central de Venezuela, Facultad de Ciencias Jurídicas y Políticas, Centro de Estudios de Postgrado, octubre 2012 (Tutor: Marcial Mundaray Silva); De Figueredo, María E.: *El marco jurídico del* mobbing *en Venezuela*. Trabajo Especial presentado para optar al Título de Especialista en Derecho del Trabajo. Caracas, Universidad Central de Venezuela, Facultad de Ciencias Jurídicas y Políticas, Centro de Estudios de Postgrado, abril 2010, (Tutora: Carla Mena).

4   Véase: Rojo, José Vicente y Ana María Cervera: Mobbing *o acoso laboral*. Madrid, Tébar, 2005, pp. 9 y 10, el 3 de mayo de 1996, en la Carta Social Europea se estableció el deber de promover la sensibilización, información y prevención en actos condenables o explícitamente hostiles u ofensivos dirigidos de modo repetido contra todo asalariado en el lugar de trabajo y adoptar las medidas apropiadas para proteger a los trabajadores contra tales comportamientos. En 1998 y 1999 la OIT realizó estudios indicando porcentajes de afectados. Y así en los países nórdicos se habla de «*mobbing*» desde los años 90. Y en Suecia, por ejemplo, está definido legalmente desde 1993. El Parlamento Europeo, en acta de 20 de septiembre de 2001, realizó consideraciones sobre el *mobbing*. Haciendo llamamiento a los empresarios, a los Estados miembros y a la Comisión, a la que encargó la redacción del

derive de la psicología, que ha de entrelazarse con el Derecho para lograr una visión general[5]. Y aunque marcado por una ciencia extraña para el jurista, la figura ha logrado un desarrollo interesante y progresivo en el ámbito del Derecho del Trabajo[6]. Por lo que resulta útil analizar su evolución y situación en el ordenamiento, doctrina y jurisprudencia venezolana.

Así refiere Ausfelder que millones de trabajadores sufren cada día vejaciones por parte de sus compañeros y jefes. El domingo al mediodía estas personas ya padecen dolor de estómago por tener que ir a trabajar el lunes por la mañana. ¿Qué no es algo nuevo? Cierto. Pero lo que durante mucho

---

«libro verde» sobre el tema, concediendo como plazo máximo para el cumplimiento marzo de 2002; Kahale Carrillo, *El acoso moral...*; según una investigación realizada en la Universidad de Henáres, son más de un millón y medio de trabajadores –lo que supone un 11,4 % de la población activa– los que han sido víctimas de acoso moral en la empresa; Cubillo Rodríguez, Carlos: *Tratamiento jurídico del* mobbing. Madrid, Editorial Centro de Estudios Ramón Areces S. A., 2008, p. 98, reseña una importante incidencia del *mobbing*, relacionado directamente con la falta de capacitación suficiente en materia de adiestramiento de personal; Güiza, Leonardo y Adriana Camacho: *Acoso laboral en Colombina*. Bogotá, Universidad del Rosario-Legis, Colección Precedentes Jurisprudenciales, reimp., 2014, p. 20, la violencia en el lugar de trabajo es un tema que ha suscitado interés en las últimas tres décadas a raíz del estudio de Leymann. Se trata de una figura que tiene por finalidad hacer mella en la psiquis del acosado.

[5] Véase: Ugarte, José Luis: «El acoso laboral: entre el Derecho y la Psicología». En: *Revista de Derecho de la Pontificia Universidad Católica de Valparaíso*, N.º xxxix, Valparaíso, 2012, pp. 221-231; Rivas Vallejo, Pilar: *Violencia psicológica en el trabajo: su tratamiento en la jurisprudencia*. Madrid, Thomson-Civitas, 2005, p. 10, el asunto debiera indagarse desde la perspectiva de la prevención de riesgos y desde un orientación propia de la «psicología del trabajo». Aunque jurídicamente no resulte de interés ahondar en las claves psicológicas del comportamiento ni en los *modus operandi* ni objetivos perseguidos por el acosador; Güiza y Camacho, ob. cit., p. 23, gracias a la doctrina médica y psicológica se han establecido las conductas que delimitan los casos de acoso laboral.

[6] Ugarte, ob. cit., p. 221, La adopción de la figura del acoso laboral en el Derecho del trabajo ha sido difícil y paulatina, debido particularmente a que el concepto proviene de una disciplina ajena al mundo legal, la Psicología.

tiempo los afectados se callaron por miedo o por vergüenza, a principios de la década de 1990 se convirtió en un tema de discusión pública que recibió el nombre de *mobbing* o «acoso laboral», y encontró una gran repercusión –¿a quién le sorprende?– entre los profesionales[7]. El trabajador pasa casi un tercio de su vida en el lugar de trabajo[8]. De allí el impacto de la figura a la que hemos dedicado nuestra investigación.

Así, en el presente estudio, abordaremos uno de los temas de reciente interés en la disciplina que nos ocupa, como lo es el hostigamiento psicológico que puede sufrir el trabajador en su ambiente laboral, también conocido como acoso moral, violencia o maltrato psicológico, *mobbing*, psicoterror, acoso corporativo o violencia psicológica en el trabajo, acoso institucional y otras conductas intimidatorios y psicológicamente lesivas contra el trabajador, dentro y, algunas veces, fuera de su ambiente laboral. Compartimos la postura de Piñuel y Zabala cuando rechaza el término acoso «moral», ya que se debería decir «inmoral» en todo caso[9]. A la vez,

---

[7] Ausfelder, Trude: Mobbing: *El acoso moral en el trabajo. Prevención, síntomas y soluciones.* España, Océano Ámbar, 2002, p. 8, En algunos lugares, la gente se encarga de que la atmósfera en la empresa no sea en ningún momento tan buena como les hubiera gustado. Ahora se buscan –¡bastante tarde y todavía con mucho retraso!– medidas preventivas y posibilidades de solución, pues un mal ambiente de trabajo fomenta el acoso laboral. Por otra parte, estas situaciones pueden provocar trastornos graves al trabajador, lo cual, en términos empresariales, redunda en un descenso de su productividad.

[8] Ibíd., p. 10.

[9] Piñuel y Zabala, Iñaki: «El *mobbing* o acoso psicológico en el trabajo». En: *El* mobbing *desde la perspectiva social, penal y administrativa.* Consejo General del Poder Judicial, Centro de Documentación Judicial, Escuela Judicial, Estudios de Derecho Judicial N.° 94, Carlos Mir Puig (Director), 2006, p. 18, «El concepto de *mobbing*, traducido de manera correcta al castellano como acoso psicológico y no «acoso moral» –deberíamos decir inmoral, en todo caso–, posee un sustrato ético esencial que se refiere a la falta de respeto y de consideración del derecho a la dignidad del trabajador como un elemento relevante o sustancial de la relación laboral».

preferimos el término «acoso» laboral al de *mobbing*[10] según veremos, aunque ambas expresiones serán utilizadas dada la extensión del presente estudio y el uso que le ha dado la doctrina extranjera y patria. Aunque más precisamente nos referiremos generalmente a «hostigamiento psicológico laboral» porque el acoso bajo estudio se enfoca en el aspecto psíquico o psicológico –no físico[11]– en el ámbito de la relación de trabajo.

Claro que el hostigamiento a los seres humanos en general, ya sea producto de una visión política diferente, creencias religiosas disímiles, preferencia sexual y muchas otras causas de discriminación arbitraria se efectúan con frecuencia en todas las sociedades, pero ello excede los límites de lo que queremos exponer en este trabajo, y de allí su limitación a cómo opera y existe dentro del ámbito de la relación de trabajo.

En efecto, la razón de la situación de acoso enlaza directamente con problemas cuyos orígenes puede estar conectado con aspectos que se pueden escapar al principio más racional del orden social y ser ajenos, incluso, a la propia dinámica de las relaciones laborales[12]. El hostigamiento, en sus

---

[10] Véase igualmente: Arbonés Lapena, Hilda Irene: *Acoso moral en el trabajo y su tutela preventiva*. España, Edit. Bomarzo, 2014, p. 13, el acoso laboral o acoso moral en el trabajo, antiguamente llamado –para mi mal llamado *mobbing*– es algo extremo que supone agresividad en las relaciones de trabajo.

[11] Véase: Vidal Casero, María del Carmen: *El* mobbing *en el trabajo. su problemática*, http://www.bioeticacs.org/iceb/investigacion/el_mobbing_en_el_trabajo.pdf, En general, el *mobbing* implica un ataque, no físico ni de contenido sexual, a cualquier empleado de la organización independientemente de sus características –edad, género, raza, creencias, nacionalidad, o incapacidad–, intencional –obligar al trabajador a que abandone el trabajo–, persistente y con cierta intensidad –al menos una vez a la semana y durante seis meses–, y con consecuencias negativas para el individuo, la organización y la sociedad. El trabajador víctima encuentra dificultad para defenderse por sí mismo, por lo que se trata de un conflicto asimétrico, donde existe una diferencia de poder –social, físico, económico, y psicológico– entre este y el agresor.

[12] Pérez Alonso, María Antonia: «El acoso en el ámbito de las relaciones laborales». En: *Revista de Actualidad Jurídica Iberoamericana*, N.º 6, Idibe, febrero 2017, p. 197 http://idibe.org/numeros-de-revista/.

múltiples formatos, se configura esencialmente por medio de innumerables y persistentes incumplimientos de deberes que la ley y el contrato de trabajo asigna al empleador: de buena fe, otorgar ocupación adecuada, indemnidad, ejercicio funcional del *ius variandi*, e igualdad de trato, entre otras causas[13].

Nuestro objeto de estudio viene dado por una variante de la violencia en el trabajo[14], según la cual un miembro o un grupo de la estructura jerárquica del patrono −superior, de igual o, incluso, de un rango inferior− ejecuta conductas de maltrato persistente, deliberado y sistemático contra otro trabajador, con el objetivo de obtener su salida de la organización empresarial o impedir su desarrollo en el mismo. Este fenómeno recién fue identificado a principios de la década de los años noventa del siglo pasado, considerándose como un hecho que afecta gravemente el ambiente

---

[13] Calvimonte, Beatriz: «*Mobbing*: no nos olvidemos de la retención de tareas». Diciembre 2008, http://www.saij.gob.ar/beatriz-calvimonte-mobbing-nos-olvidemos-retencion-tareas-dacc08010, Todos encuentran su fundamento normativo en la cumbre del sistema jurídico argentino: instrumentos internacionales −Declaración Americana de los Derechos y Deberes del Hombre, 1948, Declaración Universal de Derechos Humanos, 1948, El Pacto Internacional de Derechos Económicos, Sociales y Culturales, 1966, Convención Americana sobre Derechos Humanos o Pacto de San José de Costa Rica 1969, Convenio 111 de la OIT−, Constitución Nacional.

[14] Véase: Mena, ob. cit., p. 596, el *mobbing* es una forma de violencia discriminatoria hacia una determinada parte de sus superiores o el resto de compañeros que afecta por igual a hombres y mujeres, de todas las edades y puede causar el hundimiento psicológico, su objetivo es intimidar, reducir, amedrentar, consumir emocional e intelectualmente a la víctima, con el fin de eliminarla de la organización, lo que puede llevar a su despido, abandono voluntario o hasta provocar el suicidio (en sentido semejante: González Fuenmayor, ob. cit., pp. 29 y 30); Correa Carrasco, Manuel: «La juridificación del acoso moral en el trabajo: bases metodológicas». En: *Temas Laborales: Revista Andaluza de Trabajo y Bienestar Social*, N.º 77, 2004, pp. 39 y ss. https://dialnet.unirioja.es/descarga/articulo/1060741.pdf, el acoso moral es una manifestación específica de la violencia.

de trabajo y disminuye la productividad, favorece el absentismo y produce
desgastes en la salud[15] de los trabajadores.

Reflexionaremos y discutiremos sobre la necesidad de la recurrencia de los
referidos actos lesivos, así como su duración, para señalar nuestro criterio
al respecto, que difiere del recogido por la jurisprudencia patria que ha
hecho suyo lo señalado por la doctrina judicial española.

En los países iberoamericanos, el acoso u hostigamiento psicológico al trabajador es conocido como *mobbing*, utilizando un anglicismo que curiosamente no es usado en los países angloparlantes, donde se refieren a estas
conductas como *harassment in the workplace*, u hostigamiento psicológico
en el lugar de trabajo[16], término este que preferimos a los efectos del presente
trabajo según indicamos *supra*. No deja de ser curioso que la doctrina an-
glosajona no hace referencia alguna al *mobbing* como término de moda para
aludir al fenómeno que nos ocupa. De hecho, en reuniones con juristas
anglosajones, la palabra *mobbing* les parece algo ajeno a nuestra disciplina.

Señala la doctrina que el término *mobbing*, viene de la voz inglesa *mob*,
que en idioma castellano traduce «atacar en grupo, acosar, asediar»[17].

---

[15] Véase: Arbonés Lapena, ob. cit., p. 14, la preocupación por su aparición viene
        básicamente por sus efectos devastadores en la «salud» del trabajador.
[16] Véase: Trujillo Pons, Francisco: «El tratamiento de la provincia canadiense de
        Quebec respecto del acoso psicológico en el lugar de trabajo», RTSS, CEF, N.º 399,
        junio 2016, p. 97, en Canadá se considera como la acepción más acertada «acoso
        moral en el trabajo» (*workplace harassment*), aunque posteriormente se ha acudido
        a otros términos diversos.
[17] *The Oxford Spanish Dictionary*, Oxford University Press, 1994. Véase también:
        Kahale Carrillo, *El acoso...*, ob. cit., la palabra *mobbing* proviene del inglés
        del verbo *to mob* que significa «atacar en tumulto», «atropellar»; Rivas Vallejo,
        ob. cit., p. 19, atacar, atropellar o hacer la vida imposible; Ausfelder, ob. cit.,
        p. 15, La expresión «acoso laboral» es clara: indica la presión obstinada que sufre
        un trabajador en su empresa. Más problemas presenta la expresión *mobbing*, muy

Ahora bien, coincidimos con lo expuesto en el *European Journal of Work and Organizacional Phychology*[18] donde se precisa que no es correcto utilizar el vocablo *bullying* para referirnos al acoso laboral puesto que en la mayoría de los casos no tienen las características de violencia física del *bullying*[19].

_____

generalizada, sobre todo cuando no se conoce demasiado bien la lengua inglesa. El sustantivo *mob* procede del inglés y significa algo así como «gentuza, cuadrilla, chusma». El verbo *to mob* puede traducirse por «arremeter o lanzarse contra alguien, injuriar groseramente». En el contexto anglosajón se utiliza con frecuencia en sentido positivo, por ejemplo, cuando una estrella del cine o del *rock* es asediada por sus fans; Palavecino Cáceres, Claudio: «El nuevo ilícito del acoso laboral en el Derecho del Trabajo chileno». En: *Revista Chilena de Derecho del Trabajo y de la Seguridad Social*, Vol. 3, N.º 6, 2012, p. 14, Downloads/42769-149876-1-PB. pdf. Por su parte, el término «hostigamiento» es, conforme al *diccionario* de la RAE, la «acción y efecto de hostigar» y «hostigar», según la misma fuente, significa en su segunda acepción «molestar a alguien o burlarse de él insistentemente», siendo por ende el hostigamiento al que alude la ley un tipo o especie de agresión. La definición legal indica que la agresión u hostigamiento puede efectuarse por cualquier medio. Por consiguiente, el acoso laboral comprende acciones tanto de carácter verbal como escrito, gestual o de contacto físico, actitudes y también omisiones. Los actos de agresión verbal cobran especial relevancia como método de acoso: Los dardos e insidias verbales que los humanos pueden prodigar no tienen parangón, y aunque sus consecuencias sean, a primera vista, poco lesivas, pueden tener efectos devastadores en un animal que ha llegado a considerar los signos de estatus social –el respeto, la fama, la dignidad, etc.– como un elemento crucial de su existencia. De nuestra parte, generalmente nos referiremos en lo sucesivo a «hostigamiento psicológico laboral».

18   European Journal of Work and Organizational Psychology: *Mobbing Laboral*, 1996. Recuperado en http://www.ccoo.uji.es/documents/ccs/2202/mobbing.htm [octubre 12, 2005, 11:12 pm].

19   Véase sin embargo: Palavecino Cáceres, ob. cit., p. 15, el acoso laboral también puede implicar violencia física. Los actos de violencia física dirigidos contra la víctima suelen ser normalmente leves: se le pisa el pie, se le empuja, se le cierra la puerta en las narices; o bien las actitudes vejatorias pueden aparecer como actos de mera descortesía o mala educación, en sí, jurídicamente irrelevantes: se interrumpe constantemente a la víctima, ya no se le habla, se ignora su presencia, se utilizan gestos de desprecio dirigidos a ella –suspiros, miradas despectivas, encoger los hombros, etc.–. Aunque «dicho ataque, tomado por separado, no es realmente grave; es el efecto acumulativo de microtraumatismos frecuentes y repetidos lo que constituye la agresión».

Nos señala la referida publicación que el *bullying* escolar[20] está fuerte-
mente caracterizado por actos físicamente agresivos, no así el *mobbing*
que tiende a conductas más sofisticadas, cínicas, como, por ejemplo,
el aislamiento social de la víctima. Se habla inclusive de acoso vecinal
o *blocking*[21]. Así mismo, en forma interesante se refiere que la figura acontece
en diversos ámbitos más allá del laboral, como es el militar, según refiere
la doctrina española[22].

Se alude también a «presión laboral tendenciosa» haciendo hincapié en
la conducta del agresor o sujeto activo. Tal término englobaría, incluso,
aunque más escasos, episodios de violencia física[23].

---

[20] Véase también identificado el acoso escolar con *bullying*: Pérez Alonso, ob. cit.,
p. 203.

[21] Véase entre otros: «El acoso vecinal existe y tiene un nombre: *blocking*», http://www.
elmundo.es/economia/vivienda/2017/05/12/5914b369e5fdeaa9488b45c1.html;
http://nuriacanseco.com/acoso-vecinal-o-blocking/2016/02; Ragués i Valles, Ramón: «El acoso (*mobbing*) inmobiliario: respuestas jurídicas». En: *El* mobbing *desde la
perspectiva social, penal y administrativa*. Consejo General del Poder Judicial, Centro
de Documentación Judicial, Escuela Judicial, Estudios de Derecho Judicial N.° 94,
Carlos Mir Puig (Director), 2006, p. 338. Es aquella conducta de hostigamiento que
un sujeto realiza al legítimo poseedor de un inmueble con la finalidad que este acabe
abandonándolo y renunciando a sus derechos.

[22] Véase: Juanes Peces, Ángel: «El fenómeno del *mobbing* en el ámbito castrense». En:
El mobbing *desde la perspectiva social, penal y administrativa*. Consejo General del
Poder Judicial, Centro de Documentación Judicial, Escuela Judicial, Estudios de
Derecho Judicial N.° 94, Carlos Mir Puig (Director), 2006, p. 281, cita sentencia
que utilizó dicho término de la Sala Quinta de lo Militar, mediante voto particular
emitido con respecto a la sentencia de 17-01-06.

[23] Véase: Gimeno Lahoz, Ramón: *La presión laboral tendenciosa* (mobbing). Universitat de Girona, tesis doctoral, septiembre 2004, p. 53, www.bvsde.ops-oms.org/
bvsacd/cd49/presion.pdf; Rivas Vallejo, ob. cit., p. 11, se utilizan los términos
tales como *mobbing*, acoso moral, hostigamiento, hostigamiento psicológico en el
trabajo y acoso laboral tendencioso.

La primera publicación en la cual se estudiaron casos de hostigamiento psicológico en el mundo laboral se le atribuye a BRODSKY[24]; sin embargo, esta publicación apenas tuvo influencia en las investigaciones posteriores, debido a que BRODSKY no estuvo directamente interesado en analizar estos casos, sino que, por el contrario, los presentó conjuntamente con otras patologías, tales como: agotamiento físico producido por horarios excesivos, tareas monótonas, etc.

De acuerdo con la doctrina especializada, la palabra *mobbing* es utilizada por primera vez por el profesor Heinz LEYMANN en la década de los 80, al frente de un equipo sueco de investigación, el cual recoge el término que ya había utilizado el zoólogo y etnólogo austriaco Konrad LORENZ (1903-1989, Premio Nobel compartido en 1973 por sus estudios del comportamiento animal) en su última etapa para estudiar el comportamiento entre animales[25].

MORALO GALLEGO[26] señala que «Honrad LORENZ usaba la palabra para describir una conducta animal —el ataque de una coalición de los miembros más débiles de una especie contra otro individuo más fuerte que ellos—[27].

---

[24] BRODSKY, Carroll: *The Harassed Worker*, Toronto-Canadá, Lexinton Books, DC Health and Company, 1976.

[25] Véase, sin embargo —citando a HIRIGOYEN—, que, primeramente, inició los estudios el psiquiatra norteamericano BRODSKY en 1976, aunque LEYMANN sea reconocido como el padre del concepto y el que se adentró a su estudio: PEÑA SAINT MARTÍN, Florencia y Sergio G. SÁNCHEZ DÍAZ: «El *mobbing*. Su contenido y significado». En: *V Congreso Nacional AMET 2006, Trabajo y Reestructuración: los retos del nuevo siglo.* www.iztapalapa.uam.mx/amet/vcongreso/webamet/indicedemesa/.../Penasm19.pdf.

[26] MORALO GALLEGO, Sebastián: «El *mobbing* o acoso moral en el trabajo. Responsabilidad social». En: *El* mobbing *desde la perspectiva social, penal y administrativa.* Consejo General del Poder Judicial, Centro de Documentación Judicial, Escuela Judicial, Estudios de Derecho Judicial N.° 94, Carlos MIR PUIG (Director), 2006, p. 120.

[27] Véase: MIR PUIG, Carlos: «El acoso moral en el trabajo (*mobbing*) y en la escuela (*bullying*) y el Derecho Penal». En: *El* mobbing *desde la perspectiva social, penal y administrativa.* Consejo General del Poder Judicial, Centro de Documentación Judicial, Escuela Judicial, Estudios de Derecho Judicial N.° 94, Carlos MIR PUIG (Director),

HEINEMANN la utilizó después para describir el comportamiento de los niños de la clase. LEYMANN la acogió para sustituir el término *bullying*, que venían utilizando los investigadores ingleses y australianos y que tenía una connotación más cercana a la agresión física y a la amenaza». Sin embargo, para algunos este último término se limita al ámbito escolar[28].

El hostigamiento de esta naturaleza en el trabajo es la violencia psicológica[29] que uno o varios individuos en grupo ejercen sobre otro con el

---

2006, p. 178, El término anglosajón *mobbing* procede del verbo *to mob* que viene a significar acosar, atropellar, aunque con un cierto sentido colectivista de atacar en masa o de apiñarse, en torno a una persona a la que se agobia –de ahí viene la palabra *Mob*, con mayúsculas, que significa Mafia–. Previamente, el etólogo alemán Konrad LORENZ trasplantó a la zoología ese vocablo para referirse al hostigamiento en grupo de variadas especies de animales contra alguno de los miembros de la especie, que es casi siempre el más fuerte. También se utiliza, a veces, el término *harassment*, que significa hostigamiento; pero el término más científico es el de *mobbing*, utilizado específicamente en el ámbito laboral, que nada tiene que ver con otros vocablos como *burnout* –quemado profesionalmente–, que consiste en el desgaste que produce en trabajo excesivamente estresante, absorbente o competitivo al trabajador; BUSTAMENTE CASAS, María Cecilia: «El *mobbing* laboral», diciembre 2008, http://www.saij.gob.ar/maria-cecilia-bustamante-casas-mobbing-laboral-dacc080115-2008, el término *mobbing* fue utilizado por primera vez por el zoólogo Konrad LORENZ para describir el «ataque» que realiza un grupo de animales que generalmente acosan minuciosamente a un miembro del grupo para alejarlo. Luego el vocablo fue acuñado por Heinz LEYMANN, quien en un Congreso de Higiene y Seguridad en 1990, utilizó el término para describir actos de violencia acaecidos en el ámbito laboral (en el mismo sentido: BASILE, Alejandro Antonio: «El *mobbing* y sus implicaciones médico-legales», noviembre 2008, http://www.saij.gob.ar/alejandro-antonio-basile-mobbing-sus-implicancias-medico-legales-dacc080097-2008-); CAAMAÑO ROJO, Eduardo y José Luis UGARTE: «El acoso laboral: tutela y prueba de la lesión de los derechos fundamentales». En: *Revista Ius et Praxis*, Año 20, N.º 1, Universidad de Talca, Facultad de Ciencias Jurídicas y Sociales, 2014, pp. 69 y 70.

[28]   Véase: MIR PUIG, ob. cit., p. 179, El término *bullying* se reserva, en cambio, específicamente para los casos de acoso escolar, y hace alusión al «matonismo» –*Bull* significa matón–, a la actitud física intimidatorio y abusiva del matón actuando.

[29]   Véase: FERNÁNDEZ GARRIDO, Julio: «Perspectivas psicosociales en torno a la acoso y violencia psicológica en el trabajo». En: *Acoso moral en el trabajo. Concepto,*

ánimo de provocar disfuncionalidades en el desarrollo de su prestación laboral hasta llegar al agotamiento de su capacidad productiva[30]. La proliferación de estas conductas confiere una sensación de impunidad a los agresores y de indefensión a las víctimas potenciales que acaban viciando el ambiente de trabajo, creando lo que la doctrina española denomina una «organización tóxica». En efecto, se afirma que la figura se desarrolla en ambientes laborales que han sido calificados como «tóxicos» o propios de una especie de modelos de «feudalismo industrial»[31].

El hostigamiento laboral del empleador no constituye novedad en el ámbito del Derecho del Trabajo, pues es de vieja data que la conducta vejatoria que ejerza el patrono, ciertamente atenta contra la «dignidad» de la persona[32]. Siendo la dignidad, valor fundamental de la persona que impone el respeto a sus derechos personalísimos, y que obliga al patrono a prevenir toda conducta que la afecte, incluyendo ciertamente el hostigamiento[33].

---

prevención, tutela procesal y reparación de daños. Manuel CORREA CARRASCO (Coord.), Navarra, Aranzadi S. A., 2006, p. 18, la violencia psicológica supone actos agresivos, maltratos exteriorizados en la forma de comunicación —gestos, lenguaje, miradas, etc.–, fondo —amenazas, castigos, coacción, exigencias desmedidas, etc.–, consecuencias generadora de daños.

[30] Véase: ROJO y CERVERA, ob. cit., p. 11, resaltan definición del diario *Marca* de 31 de octubre de 2004, según la cual el *mobbing* es la comunicación hostil y sin ética, dirigida de manera sistemática a un individuo que es arrastrado a la indefensión, limitando su comunicación, desprestigiando su capacidad laboral o comprometiendo su salud».

[31] CORREA CARRASCO, *El concepto...*, p. 43.

[32] Véase: MORALO GALLEGO, ob. cit., p. 118, resulta interesante destacar que para el Derecho del Trabajo en modo alguno resulta novedosa la figura de acoso moral, precisamente sobre la base de una previa conducta del empresario de carácter vejatorio y atentatoria contra su dignidad personal, se establece como uno de los derechos básicos de los trabajadores el del respeto a su intimidad y de la «consideración debida a su dignidad»; PALAVECINO CÁCERES, ob. cit., p. 13, El acoso laboral, acoso moral o *mobbing*, no es un hecho nuevo. En alguna medida evoca comportamientos sociales muy primitivos y hasta prehumanos.

[33] La dignidad en su sentido ontológico como valor es inherente absolutamente a todo ser humano, constituye la esencia de los derechos de la persona, y por ende supone

Las razones que propician el hostigamiento psicológico laboral suelen ser diversas. De allí que ante la pregunta relativa a por qué surge el hostigamiento laboral, se apunta a señalar que la persona acosada quiere ser eliminada del entorno laboral, generalmente por envidia o incomodidad del acosador[34]. En efecto, son diversas y extrajurídicas las causas que pueden

---

un trato digno a todo individuo. Véase: DOMÍNGUEZ GUILLÉN, María Candelaria: «Aproximación al estudio de los derechos de la personalidad». En: *Revista de Derecho*, N.º 7, Caracas, Tribunal Supremo de Justicia, 2002, pp. 55 y 56, Todo el mundo tiene derecho a que se respete su dignidad, con independencia de sus características corporales, mentales o anímicas y del resto de circunstancias personales. La dignidad humana constituye el fundamento o presupuesto de los derechos de la persona; por eso, los derechos en estudio todos los tenemos en igual medida, la dignidad en su sentido ontológico no admite grados; PRÓ-RÍSQUEZ, Juan Carlos: *El derecho a la intimidad del trabajador y el poder de fiscalización del patrono en la relación laboral venezolana*. Trabajo presentado para ascender a la categoría de prof. Agregado, Facultad de Ciencias Jurídicas y Políticas, Universidad Central de Venezuela, octubre 2011, el deber de protección del patrono encuentra su base en el reconocimiento expreso que se ha venido dando con el tiempo a la dignidad del trabajador. Varias normas aluden expresamente a la «dignidad: i. el artículo 2 de la Ley Orgánica del Trabajo (LOT) protege la dignidad humana del trabajador; ii. el artículo 16 del Reglamento de la LOT establece entre los deberes del patrono el respeto a la dignidad del trabajador; y iii. el artículo 18 del Reglamento de la LOT, que permite al trabajador abstenerse de realizar acciones que considere incompatibles con su dignidad, autorizándolo en estos casos, a dar por terminada la relación de trabajo por una causa justificada»; MARBELLA DE TESCARI, ob. cit., pp. 548-555.

[34] Véase: PIÑUEL Y ZABALA, ob. cit., pp. 31 y 32, «La explicación común a la mayoría de los casos reside en que el trabajador que resulta objeto de *mobbing* es o se ha convertido en alguien que, por alguna razón, resulta amenazante para la persona o grupo que lo hostiga. El origen del término *mobbing* en la etología (LORENZ; 1973) describe la reacción defensiva de hostigamiento de un grupo de animales más débiles que atacan en grupo a un animal de mayor envergadura por el que se sienten amenazados (…) Son los celos por una competencia o capacidad profesional extraordinaria. La víctima suele ser envidiada por la aceptación o el aprecio que despierta entre sus compañeros, subordinados, jefes, pacientes o clientes, por su don de gentes, por evaluaciones positivas o felicitaciones recibidas por su trabajo. De que son envidiables por otros que pueden carecer de ellas (…) cuando la víctima es una mujer, es que la víctima no haya aceptado solicitaciones de tipo sexual en

propiciar la figura bajo análisis: «Son múltiples las razones que pueden generar acoso, desde los celos, la envidia, la agresividad, la traición, la des-
confianza, la venganza, la hostilidad, la ambición, pero quizás, en muchas
ocasiones, provienen, de rasgos dominantes del propio acosador. El acoso
está basado en el poder. El poder se refiere a la posibilidad de forzar a otro
mediante la coerción para la obtención de los objetivos deseados, mientras
que la autoridad tiene que ver con el poder legítimo o legal»[35].

El hostigamiento[36] *in commmento*, se presenta así como una forma de
violencia psicológica extrema[37]:

> i. Es un maltrato psicológico: es una forma de violencia psicológica, un
> ataque a la persona del trabajador, en su esfera laboral, personal o ambas.
>
> ii. Reiterado: no es un episodio aislado, una conducta indebida que
> se disipa y corrige, aunque en Canadá la legislación lo prohíbe aún en
> casos aislados[38].

---

caso de acoso sexual. Los trabajadores que presentan algunas características que les
hacen distintos a la mayor parte de los demás trabajadores. Otra explicación muy
frecuente es la de dar un escarmiento y hacer que otros trabajadores queden impre-
sionados por el poder discrecional de hostigar y dañar que tienen algunos en la organización. Se trata de hacer cundir el terror laboral entre otros trabajadores»; Rojo
y Cervera, ob. cit., p. 24, reseñan una corriente con apoyo psicológico según la
cual el *mobbing* surge cuando en el ambiente existe el síndrome de «mediocridad
inoperante activa»; Palavecino Cáceres, ob. cit., p. 13.

35 Pérez Alonso, ob. cit., p. 198.
36 Preferimos la expresión «hostigamiento psicológico laboral», según indicamos *supra*.
37 Véase: Fernández Garrido, ob. cit., p. 20, el acoso como forma de violencia
psicológica extrema, supone: un maltrato psicológico, repetido, siempre generador
de daños y grave e indiferenciado en sus víctimas.
38 De allí que mal pudiera ser hostigamiento laboral, a su vez, la falsa acusación de
acoso moral. Véase al respecto: Rojo y Cervera, ob. cit., p. 13, el Parlamento
Europeo indicó el 20 de septiembre de 2001 que «las falsas acusaciones de acoso
moral pueden transformarse en un terrible instrumento de acoso moral». Pero, sin
embargo, siguiendo a Piñuel, debe advertirse que cuando se afirma que el acosado

iii. Siempre generador de un daño: el desgaste y la tensión padecida van a afectar a la persona que los sufre en diversas áreas de su vida.

El presente estudio tiene como objetivo el establecimiento del alcance del hostigamiento psicológico en el trabajo desde la perspectiva venezolana, de manera de comprender el riesgo laboral cierto y específico para la salud psicológica de los trabajadores, cuya prevención ha sido puesta en cabeza de sus patronos. También proponemos alternativas a la forma de reparación y protección del daño al trabajador, mediante un procedimiento autónomo de amparo, como desarrollamos más adelante.

Se trata de un acoso psicológico al individuo porque utiliza la violencia psicológica, que en palabras de la Organización Mundial de la Salud es el abuso del poder mediante la intimidación. Es violencia[39] psicológica, puesto que involucra un plan tendencioso contra una o varias personas. Es acoso contra la moral porque atenta contra el derecho fundamental a la integridad moral[40]. Pero no es una coacción laboral *per se*[41], pues su

---

también acosa al acosador cuando lo denuncia falsamente, no se ha entendido lo que es el *mobbing*. Pues si este requiere la «continuidad» y la «frecuencia» de una serie de comportamientos laborales por más de seis meses, una denuncia puntual aunque sea falsa, no puede ser nunca un comportamiento de *mobbing*, es simplemente una denuncia falsa.

[39] Véase: Vidal Casero, ob. cit., La violencia, en sus diferentes formas de presentación, es un fenómeno desafortunadamente cada vez más frecuente en nuestra sociedad. Aunque su constatación en varios grupos y especies de seres vivos es muy antigua, en los últimos años, su presencia en los humanos ha sido de tal magnitud que se han cobrado varias víctimas y ha sido objeto de noticias preferentes en portadas de medios de comunicación. Es verdad, que la existencia de rencillas, envidias y malas relaciones personales en el trabajo se han dado siempre, pero recientemente el *mobbing* está adquiriendo mucho protagonismo y empiezan a considerarse como un riesgo laboral las estrategias de persecución y hostigamiento al trabajador para hacerle la vida imposible.

[40] Véase referencia a esto en el ordenamiento español en: Oñate Cantero, Araceli: «Acoso y violencia escolar. Precisión terminológica e implicaciones jurídicas».

finalidad no es la explotación en el trabajo, sino la expulsión del mundo laboral y del propio mundo personal del afectado a través de un proceso[42] sistemático y continuo de hostigamiento.

Por medio del hostigamiento psicológico se afecta la personalidad en su faz espiritual, se repercute en las relaciones interlaborales y los derechos personalísimos de los trabajadores. Esta derivación de la violencia laboral cada vez reconoce más afectados que se esfuerzan por encontrar respuestas en un sistema jurídico que por el momento solo otorga alternativas de protección[43].

En: *El mobbing desde la perspectiva social, penal y administrativa*. Consejo General del Poder Judicial, Centro de Documentación Judicial, Escuela Judicial, Estudios de Derecho Judicial N.° 94, Carlos MIR PUIG (Director), 2006, p. 88, El artículo 15 de la Constitución española, así como la referencia al «trato degradante» y al «grave menoscabo de la integridad moral» del artículo 173 del Código Penal.

[41]   La Organización Internacional del Trabajo distingue dos tipos de violencia psicológica en el trabajo: las coacciones y el acoso. Recuperado en: http://www.ilo.org// public/spanish/bureau/inf/magazine/26/violence.htm [enero 5, 2010, 3:35 pm].

[42]   Véase: MAC DONALD, Andrea Fabiana: «El *mobbing* o acoso moral en el Derecho Laboral», septiembre 2008, http://www.saij.gob.ar/andrea-fabiana-mac-donald-mobbing-acoso-moral-derecho-laboral-dacf080081, El *mobbing* es un proceso que se desarrolla de manera continuada y progresiva que tiene como punto de partida la acción ejecutada de manera deliberada por el hostigador que puede ser iniciada por él y luego continuada de manera conjunta por el resto de los integrantes de la organización. Ello obedece a que el hostigador continuamente necesita justificar su accionar de manera elocuente y eficiente frente a los demás compañeros de trabajo de la víctima del *mobbing*. i. Es un proceso prolongado y de larga duración en el tiempo. ii. Tiene como punto de partida la sorpresa o desconcierto de la víctima, sin entender que es lo que le está pasando. iii. El objetivo o finalidad del *mobbing* es la exclusión definitiva del trabajador del mercado laboral. iv. La utilización de estrategias perversas de parte del hostigador y de los demás integrantes de la organización. v. Es un proceso que puede ser iniciado por el propio hostigador, pero luego ser continuado de manera conjunta por los demás integrantes de la organización.

[43]   BUSTAMENTE CASAS, ob. cit.

Según una encuesta de la Unión Europea[44], hace una década, el 9 % de los trabajadores de Europa, vale decir, aproximadamente 12 millones de personas sufrió de acoso psicológico en el trabajo. De acuerdo con François Courcy[45] semanalmente se suicidan en Québec de cinco a seis trabajadores por una razón relacionada con su actividad laboral. Asimismo, un estudio sobre violencia en el entorno laboral facilitado por la Universidad de Alcalá de Henares[46], señala que alrededor del 15 % de la población activa en España o, lo que es lo mismo, cerca de dos millones de trabajadores padecen de acoso moral en el trabajo[47]. Los casos han sido conocidos

---

[44] *Tercera encuesta europea sobre las condiciones de trabajo.* Fundación Europea para la Mejora de las Condiciones de Vida y de Trabajo, Luxemburgo, 2001. Recuperado de http://www.eurofound.ie/publications/EFO121.htm [octubre 2, 2005, 8:50 pm].

[45] Citado en Marzoan, Jean-Sébastien: «Acoso moral ¿Nuevo azote de actividad laboral para los sindicalistas?», 2002, Recuperado en: http://www.iol.org/public/spanich/bureau/inf/magazine/43/mobbing.htm [agosto 18, 2009, 2:50 pm].

[46] Unión General de Trabajadores (2003). Entre el 50 % y el 60 % del absentismo laboral está relacionado con el estrés y casi dos millones de trabajadores sufren *mobbing*. Recuperado de http://www. ugt.es/mobbing/estrés.htm [septiembre 16, 2008, 4:30 pm].

[47] Véase sobre la alta incidencia de la figura del acoso laboral en el sector público: Cubillo Rodríguez, ob. cit., pp. 60 y ss.; Giner Alegría, César Augusto: «Aproximación conceptual y jurídica al término acoso laboral». En: *Anales de Derecho,* N.º 29, 2011, p. 243, http://revistas.um.es/analesderecho/article/viewFile/143781/136781, entre un 5 % y un 20 % de los trabajadores europeos sufre el acoso laboral; Ledesma Bartret, Fernando: «El *mobbing* y la responsabilidad patrimonial de las administraciones públicas». En: *El* mobbing *desde la perspectiva social, penal y administrativa.* Consejo General del Poder Judicial, Centro de Documentación Judicial, Escuela Judicial, Estudios de Derecho Judicial N.º 94, Carlos Mir Puig (Director), 2006, pp. 298 y 299, reseña que uno de cada 10 trabajadores señala sufrir *mobbing,* así como uno de cada cinco funcionarios encuestados en España presenta situación técnica de *mobbing*; Xiol Ríos, Juan Antonio: «El *mobbing* (acoso psicológico) en la función pública». En: *El* mobbing *desde la perspectiva social, penal y administrativa.* Consejo General del Poder Judicial, Centro de Documentación Judicial, Escuela Judicial, Estudios de Derecho Judicial N.º 94, Carlos Mir Puig (Director), 2006, p. 374, en el ámbito de la Administración Pública el acoso tiene una extraordinaria importancia cuantitativa.

progresivamente a medida que llegan a conocimiento de los tribunales, a la vez que algunas legislaciones se han ocupado del asunto[48]. Desafortunadamente, no encontramos estadísticas en nuestro país sobre los trabajadores afectados por este fenómeno[49]. Ello no obstante, referencia en encuestas en áreas distintas al Derecho a nivel de tesis de grado[50].

La primera norma de rango legal en nuestro país que consagró de manera expresa y específica la protección de los trabajadores contra el hostigamiento psicológico laboral, fue el numeral 5º del artículo 56 de la Ley Orgánica de Prevención, Condiciones y Medio Ambiente del Trabajo[51] (Lopcymat), el cual establece como un deber de los empleadores

---

[48]   Véase también: Correa Carrasco, *La juridificación...*, p. 37, los casos de acoso moral van saliendo a la luz de forma progresiva, dando lugar a numerosos estudios que, desde diferente perspectiva –sociología, psicología del trabajo–, han ido analizando la dimensión cualitativa y cuantitativa del fenómeno. Por su parte, van apareciendo los primeros pronunciamientos judiciales sobre la materia que, sin duda, han contribuido, gracias al eco mediático de los mismos, a una mayor sensibilización sobre la necesidad de establecer mecanismos de protección frente a este tipo de conductas. Ello ha dado lugar a iniciativas político-legislativas de diferente alcance que, básicamente, han tomado como referente a las experiencias de ordenación normativa llevadas a efecto en nuestro entorno más inmediato y que, últimamente, han acabado fructificando en una primera intervención legislativa sobre la materia.

[49]   Cabe indicar que acudimos en varias oportunidades al Instituto Nacional de Prevención, Salud y Seguridad Laborales (Inpsasel), adscrito al Ministerio del Poder Popular para el Proceso social Trabajo, a buscar estadísticas y estudio sobre el tema en Venezuela y encontramos hermetismo total. No logramos así estadísticas oficiales sobre la incidencia del hostigamiento psicológico laboral, así como tampoco encontramos publicaciones oficiales sobre el tema.

[50]   Véase: Loreto González, Emile y Cyntia Seabra da Silva: *Estudio comparativo del acoso «mobbing» laboral en empresas públicas y privadas en Caracas*. Universidad Católica Andrés Bello, Facultad de Ciencias Económicas y Sociales, Trabajo de Grado para optar al título licenciado en Relaciones Industriales (industriólogo), 2008 http://biblioteca2.ucab.edu.ve/anexos/biblioteca/marc/texto/AAR5091.pdf.

[51]   Ley Orgánica de Prevención, Condiciones y Medio Ambiente del Trabajo. *Gaceta Oficial de la República de Venezuela* (gorv) N.° 3850 extraordinario del 18 de julio de 1986, reformada en la Gorbv N.° 38 236 de fecha 26 de julio de 2005.

la adopción de medidas necesarias para evitar toda conducta ofensiva, intimidatoria y cualquier acto que perjudique psicológica o moralmente a los trabajadores, incluyendo la no ocupación razonable del trabajador de acuerdo con sus capacidades.

En legislaciones donde hay normativa especial sobre el tema que nos ocupa, igualmente el instituto ha captado la opinión de la doctrina[52]. En tal sentido, se distinguen, en primer lugar, aquellos escasos países donde el Derecho del Trabajo habilita legalmente la figura: el legislador ha incorporado, ya sea en normas comunes o en normas específicas sobre seguridad o salud en el trabajo, la noción de hostigamiento psicológico laboral. Es el caso de Colombia, Francia[53] y recientemente Chile[54]. En segundo lugar, se encuentran los países, en número mayoritario, donde el Derecho del Trabajo no contempla una recepción explícita en la ley del hostigamiento psicológico laboral, pero dicha figura se ha venido construyendo por otras fuentes del Derecho, especialmente la jurisprudencia y por la doctrina científica. En tercer lugar, existen algunas tradiciones jurídicas donde el concepto de hostigamiento psicológico laboral está, además, vinculado

---

[52] Véase respecto al Derecho argentino: Calvimonte, ob. cit., «La actitud incumplidora y lesiva que asume el hostigador sea o no como estrategia de la organización para librarse de un empleado, merece en lo mínimo y ante la ausencia de una legislación nacional sobre la materia, poner al alcance del trabajador todos los medios que el Derecho vigente le brinda para combatirlo y revertirlo, participando activamente en hacer realidad su derecho a un trabajo digno».

[53] Véase: Correa Carrasco, *El concepto*…, p. 74, la figura se ha materializado mediante la Ley de Modernización Social.

[54] Véase enfoque crítico de la legislación chilena en la materia en: Caamaño Rojo y Ugarte, ob. cit., pp. 68-90, el 8 de agosto de 2012, a través de la publicación en el *Diario Oficial* de la Ley N.º 20 607, se puso término a un largo y lento debate legislativo sobre la necesidad de tipificar y sancionar los actos de acoso laboral. La incorporación de la figura del acoso laboral o *mobbing* en la legislación chilena, constituye en algún sentido un avance importante en la protección de los derechos fundamentales del trabajador.

a la discriminación y a la violencia contra las mujeres. Es el caso de Rumania y la República Checa[55].

Veremos *infra* III.4.2.1 que, aunque algunas decisiones judiciales en nuestro país se refieren incidentalmente a la figura, por su dificultad probatoria, no ha permitido un pronunciamiento concreto favorable, al menos en las decisiones del Máximo Tribunal. Aunque algunas investigaciones no jurídicas apuntan a la existencia de la figura en el medio laboral venezolano desde hace más de una década[56].

En España, se ha indicado —aunque resulte plenamente aplicable a nuestro medio— «Ni los abogados, ni los jueces, ni los fiscales están suficientemente

---

[55] Ugarte, ob. cit., p. 222. Véase con relación a Perú: Zapata Carnaqué, Esperanza Marlene: «*Mobbing*: una forma perversa de acoso laboral», http://www.cladperu. com.pe/web/archivos/produccion_intelectual/mobbing.pdf, En el Perú, en caso de la Administración Pública, existe un acápite en el artículo 8 del Capítulo III del Código de Ética de la Función Pública (Ley N.º 27 815) numeral 5 que a la letra dice: «El servidor público está prohibido de: presionar, amenazar y/o acosar. Ejercer presiones, amenazas o acoso sexual contra otros servidores públicos o subordinados que puedan afectar la dignidad de la persona o inducir a la realización de acciones dolosas». Nuestro país, a diferencia de otras legislaciones como las europeas, específicamente como la sueca, no cuenta actualmente con regulación de este tipo, pero esto no implica el total desamparo de quienes padezcan esta situación en sus centros laborales. La dignidad, la integridad, la salud, entre otros, son derechos que, si bien no requieren de mayor desarrollo para su exigencia y respeto, el reconocimiento legal o convencional del *mobbing* como problema social en el ámbito del trabajo, así como la introducción de recursos institucionales o legales para hacerle frente, sí lo requiere, por lo que sería de gran relevancia tener las normas claras con la finalidad de promover la denuncia de tales comportamientos por parte de las víctimas.

[56] Véase: Loreto González y Seabra da Silva, ob. cit., p. 147, se extiende investigación de campo al sector público donde un 39,30 % de los trabajadores encuestados afirman estar padeciendo *mobbing*, mientras que en el sector privado se obtuvo un 21,60 %. Por su parte, afirmaron que en ambos sectores el 64 % proviene de los jefes o supervisores. Como dato interesante un 1,8 % manifestó recibir hostigamiento laboral por parte de los subordinados.

preparados para afrontar con garantías razonables las denuncias por hostigamiento psicológico laboral. El problema, sin embargo, no es la inexistencia de herramientas o técnicas jurídicas para dar respuesta, sino un gran déficit de formación, dada la novedad del nuevo término jurídico»[57]. Aunque ello ya no sea tan novedoso en la actualidad, creemos que en nuestro país el test utilizado para su prueba por parte del Máximo Tribunal ha dificultado su procedencia, a pesar del deber primario del juez laboral de buscar la verdad y de indagarla más allá de las solas apariencias, con base en el principio inquisitivo del que goza el procedimiento laboral y que explicaremos más adelante.

---

[57]   Juan Ignacio Marcos, Coordinador del Observatorio Vasco contra el *mobbing* en Bilbao, 2002. Citado en: Peña Pérez, Rosario: *Cómo desenmascarar el* mobbing, *en la Administración y en la empresa*. Barcelona (España), Servidoc, S. L., 2010, p. 13, http://www.xn--rosariopea-19a.com/pdf/mobbing.pdf, agrega: Han pasado ocho años desde esa afirmación y en el 2010, a punto de aprobarse la reforma del Código Penal, con la consideración del *mobbing* como delito, aún hay verdaderos problemas para que prosperen las denuncias.

Capítulo I
Hostigamiento psicológico laboral

I.1. Concepto[58]

SÁNCHEZ DE BOVELLÁN reitera que el primer estudioso del *mobbing* fue LEYMANN[59] de la Universidad de Estocolmo, quien, en 1984, definió el *mobbing* así: «Encadenamiento a lo largo de un período de tiempo bastante corto de intentos o acciones hostiles consumadas, expresadas o manifestadas por una o varias personas hacia una tercera: el objetivo»[60]. En efecto,

---

[58] Véase: CORREA CARRASCO, Manuel: «El concepto jurídico de acoso moral en el trabajo». En: *Acoso moral en el trabajo. Concepto, prevención, tutela procesal y reparación de daños*. Manuel CORREA CARRASCO (Coord.), Navarra, Aranzadi S. A., 2006, pp. 41-93; CAAMAÑO ROJO, Eduardo: «La noción de acoso moral laboral o *"mobbing"* y su reconocimiento por la jurisprudencia en Chile». En: *Revista de Derecho de la Pontificia Universidad Católica de Valparaíso*, N.º XXXVII, Valparaíso, 2011, pp. 215 y 240, http://Caamaño%20Rojo,%20La%20noción%20de%20acoso%20moral%20laboral.pdf; UGARTE, ob. cit., pp. 223-225; GINER ALEGRÍA, ob. cit., pp. 224 y 245, ZAPATA CARNAQUÉ, ob. cit., el deliberado, intencionado y continuado maltrato en acciones y palabras que recibe un trabajador, hasta entonces válido, adecuado, o incluso excelente en su desempeño, por parte de uno o varios compañeros de trabajo –incluido muy frecuentemente su propio jefe–, que buscan con ello desestabilizarlo y minarlo emocionalmente con vistas a deteriorar y hacer disminuir su capacidad laboral o empleabilidad y poder eliminarlo así más fácilmente del lugar y del trabajo que ocupa en la organización; RODRÍGUEZ DE TESCARI, ob. cit., pp. 544-546.

[59] Heinz LEYMANN nació el 17 de julio de 1932 en Wolfenbüttel, Alemania. Sus méritos como científico se deben a su vasta experiencia con pacientes –más de 1300– que han sido víctimas del *mobbing*. Según información recuperada en: http://www.leymann.se/engliah/frame.html [enero 5, 2010-11.34am].

[60] SÁNCHEZ DE BOVELLÁN, L.: «Acoso moral». Recuperado en: http://www.acosomoral.org/acos28.htm [septiembre 19, 2005 - 4.20 p.m.]. Véase también sobre el concepto: CUBILLO RODRÍGUEZ, ob. cit., pp. 19-26; DE FIGUEREDO, ob. cit., pp. 26-30.

LEYMANN afirma que el terror psicológico o *mobbing* en el trabajo implica una situación en la que una persona despliega conductas hostiles[61] y contrarias a la ética[62], de forma sistemática sobre otra persona, quien debido a estas, se ve afectada hasta el punto de perturbar el ejercicio de sus labores y lograr que en definitiva esa persona acaben abandonado su lugar de trabajo.

LEYMANN[63] enfatiza que lo fundamental no es «qué se hace» o «cómo se hace», sino la frecuencia en que cualesquiera conductas son realizadas, todo lo cual encuentra fundamento en los resultados arrojados por la primera investigación médica en el mundo que se realizara respecto a este fenómeno, la cual tuvo lugar en la empresa siderúrgica más grande de Suecia (SSAB) y que fue dirigida por LEYMANN y TALLAGREN en 1989[64].

Afirma LEYMANN que estas acciones deben producirse de manera sistemática y recurrente —al menos una vez a la semana, según sus estadísticas— y durante un tiempo prolongado de al menos seis meses, de acuerdo con sus estudios. Sobre el aspecto «temporal» y reiterativo de las conductas

---

[61]   Véase en este sentido: ROJO y CERVERA, ob. cit., p. 19, cita sentencia del Juzgado de lo Social N.° 14 de Madrid, de 24-03-04, según la cual «el acaso moral o *mobbing* literalmente significa atacar o atropellar. Término traducido como psicoterror laboral u hostigamiento psicológico en el trabajo, para referirse a una situación en la que una persona se ve sometida por otra u otras en su lugar de trabajo a una serie de comportamientos hostiles».

[62]   Véase también: JUANES PECES, ob. cit., p. 263, el acoso moral en el trabajo es la comunicación hostil y desprovista de ética, que es administrada de forma sistemática por uno o pocos individuos contra un único sujeto, quien por consecuencia de ello es arrojado a una situación de soledad e indefensión prolongada con base de acciones de hostigamiento frecuentes y persistentes a lo largo de un período prolongado de tiempo.

[63]   LEYMANN, Heinz: «*Violence and Victims*». En: *Mobbing and Psychological Terror at Workplaces*, 1990, p. 5.

[64]   LEYMANN, H. y U. TALLGREN: *Investigation into the frequency of adult mobbing in a Swedish steel company using the LIPT questionnaire*. Recuperado en http://www.leymann.se/engliah/frame.html [enero 5, 2010,11:46 pm].

que pueden ser consideradas hostigamiento psicológico, encontramos acertadamente la opinión discrepante de González Fuenmayor quien afirma no estar de acuerdo «con la circunstancia de que se predetermine lapsos de tiempo dentro de los cuales pudieran materializarse actitudes, conductas y hechos que tradujeran *mobbing*»[65], pues, en su criterio, no existen suficientes estudios científicos que avalen dicho requisito de temporalidad. No obstante, se inclina por las opiniones de expertos en el área de la psicología en tanto que la frecuencia en las conductas juega un papel determinante en el deterioro psíquico y físico del sujeto –trabajador– hasta el punto de llevarlo a renunciar voluntariamente; en otras palabras, no creemos que necesariamente una conducta de manera aislada sea suficiente para tratarse de hostigamiento psicológico laboral. A lo que cabe observar que, ciertamente, el requisito de la frecuencia exacta de seis meses, es a todas luces exagerado, pues mal se le puede imponer o exigir un período preciso o determinado de tiempo a los efectos de configurarse el hostigamiento. ¿Qué pasaría si el acoso se produce en el lapso de cinco meses, entonces no sería aplicable?, ¿debe la víctima soportar actos hostiles por seis meses antes de poder accionar contra la misma?, ¿por qué no se exige la referida repetición para que un trabajador se retire justificadamente alegando una causal grave de terminación de la relación laboral, pero para mantenerla y protegerse se requieren lapsos aún mayores que, además, no prevé de forma alguna la legislación patria? Ello amén de prestarse a formalismos inútiles sin base legal, dificultaría sobremanera la prueba del hostigamiento en favor del agente.

Se indica así que el *mobbing* es aquel fenómeno en que una persona o grupo de personas ejerce una violencia psicológica extrema, de forma sistemática y recurrente y durante un tiempo prolongado sobre otra persona en el lugar

---

[65] González Fuenmayor, Mervy: *Nueva causal de retiro justificado del trabajo. El* mobbing, *psicoterror, acoso moral, estrés laboral.* Caracas, Editores Vadell Hermanos, 2005, p. 190.

de trabajo, con la finalidad de destruir las redes sociales de la víctima, destruir su reputación, perturbar el ejercicio de sus labores y lograr que en último término esa persona acabe abandonando el lugar de trabajo[66]. Para concretar su delimitación por el Derecho del Trabajo, partiendo por la premisa de que el concepto jurídico del *mobbing* en las relaciones laborales no debería coincidir necesariamente con su conceptualización desde la psicología. Se propone un concepto jurídico de *mobbing* que se construye incluyendo varios elementos: conductas hostiles reiteradas, de intensidad menor, pero que en su conjunto conforman un proceso que lesiona bienes jurídicos protegidos –como dignidad, honor, intimidad, estabilidad, integridad física y psíquica– susceptible de causar un daño al trabajador. En todo caso, se recalca que no constituye acoso laboral una conducta aislada u excepcional dentro de la relación laboral, sino que se requiere que los actos y comportamientos que lo configuran tengan una cierta proyección en el tiempo[67]. Concepto cuya propuesta supone tener claro varios elementos a nivel jurídico, que veremos *infra*[68].

---

[66] Caamaño Rojo, *La noción...*, p. 221.
[67] Ibíd., pp. 227 y 228.
[68] Ídem, el autor cita la propuesta en sus elementos de Cristina Mangarelli: En concreto, los elementos esenciales que posibilitan delimitar el concepto de acoso moral o *mobbing* según Mangarelli son: i. Persecución: de conformidad al sentido que tiene el término acosar para la Real Academia Española, este supone perseguir sin dar tregua ni reposo. Por consiguiente, ya la definición de la palabra «acosar» conlleva la idea de que se trata de comportamientos que se reiteran en el tiempo, excluyendo acciones aisladas o esporádicas, con lo cual se vislumbra ya una clara diferencia con el acoso sexual, el cual se puede configurar por una sola conducta del agresor. ii. Contenido de la persecución: este elemento da cuenta de que se persigue a otro con conductas que conforman una situación de maltrato, humillación o vejación. El campo de la psicología ha permitido identificar una gran cantidad de estos comportamientos, tales como: aislar a la víctima, impedirle comunicarse, no asignarle tareas, someterla a burlas, insultos, asignarle un trabajo peligroso, etc. En definitiva, se requiere de una pluralidad de conductas, a veces sutiles, sofisticadas, difíciles de percibir y que sumadas revisten gravedad, pues provocan un daño psicológico o físico al trabajador. iii. Sujeto que acosa: conforme ha analizado, a propósito de las

En España, el concepto *mobbing* se tradujo acertadamente por hostigamiento psicológico laboral, ya sea físico o psicológico, grupal o institucional[69]; constituye toda conducta no deseada por el trabajador que tuviera como objetivo o consecuencia atentar a su dignidad y crear un ambiente intimidatorio, humillante u ofensivo[70].

Hoel y Cooper lo definen como todo tipo de conductas ofensivas, humillantes y descalificadoras en el ámbito laboral dirigidas hacia una o varias

---

formas de acoso moral, los sujetos podrían ser el empleador o sus representantes, o bien, compañeros de trabajo. Asimismo, podría tratarse de terceros que usualmente se desempeñan en el lugar de trabajo o con los que se mantienen relaciones por causa del trabajo, como podría ocurrir, por ejemplo, con los trabajadores suministrados, trabajadores de empresas contratistas o subcontratistas, clientes, parientes del empleador, etc., dado que todos ellos conforman el ambiente de trabajo. iv. Un individuo o un grupo: de acuerdo a este elemento, el acoso laboral puede ser llevado a cabo por un individuo o un grupo de ellos. En este último caso, suele ser bastante frecuente que un grupo de compañeros de trabajo hostilice a otro u otra, en razón de su sexo, orientación sexual, discapacidad, etc., lo que pone de manifiesto el deber del empleador de prever y sancionar tales comportamientos, velando porque en la empresa prime un ambiente laboral el respeto mutuo, presupuesto básico de la denominada «ciudadanía en la empresa». Mientras no exista un concepto legal de *mobbing*, la propuesta conceptual de Mangarelli podría ser de gran utilidad para los jueces, los operadores jurídicos y la doctrina, debido a que se trata de un concepto práctico y operativo, al identificar claramente los elementos que se deben tener en cuenta al momento de enfrentar los casos de *mobbing*, con lo cual se facilita la labor de juzgamiento de las denuncias por vulneración de derechos fundamentales derivadas de actos de acoso moral laboral. Véase señalando igualmente la «persecución sistemática» como esencial en la figura: Rivas Vallejo, ob. cit., pp. 11 y 21 –al menos una vez por semana durante más de seis meses– lo que significaría en esencia eludir el propósito del acosador; Fernández Garrido, ob. cit., p. 19, la vejación es un factor de agravamiento de la violencia psicológica.

[69] Giner Alegría, ob. cit., p. 228, agrega entre sus rasgos, limitar la comunicación, limitar el contacto social, desprestigiar su persona ante sus compañeros, desprestigiar y desacreditar su capacidad profesional y laboral, comprometer la salud.

[70] Ibíd., p. 233, sentencia del Tribunal Superior de Justicia del País Vasco de 7 de noviembre de 2006.

personas. Por tanto, un aspecto central en el marco conceptual del hostigamiento psicológico laboral es el desequilibrio de poder entre las partes, lo que indica que la experiencia de la carencia de recursos frente a la experiencia de agresión interpersonal es uno de los mecanismos críticos del resultado. La escasa capacidad de recursos y la percepción de la importancia y gravedad de la agresión interpersonal son los dos elementos que definen la gravedad del hostigamiento psicológico laboral[71].

Se ha visto también como la «exposición a conductas de violencia psicológica, dirigidas de forma reiterada y prolongada en el tiempo, hacia una o más personas por parte de otra/s que actúan frente aquella/s desde una posición de poder −no necesariamente jerárquico−. Dicha exposición se da en el marco de una relación laboral y supone un riesgo importante para la salud»[72].

Existe una propuesta de redacción de acoso laboral para la vigésima tercera edición del *Diccionario* de la Real Academia Española según la cual se define como la «práctica ejercida en las relaciones personales, especialmente en el ámbito laboral, consistente en un trato vejatorio y descalificador hacia una persona, con el fin de desestabilizarla psíquicamente»[73].

En efecto, se afirma: «El *mobbing* es un proceso de destrucción, integrado por comportamientos hostiles que, observados aisladamente, podrían parecer anodinos pero cuya repetición constante tiene efectos perniciosos»[74]. Se trata de «toda violación directa o indirecta al principio de igualdad de los hombres, como cualquier restricción en el ejercicio de un derecho, que traiga aparejada la conculcación de las libertades contempladas en ellos. Etimológicamente proviene de *mob* −plebe, populacho, muchedumbre, de lo que se desprende el significado de molestia, turbación o malestar−,

---

[71]　Ibíd., p. 230.
[72]　Ibíd., p. 231, cita a FIDALGO VEGA.
[73]　Según información recuperada en http://www.mobbing.nu [enero 4, 2010, 5:50 pm].
[74]　PÉREZ ALONSO, ob. cit., p. 202.

debe entenderse por tal a todo acoso, ataque laboral, maltrato psicológico, humillación y toda acción u omisión que en forma directa o indirecta atente contra la dignidad, integridad física o psíquica, moral o social
de un trabajador; intentando con la utilización del vocablo abarcar toda
modalidad psicológicamente agresiva y denigrante dirigida al obrero, tendiente a su exclusión de la empresa, hecho éste por el cual, algunos autores
lo denominan "psicoterror". Dicho de otro modo, el acoso laboral se traduce como la amenaza mayoritariamente encubierta, la humillación o el
hostigamiento en forma constante o repetida y prolongada que padece un
trabajador en ejercicio de su función, durante su jornada laboral»[75].

Regularmente se refiere a la situación en la que una persona o grupo de
personas ejercen una violencia psicológica extrema, de forma sistemática y
recurrente y durante un tiempo prolongado sobre otra persona o personas
en el centro de trabajo, con la finalidad de menoscabar o destruir las redes
de comunicación de la víctima, destruir su reputación, y perturbar el ejercicio de sus labores, de manera de lograr que la persona afectada por el
hostigamiento acabe abandonando su lugar de trabajo.

De acuerdo con Hirigoyen[76], consiste en «cualquier manifestación de
una conducta abusiva y, especialmente, los comportamientos, palabras,
actos, gestos y escritos que pueden atentar contra la personalidad, la dignidad o la integridad física o psíquica de un individuo, o que puedan
poner en peligro su empleo, o denigrar el clima de trabajo»[77].

---

[75] Véase: Bustamente Casas, ob. cit.
[76] Hirigoyen, Marie France: *El acoso moral. El maltrato psicológico en la vida cotidiana.* Buenos Aires, Ediciones Paidós Ibérica S. A., 1999. Trad. por Enrique
Folch González (*Le hacelement moral.* Editions La découverte y Syros, Paris.
1998), p. 27.
[77] Véase en este sentido: Rojo y Cervera, ob. cit., p. 19, cita sentencia del Tribunal
Superior de Justicia de Cataluña del 22-10-04, según la cual el *mobbing* se trata de
una «conducta abusiva que se ejerce en forma sistemática sobre una persona en el
ámbito laboral, manifestada especialmente través de reiterados comportamientos,

Para la Organización Internacional del Trabajo (OIT) «es la acción verbal o psicológica de índole sistemática, repetida o persistente por la que, en el lugar de trabajo o en conexión con el trabajo, un grupo de personas hiere a una víctima, la humilla, ofende o amedrenta»[78].

Para García y Maestro, el *mobbing* es una programación inspirada en la agresión, la desvalorización, la humillación y la pérdida de autoestima del trabajador[79]. No sorprende que en cuanto a concepto de referencia, el acoso psicológico haya sido relacionado con la figura del abuso del derecho[80] entendido como ejercicio lícito de un derecho por medio del cual se pretende desconocer otro derecho, pero de una forma abusiva o excediendo los límites para los que fue concebido.

Para Correa Carrasco, un concepto jurídico de acoso moral en el trabajo, vendría dado por: «toda conducta –activa u omisiva–, llevada a cabo en el contexto de una relación laboral o de servicio, consistente en ataques reiterados y sistemáticos de carácter degradante, que tiene como finalidad atentar contra la integridad moral de una persona, siendo susceptible además, de provocar daños de naturaleza física, psíquica y patrimonial o de perjudicar gravemente la empleabilidad de la misma»[81].

---

palabras o actitudes que lesionan su dignidad o integridad física y que pongan en peligro o degraden sus condiciones de trabajo».

[78] Organización Internacional del Trabajo, en «Recomendaciones prácticas sobre la violencia y el estrés en el sector servicios», octubre de 2003.

[79] García, Miguel y Gonzalo Maestro: «Constitución y acoso moral». En: *Lan-Harremanak-Revista de Relaciones Laborales*, N.º 7 (Reflexiones y preguntas sobre el acoso psicológico laboral o *mobbing*), Vizcaya, Universidad del País Vasco, 2002, pp. 69 y ss.

[80] Véase: Domínguez Guillén, María Candelaria y Edison Lucio Varela Cáceres: «El abuso de derecho. Un estudio. Tres autores». En: *Revista Venezolana de Legislación y Jurisprudencia*, N.º 8 (Edición homenaje a juristas españoles en Venezuela), Caracas, 2017, pp. 515-549.

[81] Correa Carrasco, *El concepto...*, p. 89.

Refirió una decisión judicial chilena que «el acoso laboral ha sido definido por parte de la doctrina como aquel continuado y deliberado maltrato verbal o modal que recibe un trabajador por parte de otro u otros con el objeto de obtener su salida de la organización o su sometimiento a través de distintos procedimientos, intimidando, reduciendo, aplanando, amedrentando a quien es objeto de su finalidad, que requiere[82] reiteración»[83]. Ello aun cuando se admitía que no existía en Chile una jurisprudencia coherente que perfile propiamente la figura en estudio. En Chile un Proyecto sobre la materia previa: «El acoso laboral, llamado también psicoterror laboral, es una práctica que importa una violación a los derechos esenciales que emanan de la persona humana. Para efectos de este Código se entenderá por tal, la situación en que el empleador, o uno o más trabajadores, o aquél y uno o más de éstos, ejercen o manifiestan por hechos o dichos una particular forma de violencia sicológica de carácter extremo, premeditadamente o no, con regularidad sistemática y durante un tiempo prolongado sobre otro trabajador en el lugar de trabajo común, con el fin de provocar un menoscabo material y personal de éste»[84].

---

[82] Caamaño Rojo, *La noción...*, p. 237, no es posible sostener que exista aún en Chile una jurisprudencia que esté contribuyendo a sentar los elementos necesarios para la tipificación y sanción del *mobbing* en el ámbito laboral, y que puedan convertirse en un referente necesario para la labor que debería emprender el legislador con el fin de consolidar un amplio marco de resguardo de los derechos fundamentales de la persona de los trabajadores. Es más, se señala que la falta de un concepto legal preciso del *mobbing* parece explicar la tendencia de los jueces de tutela laboral de evitar pronunciarse sobre el acoso moral laboral en cuanto tal, para lo cual prefieren desechar por cuestiones de forma las demandas de tutela en las que se reclama el acoso, para pronunciarse en su lugar respecto de la demanda subsidiaria de despido injustificado. Esto último, sin considerar la gran cantidad de juicios que terminan por avenimiento y acuerdos que impiden la existencia masiva de fallos en esta materia.

[83] Ibíd., p. 236, Sentencia del Juzgado de Letras del Trabajo de Osorno RIT T-6-2010, de fecha 24 de septiembre de 2010.

[84] Caamaño Rojo, *La noción...*, p. 224, Véase sentencia chilena que se orienta por la definición del citado Proyecto en ibíd., pp. 233 y 234, Sentencia del Tribunal del Trabajo de Temuco RIT T-4- 2009, de fecha 2 de febrero de 2010, este fallo tiene

Posteriormente la legislación chilena Ley 20 607 de 2012, lo define expresamente en el artículo 2, inciso 2°, del Código de Trabajo, en su frase 3.ª: «toda conducta que constituya agresión u hostigamiento reiterados, ejercida por el empleador o por uno o más trabajadores, en contra de otro u otros trabajadores, por cualquier medio, y que tenga como resultado para el o los afectados su menoscabo, maltrato o humillación, o bien que amenace o perjudique su situación laboral o sus oportunidades en el empleo»[85]. Viéndose la consagración legislativa como una evidencia del impacto social de la figura[86].

---

una particularidad, pues en su argumentación recoge el concepto de *mobbing* propuesto por el proyecto de ley que se encuentra en el Congreso Nacional. De esta forma, en su considerando decimocuarto señala: Que en lo que respecta al supuesto acoso laboral, hostigamiento o como es llamado en la doctrina extranjera *mobbing* supuestamente ejercido en la persona de la demandante, y el cual se sostiene en la demanda, importaría una lesión a su dignidad de persona que importa una violación a los derechos esenciales que emanan de la naturaleza humana y es definido como la situación en que el empleador, o uno o más trabajadores, o aquel y uno o más de estos, ejercen o manifiestan por hechos o por dichos una particular forma de violencia psicológica de carácter extremo, premeditadamente o no, con regularidad sistemática y durante un tiempo prolongado sobre otro trabajador en el lugar de trabajo común, con el fin de provocar un menoscabo personal y material en este.

[85]   CAAMAÑO ROJO y UGARTE, ob. cit., p. 72, en dicha legislación el acoso laboral puede ser invocado por el trabajador como causal para terminar la relación de trabajo de manera unilateral –despido justificado, también conocido como «despido indirecto»–. Para invocar esta causal, el trabajador debe cumplir con los mismos requisitos requeridos cuando un patrono despide a cualquier trabajador: el retiro justificado debe ser comunicado por escrito personalmente o a través de la cuenta de correo electrónico registrada del patrono indicando la causal de acoso laboral y las razones que lo configuran. Si un Tribunal del Trabajo concluye que el trabajador fue realmente víctima de acoso laboral, el patrono será condenado por el juez a pagar compensación en lugar de preaviso e indemnización por despido por los años de servicio prestados a la compañía, más compensación legal adicional del 80 %.

[86]   Ibíd., p. 77, un aspecto destacable es que con la introducción de un concepto legal de acoso laboral, se visualiza la gravedad y el impacto que puede tener el *mobbing* en el ámbito de las relaciones laborales en cuanto ilícito pluriofensivo de derechos fundamentales. De igual manera, se puede sostener que la tipificación del acoso laboral podría llegar a ser un elemento disuasivo al haberse visibilizado y objetivado qué se entiende por *mobbing* en el ámbito laboral, por lo que resultará interesante

Por su parte, en Colombia, la Ley 1010 de 2006 en su artículo 2 contiene una definición de hostigamiento psicológico laboral como aquella conducta persistente y demostrable, ejercida contra un trabajador por parte de un empleado de inferior, igual o superior jerarquía y encaminada a producir temor e intimidación[87].

No ha faltado quien haga un diferencia entre *mobbing* y acoso laboral[88], o más precisamente a nuestro criterio «hostigamiento psicológico laboral», pero en todo caso podría concluirse que se trata de una conducta activa u omisiva que tienda a denigrar y disminuir al trabajador en su dignidad, con el objetivo de desestabilizarlo moral y psíquicamente. Pero aunque se refieren diversos sinónimos[89], consideramos que el apropiado viene dado por «hostigamiento psicológico laboral», según reiteraremos.

Se aprecian algunos intentos normativos de entes internacionales o algunas legislaciones foráneas sobre el punto que pretenden acercarse a una noción de la figura[90].

---

y necesario en el futuro una evaluación del impacto efectivo que haya significado la reforma introducida por la Ley N.º 20 607.

[87] Güiza y Camacho, ob. cit., p. 23.

[88] Véase en este sentido: Rojo y Cervera, ob. cit., p. 20, cita al Pablo Aramedi, Magistrado del Juzgado de lo Social N.º 33 de Madrid, que diferencia entre acoso laboral y *mobbing*, definiendo el primero como «la conducta no deseada que en el marco de una relación de trabajo constituye un ataque a la dignidad del trabajador». En tanto que el *mobbing*, lo define como «la práctica de la violencia psicológica orientada a destruir a la víctima como consecuencia de las peculiaridades del agresor perverso narcisista».

[89] Véase: Peña Saint Martín, Florencia y Sergio G. Sánchez Díaz: «El *mobbing*. Contribuciones del concepto al estudio del trabajo y su organización», p. 23, nota 1, http://antropologiafisica.org/pdf/contribuciones.pdf, Al *mobbing* se le conoce también como psicoterror laboral, acoso moral en el trabajo, acoso psicológico, hostigamiento laboral, acoso institucional, persecución encubierta, maltrato psicológico, violencia psíquica, intimidación en el trabajo, etc.

[90] Véase: Ugarte, ob. cit., pp. 224 y 225, el acoso laboral en los pocos países que ha sido expresamente regulado por la ley, ha seguido el camino trazado por la Psicología.

A diferencia de Venezuela[91], en el ordenamiento español no existe una definición legal de *mobbing* u hostigamiento psicológico laboral[92], aunque es bien sabido que no es tarea del legislador ofrecer definiciones. De allí la

---

Una definición interesante es la del Acuerdo marco europeo sobre violencia y acoso en el trabajo, del año del 2007, donde se le define como aquella situación donde «uno o más trabajadores o directivos son maltratados, amenazados o humillados, repetida y deliberadamente, en circunstancias relacionadas con el trabajo». El concepto de acoso laboral ha sido definido, entre otras normas, en el artículo 943 § 2 del Código de Trabajo de Polonia. De conformidad con esta disposición, se entenderá por acoso laboral toda acción o comportamiento, en relación con un empleado o contra el empleado que consiste en un acoso persistente y de larga duración, o en una intimidación de un empleado como resultado de la evaluación decreciente de sus capacidades profesionales, así como el que resulta de la intención de humillar o ridiculizar a un empleado, aislando a él o ella o eliminando a él o ella del equipo de trabajo. En Francia, la figura es objeto de una doble definición. De acuerdo con el artículo L.1152-1 del Código de Trabajo, «ningún empleado sufrirá la repetición de actos de acoso que tengan por objeto o por efecto un deterioro de las condiciones de trabajo, que puedan perjudicar sus derechos y su dignidad, la alteración de su salud física o mental o poner en peligro su futuro profesional». Dicha definición fue complementada por la de la Ley de 27 de mayo del 2008, que asimiló el acoso laboral a una discriminación en relación con la pertenencia o no, real o supuesta, a un grupo étnico, raza, religión, creencias, edad, discapacidad, orientación sexual o de género y cualquier acción de naturaleza sexual sufrida por una persona, cuyo objeto o consecuencia sea la violación de la dignidad o la creación de un entorno hostil, degradante, humillante u ofensivo. Como se advierte, a diferencia de la definición del acoso del artículo L.1152-1 del Código del Trabajo, esta última no requiere de la naturaleza repetitiva de los actos y un acto aislado cuando está vinculada a un motivo discriminatorio, puede ser constitutivo de discriminación. En Colombia, según el artículo 2 de la Ley N.° 1010, de 2006, es acoso laboral «toda conducta persistente y demostrable, ejercida sobre un empleado o trabajador, por parte de un empleador, un jefe o superior jerárquico inmediato o mediato, un compañero de trabajo o un subalterno, encaminada a infundir miedo, intimidación, terror y angustia, a causar perjuicio laboral, generar desmotivación en el trabajo, o inducir la renuncia del mismo». La posición chilena va contenida en Ley N.° 20 607, como ya se mencionó.

[91] Véase: DLOTT, artículo 164.
[92] ROJO y CERVERA, ob. cit., p. 51, a propósito del ordenamiento español refieren que las definiciones que hacen los tribunales se guían por las consideraciones de la doctrina.

importancia, de delimitar conceptualmente sus características con proyección jurídica.

De las escasas decisiones judiciales venezolanas que veremos *infra* se han pronunciado sobre el acoso laboral —aunque cuando generalmente no lo llegan a considerar procedente—, vale referir el concepto que da la Sala de Casación Social del Máximo Tribunal en su sentencia N.º 674 del 5 de mayo de 2009[93]: el *mobbing* es aquella situación en la que una persona o un grupo de personas ejercen violencia psicológica extrema de forma sistemática —al menos una vez por semana—, durante un tiempo prolongado —más de 6 meses— sobre otra persona en el lugar de trabajo[94]. Veremos de seguidas más elementos sobre la figura en estudio, a la vez que criticaremos la adopción radical de este pretendido lapso mínimo de seis meses a los efectos de su procedencia, toda vez que conduce a resultados que pueden ser absurdos en el ámbito jurídico.

I.2. Orígenes

De acuerdo con ROJO y CERVERA[95], existen dos razones por las cuales surge el *mobbing* en un centro de trabajo:

> a. El que se inicia por un acosador o grupo de acosadores ante la víctima o las víctimas, debido, sobre todo, a que la persona acosada es «diferente» a los acosadores; b. El que se inicia «siguiendo órdenes de la superioridad» —no solo del superior jerárquico del acosado, sino de la empresa en sí—. En ambos casos los ataques pretenden de manera clara y determinante que el acosado se dé por vencido y abandone su puesto de trabajo o la empresa sin tener que «despedirlo», sino porque la persona acosada «ya no aguante más».

[93] Javier Díaz Bolaños contra Sistemas Edmasoft, C. A., y E-Business Corporation.
[94] www.tsj.gob.ve/decisiones/scs/mayo/0674-5509-2009-08-666.HTML.
[95] ROJO y CERVERA, ob. cit., p. 23.

Fornés Vives señala que este fenómeno aparece con más frecuencia en empresas grandes, de más de 50 empleados –especialmente universidades y hospitales– y empresas desorganizadas[96]. No obstante ello, nada impide que también puede ocurrir en empresas pequeñas y medianas.

I.3. Elementos determinantes[97] y tipología

I.3.1. Generalidades

El tratamiento unitario del hostigamiento psicológico en el trabajo parte por establecer los elementos específicos de este, tanto objetivos como subjetivos[98]. Sobre los elementos objetivos, García y Maestro[99] identifican

---

[96] Ídem.

[97] Véase sobre los elementos determinantes: Gimeno Lahoz, ob. cit., pp. 80 y ss.; Arbonés Lapena, ob. cit., pp. 30 y ss. Entre los elementos objetivos reseña la conducta agresiva típica, la reiteración, en el trabajo o con ocasión a este y daño psicológico; Ugarte, ob. cit., pp. 225-228, alude a una conducta persistente, que la conducta sea sistemática, la existencia de una finalidad o intencionalidad determinada, producción de un resultado lesivo a determinados derechos del trabajador; Caamaño Rojo y Ugarte, ob. cit., pp. 72-77, refieren que del concepto del artículo 2, inciso 2°, del Código de Trabajo, en su frase 3.ª se evidencian como elementos: el sujeto agresor, la conducta de agresión u hostigamiento, la reiteración, los resultados –menoscabo, maltrato o humillación o que se perjudique la situación laboral u oportunidades de empleo–; Rivas Vallejo, ob. cit., pp. 107 y 108, cita sentencia de SJSJ de Galicia de 08-04-03, Ar. 2893, que indica entre los elementos básicos, la intención de dañar, la producción del daño, el carácter complejo, continuado o sistemático; Rodríguez de Tescari, ob. cit., pp. 546-548.

[98] Véase: Correa Carrasco, *La juridificación...*, p. 44, «La extremada complejidad de los procesos de acoso, caracterizados por la confluencia entre elementos objetivos y subjetivos y el entrecruzamiento de perspectivas individuales y colectivas –u organizacionales– de análisis, hacen necesario una valoración global de todos ellos y, posteriormente, una selección de aquéllos a los que es preciso otorgar relevancia a efectos de la tipificación de las conductas. En cualquier caso, a pesar de la mencionada complejidad, la necesidad de ensayar intentos de elaboración conceptual es irrenunciable pues, en definitiva, solo así quedará plenamente identificado el

al menos dos elementos de tipo objetivo. El primero de ellos tiene que ver con el ámbito en el que se practican este tipo de conductas, pues siempre ocurre en el lugar de trabajo. En efecto, el acoso psicológico adquiere su especificidad en el ámbito laboral, pues es en el lugar de trabajo donde se materializa la producción de situaciones de malestar que pueden desembocar en la exclusión del trabajo desempeñado. El segundo elemento objetivo guarda relación con el fin perseguido, que no es otro que el aislamiento[100] de la víctima, haciéndole perder la autoestima personal y reputación profesional, llegando a provocar su dimisión en la apariencia de autoexclusión. En efecto, el sujeto que agrede lo que busca es descalificar y desacreditar a la víctima hasta el punto de aislarla, para esto, se vale del ataque a su autoestima de manera que el acosado siente que no merece nada de lo que tiene y, por tanto, lo deja; en otras palabras, pierde su dignidad en el empleo, incluso, en su entorno familiar[101].

---

fenómeno, lo que constituye presupuesto para ulteriores actuaciones sobre el mismo desde las diversas disciplinas científicas implicadas. Hay que partir, por tanto, de un concepto psicosocial de acoso moral donde queden determinados los diferentes elementos fácticos que integran el fenómeno; Rivas Vallejo, ob. cit., p. 28, cita sentencia STSJ de Castilla-La Mancha de 22-05-03, Ar. 246250, que indica que el acoso laboral debe presentar siempre perfiles objetivos, como son la sistematicidad, la reiteración y la frecuencia; así como perfiles subjetivos como la intencionalidad y la persecución de un fin. Añade: «son, por lo tanto, la intencionalidad o elemento objetivo, orientado a conseguir el perjuicio moral de otro, requisito, éste, siempre exigido en este irregular comportamiento o actitud y, de otra parte, la reiteración de esa conducta de rechazo que se desarrolla en forma sistemática durante un período de tiempo».

99   García y Maestro, ob. cit., p. 72.
100 Véase: Rivas Vallejo, ob. cit., p. 27, cita sentencia SSTSJ de Canarias, Las Palmas, de 28-04-03, Ar. 3894, que define el hostigamiento laboral como «violencia psicológica con resultado de aislamiento laboral o incluso social».
101 Véase igualmente: Kahale Carrillo, El acoso…, ob. cit., Las conductas indiciarias de la presumible existencia del acoso moral en el trabajo (Hirigoyen, 2001), suelen ser: i. ataques mediante medidas adoptadas contra la víctima. Ejemplos claros es cuando el superior le limita las posibilidades de comunicarse, y cambia al acosado de ubicación separándole de sus compañeros de trabajo; al juzgarse de

Se afirma que la definición del hostigamiento laboral permite indicar los elementos de la figura: i. un comportamiento del empleador o de uno o más trabajadores, representantes que actuando sin su representación, o de estos en su conjunto. Con este primer elemento, queda claro que se pretende recoger todas las formas de acoso u hostigamiento identificadas por la doctrina, conforme a lo indicado en el acápite anterior. ii. El hostigamiento se puede derivar de hechos o dichos, vale decir de acciones, con lo cual ya se extraña que no se haga referencia también a omisiones o faltas de actuación. iii. Una violencia sicológica de carácter extrema. Este elemento resulta complejo de dilucidar, pues no solo implica gravedad del hostigamiento como forma de violencia, sino que también alude a la intensidad del acoso, lo que puede resultar ambiguo al depender, por ejemplo, de la personalidad de la víctima y de su capacidad de resiliencia. iv. Premeditación o no, con lo cual se introduce un elemento subjetivo como el dolo, lo que resulta criticable frente a comportamientos lesivos de derechos fundamentales, pues podría tornarse muy difícil la prueba de la intención del agresor. v. Regularidad sistemática y tiempo prolongado de desarrollo del hostigamiento, elementos absolutamente necesarios, atendida la tipología del *mobbing*, según se ha establecido desde hace ya bastante tiempo

---

manera ofensiva el trabajo de la víctima; y se cuestionen sus decisiones; ii. ataque a la vida privada; iii. ataques mediante aislamiento social; iv. criticar y difundir rumores contra esa persona; v. agresiones verbales, como gritar o insultar, criticar permanentemente el trabajo de esta persona (López y Camps, 1999). En definitiva, las manifestaciones más comunes en la práctica del acoso moral son (Molina, 2001): a. aislamiento, la incomunicación o desamparo en las relaciones laborales; b. privar a la víctima de la capacidad de expresión; c. desacreditar a la persona; d. controlar aspectos el trabajo de forma malintencionada; e. poner en peligro la salud del trabajador; f. desestabilizar mentalmente; g. asignar al acosado trabajos sin valor; h. rebajar a las personas asignándoles trabajos por debajo de su capacidad; i. abrumar con una carga de trabajo insoportable; j. humillar, despreciar en público a la persona; k. amanerar a la persona con usar instrumentos disciplinarios; l. restringir las posibilidades de comunicarse, hablar o reunirse con el superior; y, m. acusar sin base o fundamento por incumplimientos, errores, etc.; Navarro Urbáez, ob. cit., pp. 272 y 273; Ausfelder, ob. cit., pp. 24-26.

por los estudios del hostigamiento psicológico laboral desde la sicología. vi. Un perjuicio laboral, a saber, un menoscabo o detrimento laboral[102]. Pues vale recordar que el «daño» constituye elemento necesario de toda responsabilidad en general.

Ugarte señala que en la concepción que denominamos «subjetiva» el hostigamiento psicológico laboral se diseña con especial exigencia de elementos de esa índole: la intencionalidad del acosador y la acreditación de un daño síquico a la víctima. Mientras que en el caso de la concepción objetiva, la exigencia fundamental se desplaza a la persistencia y sistematicidad de la conducta del hostigamiento psicológico laboral. De este modo, y ligado con lo anterior, de sostenerse una concepción subjetiva de este se hace más acuciante resolver el problema probatorio que el acoso presenta: por una parte, cómo puede el trabajador acreditar la existencia de una situación de hostigamiento psicológico laboral si ello requiere la prueba de una intencionalidad o elemento subjetivo determinado –el ánimo de excluir o de ofender– y, por otra, cómo probar la existencia de un daño síquico y la relación de causalidad respectiva. El asunto pudiera ser relevante desde la perspectiva probatoria, a la vez que presente proyección psicológica[103], temas que desarrollamos más adelante.

---

[102] Véase: Caamaño Rojo, *La noción...*, pp. 224 y 225.

[103] Ugarte, ob. cit., p. 229, El concepto objetivo parece aliviar a la víctima de esos desafíos, pero para ello requiere alejarse de la noción psicológica del acoso laboral y construir una figura con tintes más jurídicos desde una particular perspectiva del Derecho: la de los derechos fundamentales. De hecho, la cuestión central en este punto es sí debe la reflexión jurídica seguir plegada a la noción psicológica de acoso laboral. Es obvio que el Derecho no puede prescindir del aporte original que en la construcción de la figura tuvo la Psicología, pero las comunidades jurídicas pueden recorrer su propio camino. Y ello especialmente porque cada disciplina parece tener su propio afán. En rigor, en la Psicología el problema parece dominar la perspectiva del daño síquico de la víctima, pero para el Derecho la cuestión parece distinta: la afectación de determinados derechos fundamentales de la víctima, como son la integridad psíquica, la honra, la privacidad y la no discriminación.

De forma amplia, y siguiendo a la doctrina especializada, podemos señalar los siguientes elementos[104] del hostigamiento psicológico en el trabajo:

i. El elemento objetivo: la conducta típica. Repetición y persistencia en el tiempo; potencialidad lesiva.

ii. El elemento teleológico: la intencionalidad lesiva[105]. La expulsión (*de iure* o *de facto*) de la organización productiva en la que desarrolla su actividad.

iii. El elemento organizacional: el contexto laboral[106]. Desde el estricto plano conceptual, no obstante, la relevancia del contexto sociolaboral viene dada por la asimetría de poderes que introduce entre los sujetos presentes en el mismo.

iv. El elemento subjetivo: los sujetos activo y pasivo[107].

---

[104] Véase: CORREA CARRASCO, *El concepto...*, pp. 54-66; RIVAS VALLEJO, ob. cit., pp. 28-33.

[105] Véase: CORREA CARRASCO, *La juridificación...*, p. 50, la intencionalidad dañina, principal motivación del agresor, constituye el elemento que confiere unidad a las conductas y actos aislados que se han ido produciendo durante un determinado lapso temporal. Siendo esta motivación el hilo conductor de los múltiples y variados actos de agresión llevados a cabo en distintos momentos temporales, la mayor o menor intensidad de los mismos pierde relevancia, pues todo ellos, incluso los más anodinos, han participado de la misma línea teleológica de conducta y, además, todos ellos han contribuido a la creación de una situación donde, al menos, se ha puesto en riesgo la salud del trabajador víctima del acoso; CORREA CARRASCO, *El concepto...*, pp. 61-63.

[106] CORREA CARRASCO, *El concepto...*, pp. 63 y 64.

[107] Véase: ibíd., pp. 64-66; KAHALE CARRILLO, *El acoso...*, ob. cit., los sujetos que intervienen en la situación de un acoso moral, son los siguientes: i. los sujetos activos de la agresión, son las personas que las llevan a cabo de manera individual o colectiva en contra de una o varias personas que laboran en la empresa actuando de manera consciente e inconscientemente una conducta de hostigamiento psicológico con el propósito de marginarlas y humillarla frente a otras personas. Las características más resaltantes que definen a esos sujetos de la agresión son la exagerada centralización en sí mismos, la falta de interés o empatía hacía los demás y la necesidad

v. Elementos objetivos que lo integran: violencia psicológica externa; sistemática —no puntual, no un acto singular o aislado—; en el lugar de trabajo o, más bien, en vinculación directa con el trabajo; relación de causalidad con el trabajo, en el contexto de éste; producción del daño.

La conducta debe medirse en sí misma, sin necesidad de evaluar el impacto real.

En cuanto a los elementos subjetivos, la doctrina hace referencia a un proceso sistemático y persistente de interacción social por el cual un trabajador —víctima o acosado, sujeto pasivo— es atacado por uno o más individuos —acosador o agresor, sujeto activo— con el propósito de llevar al hostigado a una posición de indefensión con un alto potencial de exclusión. Luego, en principio, al menos intervienen dos actores[108]. El acoso

___

de aprobación y triunfo. Suelen ser personas egocéntricas, intolerantes a las críticas y necesitados de admiración y reconocimiento; ii. los sujetos pasivos, son las víctimas de la agresión (CONESA, 2002), que pueden dividirse en tres grupos: a. personas eficaces y trabajadoras que ponen en evidencia lo establecido y pretenden imponer reformas, que son vistas por el agresor como un peligro o amenaza de su *status* actual en la empresa; b. personas brillantes, atractivas y algo seductoras, y por tanto envidiables y consideradas peligrosas o amenazadoras por el agresor que teme perder su protagonismo; c. personas vulnerables o depresivas que son el blanco fácil del agresor en el que descargar sus propias frustraciones (CORDERO, 2002); PÉREZ ALONSO, ob. cit., p. 199. En el acoso cabe destacar dos sujetos necesarios, de un lado, un sujeto acosador y de otro lado, un sujeto acosado; BUSTAMENTE CASAS, ob. cit. El problema tiene por protagonistas al menos dos sujetos. Por un lado, quien da comienzo al hostigamiento que se denomina «*mobber*», se trata de una persona con poder, que directamente ejerce el ataque. La víctima es el trabajador o también denominado sujeto pasivo. Habitualmente puede existir un tercer componente que son llamados «*side mobbers*», estos son sujetos ajenos a las partes, que pueden llegar a ser compañeros del trabajador afectado o personal jerárquico intermedio, que sin participar en forma directa en el acoso, consienten o colaboran con el mismo por conveniencia o perversión; ARBONÉS LAPENA, ob. cit., pp. 32-35.

[108] Véase: MORALO GALLEGO, ob. cit., pp. 125-133.

supone un carácter individual o personalizado, no generalizado a un colectivo de trabajadores. El elemento subjetivo implica el carácter intencional que tiene por fin la «denigración laboral». Se traduce en un trato vejatorio y ultrajante que repercute en el estado de salud de la víctima[109].

Otros en variantes similares aluden a elementos material, temporal e intelectual[110]. Así mismo, se refieren entre los elementos esenciales del hostigamiento psicológico laboral, la «presión tendenciosa» que debe sentir la víctima que podrá ser explícita o implícita, con o sin contacto físico; la «denigración laboral»; la «autoeliminación del trabajador» merced a lo interior, que culmina en el abandono del puesto de trabajo[111]. La «presión» ha sido considerada el elemento determinante del hostigamiento. De allí que se aluda a presión laboral tendenciosa[112]. En efecto, se afirma que para que exista el acoso laboral, debe existir una «presión laboral» sobre el trabajador,

---

[109] Rivas Vallejo, ob. cit., pp. 29 y 30.

[110] Véase: Mir Puig, ob. cit., pp. 180 y 181, a. un elemento material consistente en la conducta de persecución u hostigamiento, sistemático y planificado, injustificados de un sujeto activo, que puede ser –elemento subjetivo–: un compañero o compañera de trabajo, acoso horizontal, o un superior, encargado o jefe, acoso vertical llamada en inglés *bossing*; b. elemento temporal; c. un elemento intencional, no cabe hablar de imprudencia o casualidad.

[111] Rojo y Cervera, ob. cit., pp. 53-56, cita sentencia española del Tribunal Superior de Justicia de Galicia, Sala de lo Social del 8 de abril de 2004, que indica la intención de dañar, ya sea del empresario, de los directivos o de los compañeros; la producción de un daño en la esfera de los derechos personales más esenciales; el carácter complejo, continuado, predeterminado y sistemático. También se cita sentencia del Tribunal Superior de Justicia de Andalucía, con sede en Granada, de fecha 11 de marzo de 2003, señala que se precisa demostrar que la finalidad del empresario es perjudicar la integridad psíquica del trabajador o desatenderse de sus deberes de protección en tal sentido. Que se le ha causado unos daños psíquicos, por lo que es exigible una historia clínica que muestre la patología de la descrita por la psicología. Véase también: Arbonés Lapena, ob. cit., p. 56, considera la autoeliminación o abandono del lugar de trabajo por iniciativa de la víctima otro elemento o criterio determinante en la figura bajo análisis.

[112] Arbonés Lapena, ob. cit., pp. 58 y 59.

que se encuentre ligada a otros elementos no laborales, esto es, no solo la exigencia de actuaciones del trabajador en la esfera de sus funciones, sino que, sumado a dicha presión, se le denigre y menoscabe, produciendo un efecto sicológico en este[113].

Sobre el aspecto del abandono del cargo, la doctrina se pregunta si realmente existe la figura independientemente del poder de resistencia del acosado. A lo que se afirma acertadamente que, al margen de no concretarse el clímax del instituto, los elementos podrían ser igualmente negativos y, por ende, deben evitarse[114]. De hecho, a través de mecanismos eficaces, que proponemos más adelante, se puede perfectamente eliminar la consecuencia dañina de perder la fuente de trabajo, lográndose que la víctima sea reparada eficientemente. De esta manera el trabajador acosado podría seguir desarrollando su personalidad en el ámbito laboral, dentro de la misma sede del patrono, sin que ello le traiga perjuicio alguno.

---

[113] Caamaño Rojo, *La noción…*, p. 233, cita sentencia chilena de Sentencia del Tribunal del Trabajo de Iquique, RIT T-20-2010, de fecha 27 de agosto de 2010.

[114] Véase: Pérez Alonso, ob. cit., p. 199, «Parece evidente que la existencia de acoso, puede entrar dentro del plano subjetivo, si bien dicha situación podría ser del todo punto injusta, porque dependería de la fortaleza de la víctima para soportar el envite del acosador. Es por ello que parece necesario acometer planes de prevención del acoso, para evitar con ello, que se generen posibles víctimas acosadas, máxime teniendo en cuenta que, el sujeto acosado puede soportar durante un determinado tiempo ciertas conductas que pueden ser susceptibles de determinación como acoso, pero sin "el sentimiento de víctima" y, con posterioridad, ante esas mismas conductas tener "el sentimiento de víctima", de tal modo que se nos presenta el dilema de cuándo se debe actuar contra el sujeto acosador desde el momento inicial del acoso o, por el contrario, desde el momento en que se produce el daño y aparece la víctima en la persona del sujeto acosado. En estos casos, cabe plantearse cuándo es reprobable la conducta mientras exista aunque no haya víctima o desde el momento de la existencia de víctima. Esto es importante, a efectos de la prevención de riesgos psicosociales».

I.3.2 Sujeto activo

Para los psicólogos, el agresor necesariamente es una persona con rasgos de perversidad. HIRIGOYEN afirma que estas personas por lo general «tienen una estrategia de utilización del otro y luego una estrategia de destrucción del otro, sin que se produzca ningún sentimiento de culpa»[115].

Un hostigador, para HIRIGOYEN[116], puede tener una estructura de personalidad de perversos narcisistas[117] —considerados también como sicóticos sin síntomas, es decir, no alucinan ni deliran— que no hacen daño *ex profeso*, sino porque no saben existir de otro modo. A ellos seguramente los hirieron en su infancia e intentan sobrevivir de esta manera, es decir, estos sujetos agreden al otro para salir de la condición de víctima que conocieron en su infancia. En las relaciones que establecen, esta actitud de víctima les sirve para seducir a aquellas personas que pretenden consolar antes de arrinconarlas en una posición de culpabilidad, pero siempre debe tenerse en mente que se trata de individuos que nunca pierden el contacto con la realidad, saben distinguir entre el bien y el mal y por tanto, son jurídicamente responsables. De hecho, según afirma HIRIGOYEN[118], los agresores o acosadores no se atreven a enfrentarse a la justicia, pues tienen miedo de que se revele públicamente la malignidad de sus conductas, antes prefieren negociar un despido.

---

[115] HIRIGOYEN, ob. cit., p. 109.

[116] Ibíd., p. 111.

[117] Ibíd., pp. 111 y 112, Es importante que las empresas puedan identificar entre sus trabajadores quienes pueden tener una estructura de personalidad perversa narcisista, para esto, la referida autora enumera alguna de las manifestaciones de este tipo de conductas: i. el sujeto tiene idea grandiosa de su propia importancia; ii. lo absorben fantasías de éxito ilimitado y de poder; iii. se considera especial y único; iv. tiene necesidad excesiva de ser admirado; v. explota al otro en sus relaciones interpersonales; etc.

[118] Ibíd., p. 159; NAVARRO URBÁEZ, ob. cit., p. 270.

Se afirma así que el perfil del acosador según el Informe Cisneros de la Universidad de Alcalá de Henares es de ser un egocéntrico, con personalidad psicopática, un profesional mediocre, celoso, con un profundo complejo de inferioridad, con miedo e inseguridad ante sí mismo[119].

La identificación de estos rasgos y de las motivaciones inherentes a la conducta de los agresores, tendrán, sin duda una gran utilidad desde el punto de vista preventivo, principalmente, porque ayudan a conocer las claves que rigen el nacimiento y la evolución de los procesos de acoso. De este modo, partiendo de los rasgos típicos de los agresores, sus perfiles psicopatológicos han sido catalogados con diversa terminología —«paranoicos leves», «mediocres inoperantes activos»—, todas ellas reveladoras de la personalidad, a todas luces, enfermiza, que caracteriza a los mismos. Partiendo de esta sintomatología, el desarrollo de los procesos de acoso dependerá, sin embargo, del modelo organizativo en el que se inserten que, como hemos señalado, podrá ser más o menos proclive al desencadenamiento de los procesos de acoso por parte de estos sujetos. Especial importancia tiene al respecto, el papel de grupo o colectivo inmediato en el que se desenvuelven los procesos de acoso. En efecto, se ha destacado como factor coadyuvante de primer orden en el desarrollo y recrudecimiento de estos procesos, la inhibición y el «sorprendente silencio» de los compañeros de la víctima, a pesar de presenciar los actos de agresión y ser conscientes de lo abusivo e injusto de la situación. Esta complicidad[120], injustificable en cualquier caso, se explica principalmente por el miedo a represalias, si bien, como se ha señalado con acierto, cabe un cierto ventajismo entre los que, con menos escrúpulos, pueden encontrar algún beneficio en tal situación[121].

---

[119] MIR PUIG, ob. cit., p. 182; ZAPATA CARNAQUÉ, ob. cit.
[120] Véase: VIDAL CASERO, ob. cit., Para que exista *mobbing* es necesario que concurra un silencio cómplice de compañeros de trabajo, ensañamiento e incluso autoinculpación de la víctima, que al ignorar por qué es atacada, asume inicialmente como pertinentes las agresiones de que es objeto.
[121] CORREA CARRASCO, *La juridificación…*, pp. 47 y 48.

MARZOAN, citando una publicación canadiense sobre el tema[122] describe tres arquetipos de agresor: i la «bestia» una persona brutal ajena a toda redención que desde la infancia disfruta destruyendo la dignidad de los demás; por lo general elige objetivos fáciles que adolecen de fragilidad emocional o no pueden permitirse dejarse su empleo; ii. el «político», un empleado ambicioso que acosa a un compañero y se apropia de las ideas de éste en su provecho, con el fin de conseguir un ascenso o ganarse el favor de la dirección y, por lo general acosa a quienes considera sus rivales y que desea eliminar, y iii. el «impostor» un empleado incompetente que oculta sus errores difamando a los demás, principalmente busca desacreditar a los demás para protegerse.

Dentro de los sujetos activos también existen los testigos mudos quienes, para CALERO y Navarro[123] son «mero espectadores». Pensamos que basta con establecer que son todas aquellas personas que presencian el hostigamiento psicológico laboral, pero que se niegan a dar fe de lo ocurrido, por temor a represalias, incluso, por miedo a perder su empleo.

AUSFELDER[124] señaló los siguientes elementos característicos del sujeto acosador:

---

[122] En efecto, el periodista canadiense MARZOAN, ob. cit., hace mención al libro titulado: *Un Collage veut votre peau* (Un compañero quiere tu cabeza). Colección SOS boult. Les Editions Trascontinental, Québec, 2002.

[123] CALERO, C. y D. R. NAVARRO: «El *mobbing* o acoso psicológico en el trabajo». Recuperado en http://www.ugt.es/mobbing/guiapvmobbing.pdf [octubre 3, 2005, 8:25 pm].

[124] AUSFELDER, ob. cit., pp. 38-47, agrega (p. 38): ¿Pero qué tipo de personas son las que acosan? Del mismo modo que apenas existe una víctima típica, tampoco hay un causante característico. Con frecuencia se trata de personas que aterrorizan mucho y se divierten a costa de la víctima. Respecto al entorno vital o al pasado de la víctima, HESSE y SCHRADER dicen: «Alguien que, por ejemplo, haya tenido una infancia horrible y violenta –es decir, que fue una víctima en ciertas circunstancias y había sufrido los daños de un acoso prolongado– podría intentar vengarse volviendo contra otro los mismos argumentos, de manera que se convierta en un

La persona intrigante que exagera, tergiversa y miente. La persona que ha ascendido y no tolera nadie a su lado. La persona envidiosa que se preocupa más del sueldo de sus compañeros que del trabajo. El tirano que difunde el miedo y el pánico. La persona cobarde que tiembla en su posición. La persona agresiva que humilla y pisotea. La persona irascible que cambia de humor continuamente. La persona frustrada que se desahoga de sus problemas íntimos en la empresa. La persona criticona y pedante que siempre sabe más. Los simpatizantes indispensables para la persona que acosa.

Los agentes tóxicos del acoso psicológico suelen ser mayoritariamente jefes, aunque también existen acosadores entre los mismos compañeros e incluso entre los propios subordinados. Los datos del estudio Cisneros II señalan al jefe en dos de cada tres casos y a los compañeros en el 30 % de los casos como agentes del hostigamiento. Un 3 % son casos de hostigamiento psicológico laboral de tipo ascendente[125].

---

agresor. En otras palabras "igual que me hiciste a mí, ahora te lo hago yo"». Sin embargo, esto no absuelve al causante y sus infamias, sino más bien explica que las personas que hieren a otras a menudo tienen grandes problemas consigo mismas.

[125] Piñuel y Zabala, ob. cit., p. 51; Arbonés Lapena, ob. cit., pp. 32 y 33, alude al acosador tipo narcisista, el tipo paranoide, el tipo antisocial y el tipo obsesivo compulsivo.

Descripción del acosador por parte de las víctimas[126]

Capacidad de Simulación	Autoritarismo	Arrogancia
Falsa seducción	Ausencia de sentido de culpa o remordimientos	Imposición
Mentira compulsiva	Trivialización	Hechos consumados
Capacidad de manipulación y distorsión	Egoísmo	Paternalismo
Envidia y celos profesionales	Falta de juicio o de ecuanimidad	Necesidad de quedar por encima
Ausencia de modales o educación	Ausencia de la capacidad de escucha	Actitud «sabelotodo»
Doble personalidad (Jekyll y Hyde)	Rigidez	Incapacidad de cooperar
Dificultad para tolerar la ambigüedad	Indecisión	Paranoia
Ausencia total de empatía	Mediocridad profesional	Incapacidad para comunicar
Incapacidad para afrontar el fracaso	Personalidad controladora	Lenguaje rudo e insultante
Oportunismo y conveniencia	Inconsistencia	Evasividad
Falta de criterio personal	Falta de transparencia	Incapacidad para el trabajo en equipo
Ausencia de dinamismo	Interferencia en el trabajo de otros	Ausencia de sentido del humor

[126] PIÑUEL y ZABALA, ob. cit., p. 34. Véase también: ARBONÉS LAPENA, ob. cit., pp. 16 y ss.

10 comportamientos de *mobbing* más frecuentes[127]

	% sobre población activa
1. Asignar trabajos sin valor o utilidad alguna	9,29
2. Rebajar a la persona asignándole trabajos por debajo de su capacidad profesional o sus competencias habituales	9,12
3. Ejercer contra la persona una presión indebida o arbitraria para realizar su trabajo	8,71
4. Evaluar su trabajo de manera inequitativa o de forma sesgada	8,64
5. Desvalorar sistemáticamente su esfuerzo o éxito profesional o atribuirlo a otros factores o a terceros	7,97
6. Amplificar y dramatizar de manera injustificada errores pequeños o intrascendentes	7,63
7. Menospreciar o menoscabar personal o profesionalmente a la persona	7,46
8. Asignar plazos de ejecución o cargas de trabajo irrazonables	7,36
9. Restringir las posibilidades de comunicarse, hablar o reunirse con el superior	7,13
10. Ningunear, ignorar, excluir o hacer el vacío, fingir no verle o hacerle invisible[128]	7,00

Las agresiones psicológicas pueden concretarse en una múltiple variedad de actos de hostigamiento, persecución o agravio, más o menos relevantes, protagonizados por el agresor –solo o en complicidad con terceros–, pero todos ellos dirigidos por un común propósito de socavar la integridad psicológica de la víctima. Lo relevante, a efectos de su integración en el concepto de hostigamiento psicológico laboral, es el hecho de que la conducta agresiva se concrete en una serie, más o menos predeterminada, de actos de diversa índole que pueden ser inocuos considerados aisladamente –o, al contrario, antijurídicos *per se*– pero que, en su conjunto, por su carácter

---

[127] Piñuel y Zabala, ob. cit., p. 35, datos extraídos del Barómetro Cisneros II.
[128] Véase: Rivas Vallejo, ob. cit., p. 106, cita sentencia STSJ de Canarias (Las Palmas) de 28-04-03, Ar. 3894, que indica que el acoso estuvo compuesta básicamente por la falta de asignación de tareas, dejándolo totalmente «de lado», ignorándolo, como si «no existiera».

reiterado y sistemático, son constitutivos de acoso moral. Esta serie de actos constituyen la base sobre la que se sustenta el tipo objetivo de acoso moral y, como tales, representan una realidad objetiva o, al menos, susceptible de ser objetivada mediante los oportunos instrumentos de prueba[129].

Según una encuesta aplicada por la propia Hirigoyen (2001), los individuos de edad madura entre 46 y 55 años, son objeto de *mobbing* con mayor frecuencia que los pertenecientes a otros rangos de edad. Las mujeres lo viven más frecuentemente que los hombres y por sus estrechos vínculos a las múltiples formas de discriminación, está presente por motivos raciales, religiosos, enfermedad o defecto físico y en contra de individuos que poseen distintas inclinaciones sexuales, etc. En suma, todos los que representan una diferencia son susceptibles de sufrir *mobbing*[130].

Finalmente y, aunque ello no sea determinante, como dato curioso, Ausfelder señala que puede apreciarse cierta diferencia asociada al género o sexo, a los efectos del acoso. Y así, siguiendo a Leymann, señala que, a juzgar por los porcentajes de asistencia a las sesiones de terapia, considera

---

[129] Correa Carrasco, *La juridificación...*, p. 54.
[130] Peña Saint Martín y Sánchez, *El mobbing. Contribuciones...*, p. 36, Pero no solo ellos, también los sindicalistas, los que protestan, los que intentan cambios, los que «dan el pitazo», es decir, quienes no comulgan con las prácticas y vicios de la comunidad, los individuos con valores éticos, los honestos, los trabajadores, los que sobresalen, etc. Al analizar estas situaciones, los investigadores del apt encontramos uno de los hallazgos más sugerentes y a la vez más inquietantes: se ha observado que en ciertos núcleos sociales aparece la figura del mediocre inoperante activo (mia), la cual no había sido conceptualizada por el resto de las disciplinas dedicadas al estudio del trabajo. El mediocre inoperante activo es el iniciador del acoso hacia el extraño; de las acusaciones, los chismes, los falsos que después se convierten en verdades; es aquel que configura la atmósfera enfermiza en el centro de trabajo, la cual crece y provoca un auténtico contagio que enferma a la comunidad; pareciera que una consigna rondara por todos los rincones: «hay que destruir al extraño», a aquel que se percibe como amenaza para los cotos de poder del mia y sus aliados, por su sola presencia o por su trabajo cotidiano —o ambos—, (González de Rivera,

que las mujeres sufren mucho más que los hombres a causa de las maneras como se las acosa. «Cuando se ridiculiza a una mujer constantemente y de forma odiosa, cuando se chismorrea sobre ella, podría resultar más dañino que si se realizaran acciones más pasivas –por ejemplo, no hablar más con ella–. Si se piensa que las mujeres son acosadas casi cada día, mientras que los hombres suelen serlo una vez a la semana, podría decirse que existen dos maneras características de atacar, una masculina y otra femenina»[131].

2005). El fenómeno al parecer tiene su origen en las figuras mediocres o narcisistas que suelen medrar en muchos más lugares de los que suponemos. Los estudiosos del tema recuerdan al músico mediocre que, por envidia, le hizo la guerra psicológica a Mozart hasta provocarle la muerte. La película *Amadeus* aborda muy bien el incidente que, falso o verdadero, ilustra las actitudes destructivas y perversas del ser humano (Barbado, 2004).

[131] Ausfelder, ob. cit., pp. 62 y 63. En caso de acoso laboral, los hombres y las mujeres se diferencian, sobre todo, por la manera de atacar. Martín Resch, psicólogo laboral, afirma: «Los hombres eligen más bien formas pasivas –dejan de hablar con una persona– o hacen hincapié en algunos temas –cambios de tareas, ataques contra las ideas políticas o las creencias religiosas–. Por el contrario, las mujeres eligen acciones más activas que dañan el nombre de la persona –murmuraciones, injurias, insinuaciones–». Según los estudios realizados, los métodos típicamente femeninos son los siguientes: hablar mal de una compañera por detrás, ridiculizando su vida privada y difamándola; burlarse de la víctima delante de los demás, ridiculizando su forma de vestir, su silueta, su peinado, sus gestos o su voz; difundir rumores sin comprobar su veracidad de antemano; dejar de hablar con la víctima y rumorear a sus espaldas; aprovechar cualquier error o incapacidad de la víctima y burlarse de ella; provocar inseguridad mediante difamaciones constantes, sin decir nada directamente; criticar el trabajo de la víctima y hacer un acontecimiento de cualquier falta, por pequeña que sea. Por el contrario, los métodos típicamente masculinos son: asignar a la víctima actividades nuevas de manera continuada sin explicarle en qué consisten; amenazar a la víctima y mantenerla bajo presión; ignorarla, dejar de hablar con ella y no prestar ninguna atención a sus comentarios ni a su trabajo; criticar sarcásticamente la ideología política y religiosa de la víctima e inmiscuirse en su vida privada; asignarle un puesto de trabajo en el que esté completamente apartado de los demás y apenas pueda tener contacto; impedir que exprese sus ideas, interrumpirla constantemente, mostrar sus debilidades y descalificarla sistemáticamente; asignar determinados trabajos que hieren su amor propio para desmoralizarla. Si las tácticas son tan diferentes, ¿cuáles serían las menos perjudiciales?

I.3.3. Sujeto pasivo

Afirma HIRIGOYEN[132] que la víctima del hostigamiento *in comento*, acosado, o sujeto pasivo del hostigamiento psicológico laboral es víctima
porque ha sido designada por el agresor. Si esto es así, para ser víctima lo
único que hace falta es estar en el medio en donde se desenvuelve el
agresor, y será interesante para este en tanto y cuanto se muestre utilizable
y acepte la seducción.

Lo propio de un ataque es apuntar a las partes vulnerables del otro, a sus
puntos débiles o a sus patologías, es decir, el agresor busca en la víctima el
germen de autodestrucción y luego le basta con activarlo mediante comunicaciones desestabilizadoras. Advierte HIRIGOYEN[133] que la víctima no es
masoquista o depresiva en sí misma, sino que al entrar en contacto con el
acosador se desestabiliza y de alguna manera tiende a culpabilizarse.

Se evidencia así que el perfil de las víctimas suele ser el de personas brillantes en el trabajo, bien valoradas, con elevado grado de creatividad,
cumplidoras, inteligentes, que suelen hacer sombra al futuro acosador,
y también aquellas personas que se han negado a participar en acciones
ilícitas o pocos éticas que puedan perjudicar a la empresa u organización
o a los clientes[134].

La mayoría de las investigaciones coinciden en señalar que las víctimas del
hostigamiento psicológico laboral, son personas con elevado sentido de la

---

Se hable mal a espaldas de alguien, como suelen hacer las mujeres, o se arrebate
a la víctima su derecho a expresarse, como es típico por parte de los hombres, el propósito es el mismo: provocar inseguridad en la víctima, hacer que pierda confianza
en sí misma y, a ser posible, que abandone su puesto de trabajo.

[132] HIRIGOYEN, ob. cit., p. 121.

[133] Ibíd., p. 123.

[134] MIR PUIG, ob. cit., p. 182.

ética, con autonomía, empatía y popularidad, rasgos estos que probablemente actúan como desencadenantes de las conductas de acoso al ser percibidos como una amenaza por los miembros de la organización. En este sentido, Álvarez afirma que estas personas son, por lo general, «utópicas, honestas y envidiables porque disfrutan la vida. Se basan para ello, con absoluta normalidad y sin contradicciones, en los valores y principios que hasta ahora han acompañado el concepto de dignidad humana y que incluye la solidaridad. Y ellos es motivo de diferencia a eliminar, de uno en uno o de una en una»[135].

El doctor Martín Resch, uno de los primeros científicos de acoso laboral y gerente del Instituto de Psicología y Pedagogía Laboral (IAP) de Seevetal dice: «No existe la típica víctima de acoso laboral. En realidad, puede sucedernos a todos, a cualquier persona completamente normal, tanto mujeres como hombres. El acoso laboral raras veces carece de motivo. Sin duda, las personas están más amenazadas cuando de alguna manera se diferencian de los otros compañeros». Las personas en posiciones sociales débiles, expuestas o vulnerables son más propensas, ya que podrán ser aterrorizadas con mayor facilidad. El acoso laboral suele darse entre compañeros del mismo escalafón. En el ámbito de la industria sucede de una forma más directa, mientras que en otros, como por ejemplo, el académico, es más insidioso. Y de manera sorprendente, algunos grupos profesionales se muestran mucho más propensos a padecer casos de acoso laboral que otros: psicólogos, profesores, médicos, periodistas y, muy especialmente, funcionarios. Las investigaciones en Suecia acerca del acoso laboral realizadas por Heinz Leymann también demuestran que cualquier persona puede convertirse en la próxima víctima y que no siempre se trata

---

[135] Álvarez, Macu: «Algunos aspectos sobre el acoso psicológico, acoso psicológico en el trabajo, psicoterror laboral, violencia psicológica, acoso moral o *mobbing*». En: *Lan-Harremanak-Revista de Relaciones Laborales*, N.º 7 (Reflexiones y preguntas sobre el acoso psicológico laboral o *mobbing*), Vizcaya, Universidad del País Vasco, 2002, p. 16.

de alguien débil o inepto. A tal efecto, la víctima surgirá solo a lo largo del proceso de acoso laboral. Tampoco se establecerán características de carácter o personalidad que definan a la persona que acosa y a la acosada. Además, Leymann y su ayudante descubrieron que en Suecia uno de cada cuatro trabajadores, al menos una vez en la vida, había sido víctima de acoso laboral. El puesto jerárquico del perjudicado no resultaba importante. Entre el 10 % y el 20 % de los suicidios en Suecia se deben al acoso laboral. En el resto de Europa, por desgracia, no es muy distinto[136]. Sin embargo, la generalidad de los autores suelen referirse a la psicología de la víctima[137].

Perfil de la víctima (sujeto pasivo)[138]: de acuerdo con Piñuel y Zabala es la persona brillante, atractiva y, por tanto, envidiable, considerada amenazadora por el agresor; persona vulnerable o depresiva, blanco fácil para que el agresor descargue sus propias frustraciones; persona eficaz y trabajadora que pretende imponer reformas y es vista como una amenaza al *status* actual; aunque, también podría tratarse de persona de escasa valía profesional o problemática, que entorpece la labor de otros compañeros y al que se acosa a fin de que se canse y se vaya de la empresa.

i. Personas con elevada ética, honradez y rectitud, así como un alto sentido de la justicia. Son personas que, con su actitud noble, denuncian casi de forma permanente que en la organización las cosas no funcionan con la suficiente ética y dignidad para todas las personas.

ii. Persona autónomas, independientes y con iniciativa. Personas con la madurez psicológica suficiente como para tener independencia de criterio, autonomía de actuación y capacidad para tomar la iniciativa.

---

[136] Ausfelder, ob. cit., p. 48.
[137] Véase: ibíd., pp. 48-53.
[138] Piñuel y Zabala, ob. cit., pp. 45 y 46; Arbonés Lapena, ob. cit., pp. 33-35; Zapata Carnaqué, ob. cit.

iii. Personas con un alto sentido cooperativo y de trabajo en equipo. Personas con una gran capacidad de relación que no dudan ni un instante en colaborar con el resto de compañeros, facilitándoles cuantos instrumentos y medios están a su alcance en pro de la consecución de los objetivos colectivos.

iv. Personas altamente capacitadas por su inteligencia y aptitudes, que destacan por su brillantez profesional. Poseen grandes conocimientos y se conducen con una elevada calidad profesional, rigor, rapidez y eficacia en el desempeño de su trabajo

v. Personas populares, líderes informales entre sus compañeros o con carisma para liderar grupos. Poseen habilidades sociales que confieren a la persona una especial destreza a la hora de aglutinar a otros en torno a las ideas o proyectos que propone o defiende.

vi. Personas con elevada capacidad empática, sensibilidad, compresión del sufrimiento ajeno e interés por el desarrollo y el bienestar de los demás.

vii. Personas con situaciones personales o familiares altamente satisfactorias y positivas. Personas contentas, integradas y satisfechas con una vida familia satisfactoria o con una relación de pareja que funciona.

La respuesta a la pregunta del millón es que no se trata de algo que la persona haya hecho, sino más bien de «algo que no ha hecho»: no ser sumiso, no ser servil, no dejarse manipular, no transigir con la mentira o los enjuagues, no mirar hacia el otro lado ante la corrupción o los desmanes, no dejarse avasallar sexualmente, no ser un mediocre profesional, no ser igual que los demás, etc. La víctima del *mobbing* no ha hecho nada que justifique que se le hostigue. El acoso psicológico es por sí mismo un comportamiento injustificable. La pregunta que se hacen las víctimas, ¿qué he hecho yo para merecer un *mobbing*?, busca la responsabilidad del *mobbing* allí donde no se puede encontrar: en la víctima en lugar del agresor[139].

---

[139] PIÑUEL Y ZABALA, ob. cit., p. 39.

En el caso de la víctima, sin embargo, los estudios realizados destacan la dificultad para trazar un perfil psicopatológico previo que, de algún modo, pudiera aislarse como el causante del acoso. Antes al contrario, tales estudios concluyen que cualquiera puede ser víctima potencial de ese tipo de situaciones, sin perjuicio de que se hayan descritos algunos rasgos de la personalidad que, aun pudiendo catalogarse objetivamente como virtudes más que como defectos, son percibidos negativamente por los agresores. Por otra parte, de los estudios de campo realizados tampoco se deduce una mayor incidencia del acoso en personas integrantes de determinados colectivos o grupos de individuos que compartan una misma cualidad o condición social –raza, edad, sexo, etc.–. En este sentido, y en relación con el sexo como elemento relevante, no hay datos estadísticos que demuestren fehacientemente que las mujeres sean más proclives a padecer acoso psicológico que los hombres, como ocurre, sin embargo, con el acoso sexual. En otras palabras, aun siendo potenciales víctimas de acoso, estas personas no lo serían por su especial condición social, sino por concurrir en ellos los rasgos de la personalidad que, en general, desencadenan la animadversión –patológica– de los agresores. En definitiva, como hemos señalado, en el caso de la víctima las eventuales psicopatologías no son originarias, sino inducidas por la situación de acoso padecida[140].

AUSFELDER recomienda a la persona acosada: a. sea consciente de sí mismo si ha cometido un error. Reconózcalo, pero al mismo tiempo deje claro a sus compañeros que ya ha sido censurado lo suficiente por ello y que las insinuaciones adicionales a este respecto se considerarían impertinentes y fuera de lugar; b. demuestre su carácter. Quien reconoce sus errores, también puede mostrar su fuerza en un momento dado; c. aprovéchese de las debilidades del contrario. Sea comprensivo cuando un compañero cometa un error, pero llámele la atención por ello: «Eso puede pasarle a cualquiera. ¡Nadie es perfecto! La última vez fui yo, hoy es usted…». De este

---

[140] CORREA CARRASCO, *La juridificación...*, pp. 48 y 49.

modo, le demostrará de manera diplomática que es muy evidente que ha estado lanzando indirectas contra usted, pero que usted no quiere pagarle con la misma moneda. Primero intente defenderse con buenas palabras y de forma directa contra las enemistades. Si esto resulta inútil, debe utilizar otro tono más claro y determinante contra las personas que le agredan[141].

I.3.4. Tipología del hostigamiento laboral

Según el trabajo realizado por CALERO y NAVARRO para la Unión General de Trabajadores del País Valenciano español[142] existen al menos dos tipos de acoso psicológico[143]: uno llamado *Bossing* –proviene de la voz *boss* que traduce en idioma castellano[144] jefe, empleador, patrono–, también denominado «acoso vertical», según el cual el empleador o alguno de sus representantes despliegan conductas sistemáticas de hostigamiento contra un individuo, con el objeto de conseguir el abaratamiento del despido. En estos casos, se acorrala al trabajador hasta un punto tal que es la propia víctima quien decide terminar unilateralmente la relación de trabajo mediante la renuncia[145]. No obstante lo anterior, la conducta lesiva es objeto de reparación, aun y cuando la terminación de la relación laboral no ocurra.

---

[141] AUSFELDER, ob. cit., pp. 27 y 28.

[142] CALERO y NAVARRO, ob. cit.

[143] Véase reseñando más tipos de acoso –estratégico, de dirección, perverso y disciplinario–: ZAPATA CARNAQUÉ, ob. cit.

[144] *The Oxford Spanish Dictionary*, Oxford University Press, 1994. Véase también: GIMENO LAHOZ, ob. cit., p. 135, *bossing* es la presión tendenciosa laboral que se genera en una posición superior en el organigrama empresarial. El *bossing* es cuando el hostigamiento llega al jefe (*boss*); RIVAS VALLEJO, ob. cit., p. 28.

[145] Véase: PIÑUEL y ZABALA, ob. cit., p. 19, se trata de «el continuado y deliberado maltrato verbal y modal que recibe un trabajador por parte de otro u otros, que se comportan con él cruelmente con el objeto de lograr su aniquilación o destrucción psicológica y obtener su salida de la organización o su sometimiento a través de diferentes procedimientos ilegales, ilícitos, o ajenos a un trato respetuoso o humanitario y que atentan contra la dignidad del trabajador». El objetivo de la práctica del *mobbing* es «intimidar, apocar, reducir, aplanar, amedrentar y consumir, emocional e intelectualmente a la

Esta situación es la más frecuente en el contexto actual, que da a entender a los trabajadores asalariados que deben estar preparados para aceptar cualquier cosa con tal de conservar su empleo.

Continúan CALERO y NAVARRO[146] identificando un segundo tipo de hostigamiento laboral en el trabajo que denomina *mobbing* en sentido estricto, también conocido como «acoso horizontal», el cual hace referencia a tácticas de desgaste sistemático o de hostigamiento psicológico de un trabajador por miembros de la organización donde presta sus servicios, pero distintas al empleador. En la mayoría de los casos su justificación se encuentra en la rivalidad, pues, como ya vimos, la víctima del hostigamiento psicológico laboral es, por lo general, una persona con destacada actividad profesional, blanco fácil de la envidia de su colegas.

Puede afirmarse que los sujetos activos del hostigamiento laboral son, por tanto, quienes utilizan su especial posición en la organización para propiciar, directa o indirectamente, la situación de presión psicológica sobre la víctima. En consecuencia, y sin perjuicio del grado de responsabilidad de unos y otros, los autores pueden ser el empresario o superior jerárquico o los propios compañeros actuando con aquiescencia de aquel. En el primer caso, estaríamos ante el denominado «acoso vertical descendente» y, en el segundo, ante el llamado «acoso horizontal», menos habitual, aunque concebible, es el supuesto de acoso vertical ascendente, donde es el superior jerárquico el que ocupa la posición de sujeto pasivo[147].

---

víctima, con vistas a eliminarla de la organización o a satisfacer la necesidad insaciable de agredir, controlar, y destruir que suele presentar el hostigador, que aprovecha la ocasión que le brinda la situación organizativa particular –reorganización, caos, desorganización, urgencia, reducción de costes, burocratización, cambios vertiginosos, etc.– para canalizar una serie de impulsos y tendencias psicopáticas»; RIVAS VALLEJO, ob. cit., p. 10, el *bossing* es el acoso ejercido por el jefe o empresario.

[146] CALERO y NAVARRO, ob. cit.

[147] CORREA CARRASCO, *La juridificación...*, p. 55.

Somos de la opinión que, con frecuencia, muchos empleadores se muestran incapaces de conseguir que, en su seno, se respeten los derechos mínimos de las personas y no se desarrollen el racismo y el sexismo. En ocasiones, el acoso es suscitado por un sentimiento de envidia de alguien que posee alguna cosa que los demás no tienen. Los conflictos entre compañeros son difíciles de gestionar y, en este nivel, creemos que los patronos suelen mostrarse torpes.

Existe otro tipo de hostigamiento laboral, ciertamente el menos frecuente, en el cual el superior es agredido por sus subordinados. Según refiere Hirigoyen[148], se puede tratar de una persona que viene del exterior de la empresa o que ha sido ascendido sin la consulta del resto del personal de la organización, cuyo estilo o métodos no son admitidos por el grupo. En estos casos, la dirección de la empresa no ha tenido suficientemente en cuenta las opiniones del personal con el que esta persona tendrá que trabajar, razón por la cual aquellas —a manera de boicot— se muestran renuentes a seguir instrucciones y, en ocasiones, generan caos dentro del sistema.

Según Martos Rubio[149], puede clasificarse el *mobbing* en:

> i. *Mobbing* vertical: Ascendente: uno o varios subordinados lo ejercen contra su superior[150]. Descendente: el superior lo ejerce contra uno o varios subordinados, llamado específicamente *bossing* desde los orígenes.

---

[148] Hirigoyen, ob. cit., p. 54.

[149] Martos Rubio, Ana: *¡No puedo más! Las mil caras del maltrato psicológico*. Madrid, McGraw-Hill, 2003, El acoso psicológico tiene dos formas según la relación víctima-verdugo: Acoso vertical. El acosador se halla en una posición de poder superior a la de su víctima, ya se trate de poder social, económico, laboral, jerárquico, etc. Se trata de una situación en la que el acosador es superior al acosado, como un jefe, un patrono, un profesor, un mando del ejército, etc. Acoso horizontal. El acosador se halla en la misma posición de poder que su víctima y se trata de acoso entre iguales. Es una situación en que el acosador se vale de su fuerza física o moral para hostigar a otra persona de su mismo nivel jerárquico o social, con la aquiescencia del entorno, como el matón del barrio, un compañero del colegio o del trabajo, etc.

[150] Véase: Gimeno Lahoz, ob. cit., p. 136, la presión laboral tendenciosa ascendente se genera desde una posición inferior.

ii. *Mobbing* horizontal: El que ejerce uno o varios trabajadores sobre otro u otros de su mismo nivel jerárquico[151].

Según Moralo Gallego[152], el hostigamiento psicológico laboral puede ser clasificado de la siguiente forma:

i. *Bossing, mobbing* o *bullying. Mobbing*: entre compañeros. *To bully*: ofender brutalmente, maltratar –se utiliza básicamente para referirse a las novatadas y vejaciones escolares–, implica violencia física. *Bossing*: Modalidad de *mobbing*.

ii. Clasificación de Leymann, por los efectos: Sobre la posibilidad de comunicación del trabajador: impedir sus actos de comunicación, silenciarlo. Sobre la posibilidad de establecer contactos sociales: aislar físicamente a la víctima, ignorarla. Sobre la reputación personal o la

---

[151] Algunos agregan el «mixto», véase: Gimeno Lahoz, ob. cit., p. 136, la presión tendenciosa laboral horizontal que es la que se genera desde una posición igual o similar. La fuerza le proviene al sujeto activo no del cargo, sino de mayor fortaleza psicológica. En la realidad el superior está ausente; Palavecino Cáceres, ob. cit., p. 16, Dependiendo de quién sea el agresor, se distinguen hasta cuatro tipos de acoso. Los actos de acoso pueden provenir de –o ser instigados desde– la jerarquía de la empresa, o bien el acosador puede ser uno o varios compañeros de trabajo de la víctima, actuando *motu proprio*. En el primer caso, se habla de acoso vertical descendente y en el segundo, de acoso horizontal. Cuando el hostigamiento es producto de la connivencia entre la jerarquía y uno o más de los colegas del trabajador, se habla de acoso mixto. Aunque de modo menos frecuente que los anteriores, el acoso puede provenir también de uno o más subordinados y en tal caso se le llama acoso vertical ascendente. Si bien el acoso aparece como un problema eminentemente laboral, concebido en un sentido amplio el fenómeno puede producirse también en otras esferas distintas de la relación de trabajo, como los colegios –*bullying*–, sin embargo la legislación lo ha acotado a las partes del contrato de trabajo y de la relación funcionarial; De Figueredo, ob. cit., pp. 30 y 31; Arbonés Lapena, ob. cit., pp. 36-38; Rubio de Medina, ob. cit., pp. 25 y 26; Caamaño Rojo, *La noción...*, pp. 222 y 223; Fernández Garrido, ob. cit., p. 22.

[152] Moralo Gallego, ob. cit., p. 122.

autoestima del trabajador: ridiculizarla, exacerbar sus defectos o diferencias –raza, sexo, etc.–. Sobre la actividad laboral de la víctima: no encomendarle trabajo, encomendarle trabajos repetitivos, trabajos imposibles, etc. Sobre la salud psíquica y física: encomendarle trabajos peligrosos, amenazar, acosar sexualmente, etc.

iii. Según la gravedad de sus efectos, se habla de: *Mobbing* de 1.º grado, el individuo resiste al acoso y consigue escapar. *Mobbing* de 2.º grado, la víctima sufre incapacidad temporal que le impide reincorporarse rápidamente. *Mobbing* de 3.º grado, está incapacitado para reincorporarse y precisa tratamiento especializado[153].

vi. Según la dirección: *Mobbing* horizontal, entre el mismo nivel jerárquico. *Mobbing* vertical o ascendente, superior agredido por los subordinados, menos frecuente, pero posible. Suele ocurrir cuando el superior se incorpora novedosamente a la empresa o al puesto de trabajo y sus métodos no son aceptados por los subordinados o el puesto era ansiado por ellos. *Mobbing* descendente o *bossing*, inferior agredido por el superior, abuso de poder[154]. El acoso no se desarrolla entre iguales, sino que la víctima tiene una situación de inferioridad, ya sea jerárquica o de hecho, respecto del agresor.

De todo lo anterior podemos afirmar que, no es cierto que para que una conducta se calificada como hostigamiento psicológico laboral deba necesariamente existir una relación de subordinación entre los actores involucrados. Todo lo contrario, como hemos visto, la relación entre agresor y víctima puede ser horizontal o vertical –ascendente o descendente–, lo cual genera una carga mayor para los empleadores de conocer y prevenir esta conducta antijurídica en sus empresas, puesto que su responsabilidad estaría comprometida no solo por sus propias acciones y las de sus representantes,

---

[153] Véase: Kahale Carrillo, *El acoso…*, ob. cit.
[154] Véase: Xiol Ríos, ob. cit., p. 374, el abuso de poder es uno de los factores etiológicos más importantes del acoso laboral.

sino por aquéllas desplegadas por sus trabajadores y hasta por terceros, dentro de la organización que dirigen. En este sentido, más adelante ofreceremos nuestras recomendaciones para prevenir este tipo de conductas ilícitas en el sitio de trabajo.

I.3.5. Manifestación

Como bien afirman GARCÍA y MAESTRO[155], la complejidad de las conductas obliga a una cuidadosa disección del fenómeno para evitar que una incomprensión y valoración inadecuada de estas generen respuestas insuficientes frente a los actos u omisiones de hostigamiento psicológico laboral en el trabajo. En los componentes del acoso laboral *in comento* se dan en confluencia de los elementos objetivos y subjetivos, por lo que es preciso ordenarlos para determinar la relación entre ellos.

HIRIGOYEN[156] nos comenta que el filme norteamericano *Swimming with Sharks* de George HUANG[157] resume todas las humillaciones y las torturas mentales a las que un patrono egocéntrico –con personalidad narcisista perverso– puede someter a un empleado ambicioso que está supuesto a aceptar cualquier cosa con tal de triunfar: ofender al personal, mentir, dar órdenes incoherentes, cambiar las reglas para hacer incurrir en error a sus colegas, etc. La técnica es casi siempre la misma: «cállate, escucha, graba, no tienes cerebro, estás a mi servicio, si haces todo lo que quiero tendrás lo que deseas».

La violencia psicológica se viste con innumerables ropajes. Unas veces se muestra bajo la forma de maltrato psicológico compuesto por vejaciones, humillaciones y trato degradante más o menos continuado. Otras veces

---

[155] GARCÍA y MAESTRO, ob. cit., p. 74.
[156] HIRIGOYEN, ob. cit., p. 64.
[157] También referida como «El factor sorpresa» o las «Las reglas de Budy», https://www.filmaffinity.com/es/film784708.html.

aparece como una forma de manipulación mental, compuesta por sobrepro-tección, influencia sobre nuestra percepción y manejo más o menos visible de nuestros actos[158]. Por estas razones, no pretendemos agotar en la presente investigación todas las conductas que podrían ser consideradas hostiga-miento laboral, pero sí trataremos de ofrecer una guía que de alguna manera sirva en la identificación y, sobre todo, en la prevención de la ocurrencia de acciones que sean consideradas como acoso psicológico en el trabajo.

Conforme lo señala Molina Navarrete[159], a partir de un análisis de las 45 formas o comportamientos descritos por el *Leymann Inventory of Psycho-logical Terrorization*, se pueden identificar al menos seis grupos de casos reveladores de un atentado contra la dignidad de la persona, acoso moral:

a. Las acciones contra el honor, reputación personal o autoestima del trabajador, tales como injurias, ridiculización ante el grupo, las cuales tienden a afectar el derecho fundamental al honor de la víctima.

b. Las conductas denigrantes[160] de las convicciones del acosado –por ejemplo: ataques, desprestigios de sus convicciones políticas, religiosas, etc.– que afectan su derecho humano a la libertad de conciencia.

c. Las conductas contra la dignidad profesional[161] del sujeto pasivo o víc-tima, las cuales implican ataques de naturaleza organizativa al no asignar

---

158 Martos Rubio, ob. cit.
159 Molina Navarrete, Cristóbal: «Violencia moral en el trabajo: conducta prohibida y formas de tutela en los derechos europeos», 2003, Recuperado en: http://mobbin-gopinion.bpweb.net/artman/publish/printer_610.shtml [enero 4, 2010, 5:58 pm].
160 Véase: Rojo y Cervera, ob. cit., p. 18, cita sentencia del Juzgado de lo Social N.° 2 de Girona, autos de protección de derechos fundamentales 582/2003 de 23-09-03, que indica que se entiende por *mobbing* aquella presión laboral tendente a la autoeliminación de un trabajador mediante su denigración; Bustamente Casas, ob. cit., alude a gritar, avasallar o insultar a la víctima cuando está sola o en presencia de otras personas; Zapata Carnaqué, ob. cit.
161 Véase: Rivas Vallejo, ob. cit., p. 176, cita sentencia del TSJ N.° 192/2003; Comunidad Valenciana, Sala de lo Social, sent. 02-11-99, N.° 3350/1999, es acoso

tareas o asignar labores sin sentido o muy por debajo de sus capacidades o se genera una proliferación de expedientes disciplinarios sin causa.

d. Las acciones tendientes a romper las redes de relaciones comunicativas del trabajador en la empresa y su consiguiente aislamiento profesional y social, tales como negar la palabra, el saludo, etc.

e. Las conductas de injerencia en la vida privada de la víctima, tales como mofa de las discapacidades, imitaciones continuas con propósito de parodiar, invención o propagación de rumores negativos.

f. Las acciones caracterizadas por una insultante inequidad y por un efecto vejatorio, como, por ejemplo, la hostilidad étnica o mofa del origen étnico o nacional, reiteración de controles médicos, multiplicación de las exigencias de trámite para obtener un permiso, disfrutar vacaciones, etc.[162].

---

moral la drástica reducción de plantilla que obligaba a la trabajadora a efectuar un trabajo muy por encima de lo que resultaba exigible, lo que unido al trato despótico del que era objeto y su escasa cualificación profesional, vividas ambas situaciones como conflictos sin solución, habían sido las desencadenantes de su cuadro clínico de depresión aguda, incapacitante para el mantenimiento de una relación laboral que le afectaba a su estima y dignidad profesional.

[162] En sentido semejante: Piñuel y Zabala, ob. cit., pp. 21 y 22, refiere las siguientes conductas: intentar someter o eliminar a una persona de su puesto de trabajo usando maquinaciones contra ella; desestabilizar emocionalmente a una persona mediante todo tipo de estrategias buscando que esta «explote»; atacar sistemáticamente a una persona criticando destructivamente cuando realiza su trabajo; maltratar verbalmente a una persona mediante amenazas o gritos o insultos para minarla psicológicamente atacando su dignidad; deteriorar deliberadamente el rendimiento laboral de una persona; hostigar sistemáticamente a una persona mediante acusaciones falsas acerca de su trabajo; inducir intencionalmente a una persona a cometer errores; destruir la reputación personal o profesional de una persona mediante calumnias; forzar a una persona a un abandono prematuro o ilícito de su puesto de trabajo mediante coacciones o amenazas; destruir la salud física o psicológica minando la autoestima y la confianza en sí misma de una persona; aislar a una persona y reducir sus posibilidades de expresarse o de comunicarse con jefes o compañeros de trabajo; sobrecargar de trabajo a una persona de manera sistemática o reducir los plazos de ejecución de las tareas para forzarla al fracaso en los objetivos; dejar a una persona sin nada que hacer, a pesar de haber trabajado para ella, para desestabilizarla

Ahora bien, no todos lo casos en que se despliegue alguna de estas conductas implican necesariamente que estamos frente a acciones de hostigamiento psicológico en el ámbito laboral. Para que jurídicamente se verifique el acoso psicológico dentro de una estructura organizativa de trabajo no basta con la lesión genérica de la dignidad de la persona, sino que habrá que atenderse a la intensidad, gravedad, reiteración y forma de ejercicio de aquella forma de violencia psicológica para calificar la conducta como de hostigamiento laboral. No desconocemos el carácter eminentemente subjetivo de la personalidad del acosador o del acosado, pero tratamos de dar algunas luces a un panorama tenebroso.

Así, por ejemplo, la jurisprudencia extranjera ofrece un ejemplo de las conductas desplegadas en contra de la trabajadora que se tradujeron en un caso de hostigamiento laboral: el empresario motivó, o al menos consintió con agrado, que la trabajadora fuera sometida progresivamente a un aislamiento[163] en la oficina, lo que permitió desvalorizar sus funciones. Así se apreció que se intentó pasar al turno nocturno —a pesar de que era la delegada de personal con mayor antigüedad—, imponiéndole el vacío en la empresa y advirtiendo a los trabajadores y mandos intermedios que no hablaran ni se le acercaran; control denigrante sobre sus ausencias al lavabo, yendo a la puerta del mismo sus superiores; sanciones escritas de advertencias por hechos falsos que la acosada no recurrió para no empeorar su situación; cuando la víctima pidió la reincorporación en la empresa solicitando el cambio de sección, los trabajadores de la misma pasaron a ser abroncados y presionados por la dirección, convenciéndose aquellos que era porque la víctima había sido trasladada a la misma; cuando la acosada pidió la excedencia voluntaria cesó la presión[164].

---

y acusarle después de falta de rendimiento o pereza; alterar el entorno laboral de la persona, envenenando a sus compañeros de trabajo contra ella.

[163] Véase: ARBONÉS LAPENA, ob. cit., p. 55, considera el criterio del «aislamiento» fundamental en la figura.

[164] ROJO y CERVERA, ob. cit., pp. 56 y 57, sentencia española del Juzgado en lo Social N.° 1 de San Sebastián de fecha 10 de abril de 2003.

Se citan otros casos en que, por ejemplo, se produjo un traslado en el que ni siquiera se podía acceder con trasporte público; se desempeñaban funciones no inherentes a su cargo, aislamiento social[165]. Igualmente decir que no estaba en el trabajo cuando no era cierto, tirar o abrir sus cartas, aislamiento social, convocar reuniones para acusar a la víctima[166]. No tener trabajo encomendado y estar largo tiempo sin hacer nada. Prohibir que atienda a clientes[167]. Que se pretenda que la víctima no distribuya el libro que ella misma ha escrito y editado[168]. Que desaparezca el nombre de la víctima de la página *web*, dejar de tener personal a su cargo, se le congelan las retribuciones, no es convocada a reuniones, se tiene al margen de la estructura organizativa, su despacho es ocupado por nuevo personal, no tener ordenador ni mesa, se le encargan trabajos baladíes ajenos a su perfil[169].

De allí que extraiga de la jurisprudencia española patrones de conducta, tales como: cambio peyorativo de funciones, cambios peyorativos de otras condiciones de trabajo –horario, jornada, etc.–, control exhaustivo y asfixiante –sin precedentes–, control riguroso de entradas y salidas, control riguroso de visitas a los servicios y tiempo empleado en ello, fomento de conductas hostiles, imputación de culpabilidad en acontecimientos de la empresa, hacerle sentir inútil, descrédito laboral y personal[170]. En resumidas cuentas, se trata de un plan deliberado para lograr el descrédito profesional de la víctima, la destrucción de su autoestima y su aislamiento socio-laboral[171].

---

[165] Ibíd., pp. 57 y 58, Juzgado de los Social N.° 2 de Girona de 17 de septiembre de 2002.
[166] Ibíd., p. 58, Sentencia del Juzgado de lo Social N.° 14 de Madrid de 24 de marzo de 2004.
[167] Ídem, Sentencia del Juzgado de lo Social N.° 3 de Burgos de 10 de julio de 2003.
[168] Ibíd., p. 59, sentencia del Juzgado de lo Social N.° 1 de Santa Cruz de Tenerife de 24 de febrero de 2003.
[169] Ídem, Sentencia del Juzgado de lo Social N.° 13 de Barcelona de 11 de marzo de 2004.
[170] Rivas Vallejo, ob. cit., p. 42.
[171] Ibíd., p. 44.

La evolución prototípica del proceso de violencia psicológica, según el estudio sobre *Mobbing laboral* presentado por el *European Journal of Work and Organizacional Psychology*[172] puede plantearse de la siguiente manera: i. ocurrencia de incidentes críticos: normalmente el acoso comienza con un conflicto que luego se agrava; ii. acoso y estigmatización: caracterizado por una manipulación agresiva y sistemática, pues las conductas hostiles deben necesariamente reiterarse en el tiempo; iii. intervención de las autoridades de personal: por lo general los empleadores tienden a buscar explicaciones en las características personales de la víctima más que en las condiciones ambientales de la empresa, provocando un deseo instantáneo de liberarse de la víctima; y, finalmente, iv. exclusión: en la medida que el trabajador, víctima del acoso, perciba que las condiciones de trabajo causantes del problema no son resueltas, este buscará abandonar su trabajo mucho antes de su jubilación natural.

Los tres criterios diagnósticos más comúnmente aceptados en los casos de hostigamiento laboral son[173]: i. La existencia de una o más de las conductas de hostigamiento internacionalmente reconocidas por la investigación como tales. ii. La duración del hostigamiento como algo que se presenta a lo largo de un período y, por lo tanto, no responde a una acción puntual o esporádica. Se entiende que como mínimo a lo largo de más de seis meses. Ello de acuerdo con ese estudio, que no compartimos según veremos. iii. La repetición de las conductas de hostigamiento o frecuencia de los comportamientos de hostigamiento por lo menos semanal –una vez o más a la semana–.

---

[172] European Journal of Work and Organizational Psychology: *Mobbing laboral*, citado *supra*. Véase: Arbonés Lapena, ob. cit., p. 63, se trata de un proceso de evolución de un concepto psicológico con proyección actualmente jurídica.

[173] Piñuel y Zabala, ob. cit., p. 19.

Fases del *mobbing*[174]

1.ª fase Aparición del conflicto	Se trata del momento en que las relaciones con tus compañeros, sean tus iguales o tus inferiores, o con tus superiores comienzan a cambiar; y ello puede manifestarse mediante: Ataques directos: se te ponen injustificadamente inconvenientes al trabajo realizado. Ataques indirectos: comentarios o murmuraciones sobre tu comportamiento personal o profesional.
2.ª fase Instauración del *mobbing*	Comienzan las conductas violentas o de hostigamiento, la víctima comienza a sentir dichas agresiones, pero aún no ve la situación global ni la comprende, y en ocasiones llega a sentirse culpable.
3.ª fase El asunto se hace público	Puede trasladarse a la persona a otro punto o departamento, o amenazarlos, incluso, con el despido. La persona acosada es considerada como una persona «difícil» o un «estorbo».
4.ª fase El acosado se da por vencido	Se produce el despido. El acosado se despide voluntariamente de la empresa, arrastrando secuelas psíquicas, enfermedades psicosomáticas y encontrándose con problemas para regresar al mundo laboral.

[174] Véase: ibíd., pp. 24-30, 1. Fase de incidentes críticos: el *mobbing* suele venir precedido de situaciones y relaciones personales altamente positivas entre víctima y hostigador. 2. Fase de acoso y estigmatización. En esta fase la persona que ha sido «elegida» es objeto de una focalización. Prohibiciones de acceder a determinados lugares o de usar herramientas o equipamientos que no afectan nada más que a ellos. Emisión de mensajes, órdenes o instrucciones de no hablar o relacionarse con el trabajador. Difusión de chismes, leyendas negras o calumnias. Maltrato o humillación hacia la persona con vistas a hacerla aparecer como indigna de respeto o de consideración humana. Instigación a que otros trabajadores emulen al hostigador-instigador en el maltrato; 3. Fase de intervención de la dirección. La línea jerárquica suele cerrar filas y tiende a aceptar y a hacer propios los prejuicios y estereotipos y proyectados malévolamente por el acosador desde las primeras fases. En muy pocas ocasiones las medidas contempladas afectan a los agresores, frecuentemente instalados en un *status quo* que los protege o los hace «intocables». 4. Fase de ayuda especializada externa y diagnóstico incorrecto. 5. Fase de salida o expulsión de la organización. Al llegar este punto todo está dispuesto para que la víctima sea lanzada, excluida, o expulsada de su lugar de trabajo; Rivas Vallejo, ob. cit., pp. 22 y ss.; Zapata Carnaqué, ob. cit., alude a las fases de conflicto, *mobbing* e intervención de la empresa.

Ausfelder también hace referencia a las cuatro (fases del acoso: la primera en qué se origina; la segunda que van desde las indirectas hasta el psicoterror; la tercera cuando el asunto se hace público y la cuarta cuando el acosado se da por vencido[175].

La figura tampoco es un comportamiento casual o accidental sino que busca obtener un efecto perverso: la destrucción, el sometimiento o la exclusión de un trabajador. Los conflictos puntuales o los desencuentros son partes de las relaciones humanas y no son situaciones de acoso psicológico[176].

Se agrega en forma interesante que en muchos casos, el hostigamiento psicológico laboral persiste incluso después de la salida de la víctima de la empresa, con informes negativos o calumniosos a futuros empleadores, eliminando así la empleabilidad externa de la víctima. Se trata de una especie de re-*mobbing*[177].

I.4. Relación entre el hostigamiento laboral y la discriminación[178]

El principio de igualdad de trato entre los trabajadores es imperativo necesario a nivel jurídico. De allí que el hostigamiento psicológico laboral

---

[175] Ausfelder, ob. cit., pp. 21-23, Quien ha sufrido acoso una vez tiene problemas para encontrar un nuevo puesto de trabajo, ya que teme que en la nueva empresa no le crean y se pongan en contacto con la empresa anterior para saber qué ha pasado. En algunos casos la víctima está tan afectada física y mentalmente que no puede ocultar su problema en una entrevista personal. Estas derrotas vuelven a colocar al trabajador bajo una enorme presión psíquica. Se siente perdido y piensa en el suicidio. Un gran número de personas en situación de acoso intentan suicidarse. Según los cálculos, cerca del 20 % de los suicidios se basan en el acoso laboral.

[176] Piñuel y Zabala, ob. cit., p. 20.

[177] Zapata Carnaqué, ob. cit.

[178] Véase: Rubio de Medina, María Dolores: «Los conceptos de acoso laboral (*mobbing*), acoso sexual y acoso por razón de sexo y su relación con la igualdad de oportunidades».

configura un trato discriminatorio. La igualdad de trato debe sostenerse y potenciarse en el ámbito laboral en varios aspectos: el acceso al empleo; la formación y promoción profesional; las condiciones de trabajo; en la afiliación y participación de organizaciones sindicales y empresariales[179]. Por otra parte, se ha acotado que pudieran existir modalidades específicas de hostigamiento psicológico laboral basadas en las características de las víctimas, a saber, «acoso discriminatorio»[180]. Aun cuando se aclara que el hostigamiento psicológico laboral no viene determinado por el sexo de la víctima o del acosador, aunque algunas personas puedan ser más pro-clives[181]. En cuanto al acoso discriminatorio se afirma que el acoso consti-tuirá discriminación cuando se produzca un comportamiento no deseado relacionado con motivo de religión, convicción, discapacidad, edad, raza, orientación sexual, etc., que tenga por objeto un entorno discriminatorio, hostil, degradante, humillante u ofensivo[182]. En España, la figura encuentra una referencia tácita en el artículo 28.2 del Código Penal[183].

De acuerdo con el Convenio N.º 111 de la Organización Internacional del Trabajo (OIT) Sobre la discriminación (empleo y ocupación) de 1958, ra-tificado por Venezuela[184] la discriminación en el empleo comprende: cual-quier distinción, exclusión o preferencia basada en motivos de raza, color, sexo, religión, opinión política[185], ascendencia nacional u origen social que

---

En: *Mobbing, acoso laboral y acoso por razón de sexo*. María Teresa VELASCO PORTERO (Directora), Madrid, Tecnos, 2.ª edic., 2011, pp. 15-46; RIVAS VALLEJO, ob. cit., pp. 48-61.

[179] RUBIO DE MEDINA, ob. cit., pp. 29-32.

[180] RIVAS VALLEJO, ob. cit., p. 48.

[181] Ibíd., pp. 50 y 51.

[182] Ibíd., p. 58.

[183] Ibíd., p. 65.

[184] Publicado en la GORV N.º 27 609 de fecha 3 de diciembre de 1964.

[185] Para un caso evidente, cabe recordar las declaraciones del antiguo presente de PDVSA, Rafael Ramírez, en octubre de 2006, relativas a la necesidad de tener una afinidad política «roja o rojita», para estar con la nueva PDVSA, y «el que no se sienta

tenga por efecto anular o alterar la igualdad de oportunidades de trato en el empleo y la ocupación; así como cualquier otra distinción, exclusión o preferencia que tenga por efecto anular o alterar la igualdad de oportunidades o de trato en el empleo u ocupación; en el entendido que las preferencias o distinciones basadas en calificaciones exigidas para un empleo no son consideradas como discriminatorias.

Este derecho a la igualdad sin discriminación también está consagrado en otros instrumentos internacionales de derechos humanos vinculantes para Venezuela –la Carta de las Naciones Unidas[186], el Pacto Internacional de Derechos Civiles y Políticos[187], la Convención Americana sobre Derechos Humanos o Pacto de San José[188]– y en la Constitución de la República Bolivariana de Venezuela[189]. En efecto, los artículos 19 y 21 numeral 1° de la Carta Magna, prevén respectivamente lo siguiente:

> Artículo 19.- El Estado garantizará a toda persona, conforme al principio de progresividad y sin discriminación alguna, el goce y ejercicio irrenunciable indivisible e interdependiente de los derechos humanos. Su respeto y garantía son obligatorio para los órganos del Poder Público, de conformidad

---

cómodo con esa situación que le ceda su puesto a un bolivariano», https://mail. google.com/mail/u/0/#search/Rafael+Ram%C3%ADrez/15cf44499173faf6?proj ector=1. Véase más recientemente a propósito de la Constituyente: https://www. lapatilla.com/site/2017/07/24/sindicalista-de-pdvsa-amenaza-con-botar-a-trabaja-dores-que-no-voten-en-constituyente-audio/.

[186] Carta de las Naciones Unidas (1945). Artículo 56.
[187] Ley Aprobatoria del Pacto Internacional de Derechos Civiles y Políticos. Publicada en la GORBV N.° 2146 extraordinario de fecha 28 de enero de 1978. Artículo 26.
[188] Ley Aprobatoria de la Convención Americana sobre Derechos Humanos. Publicada en la GORBV N.° 31 256 de fecha 14 de junio de 1977.
[189] Constitución de la República Bolivariana de Venezuela. Publicada en la GORBV N.° 36 860 del 30 de diciembre de 1999, reimpresa en la GORBV N.° 5543 extraordinario, del 24 de marzo de 2000, y su Enmienda N.° 1 publicada en la GORBV N.° 39 124 del 19 de febrero de 2009 y en la GORBV N.° 5908 extraordinario de la misma fecha.

con la Constitución, los tratados sobre derechos humanos suscritos y ratificados por la República y las leyes que los desarrollen.

Artículo 21.- Todas las personas son iguales ante la ley, y en consecuencia: 1. No se permitirán discriminaciones fundadas en la raza, el sexo, el credo, la condición social o aquellas que, en general, tengan por objeto o por resultado anular o menoscabar el reconocimiento, goce o ejercicio en condiciones de igualdad, de los derechos y libertades de toda persona...

Asimismo, a nivel legal encontramos que los artículos 18.6, 18.7 y 21[190] del Decreto Ley Orgánica del Trabajo, los Trabajadores y las Trabaja-

---

[190] El artículo 18.6 y 18.7 del DLOTT (principios) prevé lo siguiente: «Artículo 18.- El trabajo es un hecho social y goza de protección como proceso fundamental para alcanzar los fines del Estado, la satisfacción de las necesidades materiales morales e intelectuales del pueblo y la justa distribución de la riqueza. La interpretación y aplicación de esta Ley estará orientada por los siguientes principios: (...) 6. Toda medida o acto del patrono o patrona contrario a la Constitución de la República Bolivariana de Venezuela o a esta Ley es nula y no genera efecto alguno.7. Se prohíbe todo tipo de discriminación por razones de edad, raza, sexo, condición social, credo o aquellas que menoscaben el derecho a la igualdad ante la ley y por cualquier otra condición». Por su parte, el artículo 21 (Principio de no discriminación en el trabajo) establece lo siguiente: «Son contrarias a los principios de esta Ley las prácticas de discriminación. Se prohíbe toda distinción, exclusión, preferencia o restricción en el acceso y en las condiciones de trabajo, basadas en razones de raza, sexo, edad, estado civil, sindicalización, religión, opiniones políticas, nacionalidad, orientación sexual, personas con discapacidad u origen social, que menoscabe el derecho al trabajo por resultar contrarias a los postulados constitucionales. Los actos emanados de los infractores y de las infractoras serán írritos y penados de conformidad con las leyes que regulan la materia. No se considerarán discriminatorias las disposiciones especiales dictadas para proteger la maternidad, paternidad y la familia, ni las tendentes a la protección de los niños, niñas, adolescentes, personas adultas mayores y personas con discapacidad. En las solicitudes de trabajo y en los contratos individuales de trabajo, no se podrán incluir cláusulas que contraríen lo dispuesto en este artículo. Ninguna persona podrá ser objeto de discriminación en su derecho al trabajo por tener antecedentes penales».

doras[191] («DLOTTT») y el artículo 8 literal e[192] del Reglamento de la Ley Orgánica del Trabajo[193] (RLOT) también consagran el derecho a ser tratados con igualdad, o lo que es lo mismo, a no ser discriminados. Previamente vale citar el artículo 26[194] de la Ley Orgánica del Trabajo[195].

Ahora bien, si comparamos esta definición de discriminación con la que ya hemos desarrollado respecto del hostigamiento laboral, notamos que se trata de conductas distintas. En el caso de la discriminación las acciones están dirigidas a favorecer a una persona en detrimento de otra –discriminada–[196], por el contrario, en el hostigamiento psicológico laboral, las

---

[191] Decreto N.° 8938 mediante la cual se dicta el Decreto con rango, valor y fuerza de Ley Orgánica del Trabajo, las Trabajadores y las Trabajadoras, GORBV N.° 6076 extraordinario, de fecha 7 de mayo de 2012.

[192] El artículo 9.e del RLOT prevé: «Enunciación. Los principios aludidos en el literal e, del artículo 60 de la Ley Orgánica del Trabajo serán, entre otros y sin perjuicio de su previsión expresa en la legislación laboral, los siguientes: e. Principio de no discriminación arbitraria en el empleo, por razones de género o preferencia sexual, condición social, raza, religión, ideología política, actividad sindical, o cualquiera otra fundada en criterios de relevancia incompatibles con el ordenamiento jurídico».

[193] Reglamento de la Ley Orgánica del Trabajo. Publicado en la GORBV N.° 38 426 de fecha 28 de abril de 2006.

[194] El artículo 26 de la LOT prevé lo siguiente: «Se prohíbe toda discriminación en las condiciones de trabajo basada en edad, sexo, raza, estado civil, credo religioso, filiación política o condición social. Los infractores serán penados de conformidad con las leyes. No se considerarán discriminatorias las disposiciones especiales dictadas para proteger la maternidad y la familia, ni las encaminadas a la protección de menores, ancianos y minusválidos».

[195] Publicada en la GORBV N.° 4240 extraordinario, de fecha 20 de diciembre de 1990, reformada en GORBV N.° 5152 extraordinario, de fecha 19 de junio de 1997 y finalmente reformada en la GORBV N.° 6024 extraordinario, de fecha 6 de mayo de 2011.

[196] Véase sobre el tema: PALOMEQUE LÓPEZ, Manuel Carlos: «El derecho a la igualdad y no discriminación en el ordenamiento laboral español». En: *Revista del Derecho del Trabajo*, N.° 2, Barquisimeto, Fundación Universitas, enero-diciembre 2006, pp. 13-27. La igualdad ante la ley expresa el derecho de los sujetos de las relaciones de trabajo a obtener de la norma jurídica un trato igual (ibíd., p. 18); CARBALLO MENA, César Augusto: «Derecho a la igualdad e interdicción de discriminaciones en el empleo

conductas por lo general atentan contra la dignidad y el honor de la víctima que tienden ciertamente a excluirla, pero no para dar un trato preferente a otra, sino para que la víctima del acoso termine abandonando el trabajo. Luego, si bien hay una estrecha vinculación entre acoso y discriminación, no necesariamente la creación de un medio hostil es una forma de discriminación. La vinculación del acoso con la discriminación puede establecerse en tanto y cuanto la actividad de acoso incorpore comportamientos discriminatorios, lo que puede suceder frecuentemente.

En este sentido, García y Maestro[197] atribuyen la mixtificación entre el hostigamiento psicológico laboral y la discriminación a la relación existente entre el acoso sexual y el acoso psicológico y el contagio a través del género con la discriminación. En estos casos, la discriminación, que es la situación más habitual, acaba introduciéndose de manera indirecta en el acoso sin que quepa establecer una relación estructural entre ambas categorías.

Estas consideraciones en ningún modo pretenden significar que las conductas de hostigamiento psicológico laboral no puedan alcanzar tutela a través de los derechos constitucionales de trato igualitario y no discriminatorio. Todo lo contrario, ante la violación directa de derechos y garantías constitucionales, como el derecho al honor y a la intimidad[198],

---

por razón de sexo, género u orientación sexual». En: *Derecho del Trabajo y Derecho de la Seguridad Social. Estudios en homenaje a la memoria del profesor Rafael Caldera*. Caracas, Universidad Católica Andrés Bello-Universitas, Fernando I. Parra Aranguren y César Augusto Carballo Mena, (Coords.), 2011, Vol. I, pp. 365-399.

[197] García y Maestro, ob. cit., p. 80.

[198] Constitución Nacional, artículo 60: «Toda persona tiene derecho a la protección de su honor, vida privada, intimidad, propia imagen, confidencialidad y reputación. La ley limitará el uso de la informática para garantizar el honor y la intimidad personal y familiar de los ciudadanos y ciudadanas y el pleno ejercicio de sus derechos». Véase: Domínguez Guillén, *Aproximación...*, pp. 195 y ss.; Contreras de Moy, Aura Maribel: «A propósito del artículo 60 de la Constitución de la República Bolivariana de Venezuela». En: *Revista de Derecho de la Defensa Pública*, N.° 1. Caracas, 2015, pp. 69-113, http://www.ulpiano.org.ve/revistas/bases/artic/texto/rdefpub.

a la libertad de pensamiento[199], a la salud[200], al trabajo[201] y a la igualdad y equidad en el trabajo[202], el libre desenvolvimiento de la personalidad[203],

---

[199] Constitución Nacional, artículo 57: «Toda persona tiene derecho a expresar libremente sus pensamientos, sus ideas u opiniones de viva voz, por escrito o mediante cualquier otra forma de expresión y de hacer uso para ello de cualquier medio de comunicación y difusión, sin que pueda establecerse censura. Quien haga uso de este derecho asume plena responsabilidad por todo lo expresado. No se permite el anonimato, ni la propaganda de guerra, ni los mensajes discriminatorios, ni los que promuevan la intolerancia religiosa. Se prohíbe la censura a los funcionarios públicos o funcionarias públicas para dar cuenta de los asuntos bajo su responsabilidad».

[200] Constitución Nacional, artículo 83: «La salud es un derecho social fundamental, obligación del Estado, que lo garantizará como parte del derecho a la vida. El Estado promoverá y desarrollará políticas orientadas a elevar la calidad de vida, el bienestar colectivo y el acceso a los servicios. Todas las personas tienen derecho a la protección de la salud, así como el deber de participar activamente en su promoción y defensa, y el de cumplir con las medidas sanitarias y de saneamiento que establezca la ley de conformidad con los tratados y convenios internacionales suscritos y ratificados por la República».

[201] Constitución Nacional, artículo 87: «Toda persona tiene derecho al trabajo y el deber de trabajar. El Estado garantizará la adopción de las medidas necesarias a los fines de que toda persona puede obtener ocupación productiva, que le proporcione una existencia digna y decorosa y le garantice el pleno ejercicio de este derecho. Es fin del Estado fomentar el empleo. La ley adoptará medidas tendentes a garantizar el ejercicio de los derechos laborales de los trabajadores y trabajadoras no dependientes. La libertad de trabajo no será sometida a otras restricciones que las que la ley establezca. Todo patrono o patrona garantizará a sus trabajadores y trabajadoras condiciones de seguridad, higiene y ambiente de trabajo adecuado. El Estado adoptará medidas y creará instituciones que permitan el control y la promoción de estas condiciones».

[202] Constitución Nacional, artículo 88: «El Estado garantizará la igualdad y equidad de hombres y mujeres en el ejercicio del derecho al trabajo. El Estado reconocerá el trabajo del hogar como actividad económica que crea valor agregado y produce riqueza y bienestar social. Las amas de casa tienen derecho a la seguridad social de conformidad con la ley».

[203] Que dispone: «Toda persona tiene derecho al libre desenvolvimiento de su personalidad, sin más limitaciones que las que derivan del derecho de las demás y del orden público y social»; Navarro Urbáez, ob. cit., p. 273. Véase considerando que la norma constitucional consagra un principio que plantea los límites respecto de cualquier derecho –orden público, buenas costumbres y derechos de los demás–,

el respeto a la integridad psíquica, física y moral[204] permiten el ejercicio de la acción de reparación inmediata contra la conducta lesiva de los mismos. La propia Constitución Nacional en su artículo 27[205] prevé el amparo constitucional como remedio procesal idóneo para restablecer inmediatamente la situación jurídica infringida o la situación que más se asemeja a ella. Procedimiento este, que, a nuestro parecer, ofrece como ventaja, «la inmediatez en la respuesta por parte de los órganos jurisdiccionales, quienes tienden a decidir los asuntos planteados en esta materia de una manera rápida y expedita»[206].

DOMÍNGUEZ GUILLÉN, María Candelaria: «Alcance del artículo 20 de la Constitución de la República Bolivariana de Venezuela (libre desenvolvimiento de la personalidad)». En: *Revista de Derecho*, N.° 13. Caracas, Tribunal Supremo de Justicia, 2004, pp. 13-40.

[204] Artículo 46: «Toda persona tiene derecho a que se respete su integridad física, psíquica y moral; en consecuencia: 1. Ninguna persona puede ser sometida a penas, torturas o tratos crueles, inhumanos o degradantes. Toda víctima de tortura o trato cruel, inhumano o degradante practicado o tolerado por parte de agentes del Estado, tiene derecho a la rehabilitación...»; NAVARRO URBÁEZ, ob. cit., p. 273.

[205] Constitución Nacional, artículo 27: «Toda persona tiene derecho a ser amparada por los tribunales en el goce y ejercicio de los derechos y garantías constitucionales, aún de aquellos inherentes a la persona que no figuren expresamente en esta Constitución o en los instrumentos internacionales sobre derechos humanos. El procedimiento de la acción de amparo constitucional será oral, público, breve, gratuito y no sujeto a formalidad; y la autoridad judicial competente tendrá potestad para restablecer inmediatamente la situación jurídica infringida o la situación que más se asemeje a ella. Todo tiempo será hábil y el tribunal lo tramitará con preferencia a cualquier otro asunto. La acción de amparo a la libertad o seguridad podrá ser interpuesta por cualquier persona; y el detenido o detenida será puesto o puesta bajo la custodia del tribunal de manera inmediata, sin dilación alguna. El ejercicio de este derecho no puede ser afectado, en modo alguno, por la declaración del estado de excepción o de la restricción de garantías constitucionales». Véase: NAVARRO URBÁEZ, ob. cit., p. 273, cita también el artículo 26 constitucional relativo a que toda persona tiene derecho a acceder a los órganos de justicia.

[206] PRÓ-RÍSQUEZ, Juan Carlos: «La discriminación laboral por VIH (Sida)». En: *Libro homenaje a Fernando Parra Aranguren*. Caracas, Universidad Central de Venezuela, Facultad de Ciencias Jurídicas y Políticas, 2001, Tomo II, p. 269.

Incluso, cuando el hostigamiento psicológico laboral esté acompañado por un tratamiento discriminatorio en el empleo creemos que bien podría aplicarse lo dispuesto en el artículo 15 del RLOT, el cual establece:

Tutela (régimen probatorio)

Artículo 15.- El trabajador víctima de discriminación en el empleo podrá extinguir la relación de trabajo invocando una causa justificada de retiro o, si lo estimare conveniente, ejercer la acción de amparo constitucional para obtener la restitución de la situación jurídica infringida.

Parágrafo Único: El accionante deberá aportar al proceso elementos de juicio que permitan deducir la discriminación alegada, correspondiendo al demandado la justificación objetiva y razonable de las medidas adoptadas y su proporcionalidad.

En razón de lo anterior, según opinamos[207], quedaría a elección de la víctima de hostigamiento laboral que adicionalmente ha sido discriminado optar por: i. terminar unilateralmente la relación de trabajo invocando una causa justificada, con derecho a exigir las indemnizaciones previstas para los casos de despido injustificado[208] y demás daños, si los hubiere; o ii. solicitar un amparo constitucional para obtener la restitución de la situación jurídica infringida en los términos previstos en la Ley Orgánica de Amparo sobre Derechos y Garantías Constitucionales[209] (Ley Orgánica de Amparo), según ampliaremos *infra*.

---

[207] Ídem.

[208] Según el artículo 78 del DLOTT: Se entenderá por retiro la manifestación de voluntad unilateral del trabajador o de la trabajadora de poner fin a la relación de trabajo, siempre y cuando la misma se realice en forma espontánea y libre de coacción. Adicionalmente, según el artículo 80, último aparte del DLOTT, en todos los casos en donde se justifique el retiro, el trabajador o la trabajadora tendrá derecho a recibir, además de sus prestaciones sociales, un monto equivalente a estas por concepto de indemnización.

[209] Publicada en la GORV N.° 34 060 de fecha 27 de septiembre de 1988.

I.5. FIGURAS AFINES ¿QUÉ NO ES HOSTIGAMIENTO LABORAL?[210]

Varios o, más bien, múltiples son las figuras que pueden guardar semejanza
con el hostigamiento laboral o de eventos autónomos[211] y, sin embargo,

---

[210] Véase: GIMENO LAHOZ, ob. cit., pp. 69-74, lo distingue del enfrentamiento con el
empresario o trabajador, con la antipatía, con el estrés o exceso de trabajo, con el
síndrome del quemado, la depresión reactiva y el acoso sexual; GONZÁLEZ FUEN-
MAYOR, ob. cit., pp. 28 y ss., distingue entre estrés laboral, maltrato empresarial
y burnout; GÜIZA y CAMACHO, ob. cit., pp. 41-46; MANGARELLI, ob. cit., p. 519;
PARÉS SOLIVA, Marina: «Peritación social del mobbing», http://psicologiajuridica.
org/psj274.html, a los efectos de un diagnóstico diferencial deberemos distinguir el
acoso moral del estrés laboral, del burnout, de los conflictos laborales y de las exigencias profesionales: Estrés laboral: se entiende por estrés la «respuesta fisiológica,
psicológica y de comportamiento de un individuo que intenta adaptarse y ajus-
tarse a presiones internas y externas». En este contexto; el estrés laboral es propi-
ciado, entre otras situaciones, por las exigencias laborales, la sobrecarga de trabajo,
la competitividad o las responsabilidades. Cuando dichas condiciones laborales so-
brepasan las capacidades de afrontamiento de los individuos, pueden aparecer toda
una serie de alteraciones psicológicas y físicas. A menudo sus síntomas pueden ser
confundidos con el estrés postraumático de una víctima de mobbing, burnout: este
fenómeno laboral es definido como «un síndrome de agotamiento emocional, despersonalización y baja realización personal, que puede ocurrir entre individuos que
trabajan con personas». El fenómeno del burnout, también puede constituir una
secuela asociada al mobbing –saturación emocional y anímica; distanciamiento
emocional y pérdida de la motivación por el trabajo desempeñado–. Los conflictos
laborales: en un conflicto exclusivamente laboral, se produce una discrepancia
explícita tras la cual, una vez solucionada, la relación laboral recobra la normalidad,
a diferencia de lo que ocurre en la fase de conflicto del acoso moral en donde el conflicto se convierte en el motivo explícitado del acoso. Las exigencias profesionales:
finalmente, el acoso debe distinguirse de las decisiones legítimas que conciernen
a la organización del trabajo –críticas constructivas, evaluaciones explícitas del
trabajo desempeñado, los cambios de puesto siempre que sean conformes al contrato de trabajo–. Las características fundamentales que diferencian estas patologías laborales del acoso en el lugar de trabajo son dos: la tendenciosidad, es decir,
el deseo de dañar, y el encubrimiento. En las situaciones laborales descritas anteriormente no existe intencionalidad de causar daño a una víctima concreta, sino
que puede afectar por igual a los diferentes trabajadores de una empresa y tampoco

deben ser claramente diferenciados, dadas las características citadas. Se alude así a la delimitación «en negativo» entre el acoso laboral y otras figuras[212]. No será acoso aquellas conductas que impliquen conflicto en el marco de las relaciones humanas[213]. Vale así diferenciar el instituto bajo análisis de los que veremos de seguidas.

Estrés (estrés laboral): Tanto el estrés como el *burnout* no median agresiones violentas sobre el trabajador, se entra en ellos sin necesidad de que a la víctima le estén haciendo la vida imposible[214]. El estrés laboral aparece cuando la exigencia del entorno laboral supera la capacidad de las personas[215]. La sentencia de la STSJ de Madrid, de fecha 6 de febrero de 2012, diferencia el hostigamiento psicológico laboral reiterado del estrés laboral que implica competitividad, horarios poco flexibles, precariedad, dificultad de compatibilidad la vida personal y familiar, entre otros[216].

Síndrome del quemado, de desgaste personal o *burn out*: Mientras que el *burnout* los sujetos afectados se caracterizan por una pérdida de interés

---

existe ocultación ya que los problemas o quejas son explícitas. En cambio en los supuestos de acoso moral no existe un conflicto explícito, desarrollándose bajo la apariencia de normalidad sin que nadie, salvo la víctima y el agresor, se percaten de ello; Basile, ob. cit., El término *mobbing* –del inglés *to mob* atropellar– es el acoso psicológico o moral en el trabajo. Las partes implicadas son: el agresor, la víctima y el entorno. El *mobbing* no es acoso sexual, no es *burn out* ni estrés laboral; Juanes Peces, ob. cit., p. 259, deriva del verbo ingles «asaltar, atropellar».

[211] Véase: Caamaño Rojo, *La noción*…, p. 221, el estrés derivado del exceso de trabajo, una amonestación del jefe directo, críticas aisladas, o bien, las jornadas de trabajo extensas o la prestación de servicios en precarias condiciones laborales no configuran supuestos de acoso moral. El *mobbing* es una modalidad de violencia psicológica que se ejerce en el ámbito laboral.

[212] Véase: Correa Carrasco, *El concepto*…, p. 66.

[213] Güiza y Camacho, ob. cit., p. 41.

[214] Véase: Moralo Gallego, ob. cit., p. 134; Manrique, ob. cit., p. 50; Arbonés Lapena, ob. cit., pp. 39-42.

[215] Arbonés Lapena, ob. cit., p. 40.

[216] Ibíd., p. 42.

por su trabajo, pudiendo llegar incluso a ver sus clientes o usuarios como verdaderos enemigos, en el hostigamiento laboral los agresores forman parte de la empresa.

Es un síndrome de estrés laboral asistencial o de desgaste profesional –mientras que el hostigamiento laboral es un estrés laboral «ambiental»–[217].

El concepto de *burn out* (o *burnout*) está más vinculado al mundo laboral, aunque, actualmente, se aplica también a la esfera deportiva. Se debe a Herbert Freudenberger la primera aplicación del término *burn out*, en 1974, al considerar las manifestaciones de tensión en personas «adictas al trabajo», definiendo el *burn out* como «una sensación de fracaso y una existencia agotada o gastada, que resulta de una sobrecarga por exigencias de energías, recursos personales y fuerza espiritual del trabajador». En tal sentido, debe entenderse el *burn out* más como *surmenage* que como estrés propiamente dicho. Por su parte, las investigadoras estadounidenses Christina Maslach y Susan Jackson, en 1981, luego de varios años de estudios empíricos, lo describieron como un síndrome de estrés crónico, que se manifiesta en aquellas profesiones de servicios caracterizadas por una atención intensa y prolongada a personas que están en una situación de necesidad o de dependencia. Para estas autoras, el *burn out*, tendría un carácter tridimensional: i. agotamiento emocional; ii. despersonalización y iii. reducida realización

---

[217] Moralo Gallego, ob. cit., p. 137; Rojo y Cervera, ob. cit., pp. 43-49, el término se atribuye al Dr. H. Freudenthal, pudiendo definirse como un síndrome de agotamiento físico y mental resultado de un estrés laboral crónico y frustración prolongada. Que puede llevar al alcoholismo, drogadicción o suicidio. Pero no proviene de ningún ataque o acoso intencionado. Se cita sentencia española del Juzgado de lo Social N.º 16 de Barcelona de 27 de diciembre de 2002, según la cual el *burnout* es un proceso continuo que puede distinguirse en tres fases: desequilibrio entre las demandas de trabajo y los recursos del sujeto para resolverlas, respuesta emocional de tensión y fatiga, el individuo se enfrenta a la situación por medio de mecanismos neuróticos que le modifican cantidades y conductas respecto del trabajo; Arbonés Lapena, ob. cit., pp. 44-46; Rivas Vallejo, ob. cit., p. 40.

personal. Una definición muy interesante de *burn out*, se debe a la observación de A. PINES; E. ARONSON y D. KAFRY, quienes en 1981, señalaron al mismo como «un estado de agotamiento mental, físico y emocional, producido por el involucramiento crónico en el trabajo, en situaciones emocionalmente demandantes». El aporte de estas autoras se debe a que no circunscribieron el *burn out* solo a profesiones de servicio –como MASLACH y JACKSON–, sino que lo extendieron a otras –comercio, política, etc.– que también implican excesivas demandas psicológicas. Una de las grandes diferencias del estrés con el *burn out*, es que en tanto el primero puede ser experimentado positiva o negativamente, el segundo es siempre un fenómeno negativo y, a pesar de ello, ciertos autores (GANSTER y ECHAN-BROECK), precisan que el *burn out* es, de hecho, un tipo de estrés[218].

Otras figuras: Se distingue la figura en estudio del «ejercicio abusivo del poder de dirección empresarial»[219] o «ejercicio arbitrario del poder de dirección», cuando la acción empresarial no es la búsqueda –en palabras lisas y llanas– de causar daño al trabajador con indiferencia y alegría. No se trata de perjudicar al trabajador o causarle serios daños psíquicos. Sin embargo, se produce un actuar censurable jurídicamente en virtud de los medios desarticuladores, confusos e improcedentes utilizados por la empresa y que consiguen un resultado no buscado aunque aparentemente tolerado por el trabajador y que este no tiene obligación de resistir[220]. El ejercicio arbitrario de las facultades de dirección del empresario puede afectar los derechos laborales sobre el modo, el tiempo y la contraprestación del contrato laboral. En tanto que en el hostigamiento psicológico laboral el bien atacado es la integridad psíquica o salud mental del trabajador[221].

---

[218] BASILE, ob. cit.

[219] CORREA CARRASCO, *El concepto...*, p. 67.

[220] ROJO y CERVERA, ob. cit., p. 41, cita sentencia española del Juzgado de lo Social N.º 1 de Bilbao de 30 de mayo de 2002; ARBONÉS LAPENA, ob. cit., pp. 46-48.

[221] ROJO y CERVERA, ob. cit., p. 43, se cita sentencia española del Juzgado de lo Social N.º 33 de Madrid de 18 de junio de 2001. Véase también: KAHALE CARRILLO,

Se distingue conectado a lo anterior, también de las «prácticas tiránicas de gestión empresarial», dirigidas a someter a los trabajadores a una presión constante, pero cuyo objetivo no es destruir al trabajador, sino hacerlo más productivo[222]. Los llamados de atención por la deficiencia en el desempeño laboral tampoco son acoso, según indicó la sentencia colombiana de 23 de julio de 2010[223].

Así mismo, se diferencia de otras figuras como el «acoso sexual»[224], aunque este puede ser una de las manifestaciones del instituto en estudio[225].

El acoso..., ob. cit., «el ejercicio arbitrario del poder empresarial y el acoso moral proviene del perjuicio causado. En otras palabras, en el abuso del poder empresarial se pueden ver afectados los derechos laborales sobre lugar, tiempo, modo y contraprestación por el trabajo; mientras que en el hostigamiento laboral solo se afecta a la integridad psíquica y la salud mental del acosado. Esta diferencia exige la práctica de medios probatorios diferentes y así quien alegue padecer acoso moral no basta con que acredite posibles arbitrariedades empresariales ejercidas por el acosador, sino que es preciso demostrar que se han causado daños psíquicos, lo que exige, sin duda, la existencia de una clínica demostrativa de la patología descrita por la psicología. Y esta diferencia será la que permita distinguir los dos planos diferenciados de protección legal frente a estas conductas. Así, frente al ejercicio arbitrario del poder empresarial, no estando comprometidos otros posibles y distintos derechos fundamentales, cabrán las respuestas que proporciona la legalidad ordinaria que lograran corregir las conductas empresariales arbitrarias mediante las acciones o reclamaciones oportunas; mientras que frente al acoso la respuesta la obtendremos del artículo 46 de la Constitución de la República Bolivariana de Venezuela por constituir un atentado al derecho a la integridad moral. En definitiva, en el acoso moral se lesionan derechos fundamentales de la persona; y, en el ejercicio de las facultades empresariales como abusivas, se lesionan los derechos estrictamente laborales».

[222] Correa Carrasco, *El concepto...*, pp. 68 y 69.
[223] Güiza y Camacho, ob. cit., p. 46.
[224] Véase: Rivas Pérez, Miryam: «El acoso sexual en el trabajo. Un análisis jurídico, psicológico y social». En: *Derecho contra la violencia*. Mérida, Navarro, Catán y Asociados-Universidad de los Andes, Corpoula, s/f, pp. 43-61; Hernández Álvarez, Oscar: «Consideraciones sobre el acoso sexual en el trabajo en Centro América y el Caribe Latino». En: *Revista de Derecho del Trabajo*, N.° 10, Barquisimeto, Fundación Universitas, enero-dic. 2010, pp. 49-70; Arbonés Lapena,

Especialmente porque se reseña estadísticamente en España que la mujer sufre en mayor medida hostigamiento laboral que los hombres[226]. El acoso sexual es un acoso psicológico, pero que llevaría unido el tinte de la agresión sexual. En tanto que el acoso laboral propiamente era denominado anteriormente, *mobbing*, consistente en trato denigrante. Se distingue a su vez del acoso discriminatorio –según indicamos *infra*– que entraría de lleno en las figuras de acoso contra la discapacidad, la diversidad sexual, la raza, la religión, opinión o cualquier otra condición o circunstancia personal o social, esto es, entraría a formar parte del subgrupo de atentados al principio de no discriminación[227]. En el acoso sexual basta un solo comportamiento para que se considere que existe acoso, en tanto que el *mobbing* precisa reiteración[228]. Y al efecto la jurisprudencia española insiste que el hostigamiento psicológico laboral supone perfiles objetivos como la reiteración, frecuencia y sistematicidad[229]. El acoso sexual se caracteriza por

---

ob. cit., pp. 48-51; Rubio de Medina, ob. cit., pp. 20-29, diferencia entre el acoso laboral o *mobbing*, acoso sexual y acoso por razón de sexo; Rivas Vallejo, ob. cit., p. 36; Correa Carrasco, *El concepto...*, pp. 71 y 72; Ausfelder, ob. cit., pp. 30-35.

[225] Véase: Rojo y Cervera, ob. cit., pp. 83-86; Kahale Carrillo, *El acoso...*, Distingue además del *burn out* o agotamiento psíquico conocido a su vez como el síndrome del quemado, el *bossing* –en este caso el agresor debe ser de jerarquía en relación a la víctima o trabajador hostigado–. Y el acoso sexual, que busca obtener favores sexuales para la misma persona o para un tercero. En otras palabras, es la conducta de naturaleza sexual u otros comportamientos basados en el sexo que afectan a la dignidad tanto a la mujer como al hombre en el trabajo, incluyendo los comportamientos de superiores y compañeros, cuando dichas actitudes sean indeseadas, irrazonable y ofensiva para el acosado; Rubio de Medina, ob. cit., p. 29, el acoso por razón de sexo puede englobarse dentro del acoso laboral o moral.

[226] Rojo y Cervera, ob. cit., p. 87.

[227] Pérez Alonso, ob. cit., p. 201.

[228] Rubio de Medina, ob. cit., p. 26.

[229] Véase: ibíd., p. 28, cita sentencia de STSJ de Madrid de fecha 6 de febrero de 2009; Rivas Vallejo, ob. cit., p. 32, ha de ser sistemática y reiterada en el tiempo, por lo que atisbos de hostigamiento quedan excluidos del concepto por su carácter aislado, aunque persigan la misma finalidad. El acoso laboral precisa reiteración prolongada en el tiempo (cita sentencia STSJ de Galicia, de 08-04-03, Ar. 2893).

comportamientos sexuales o físicos de naturaleza sexual que no son deseados y se traducen en un condicionamiento hostil o humillante en el trabajo. Es más frecuente que la víctima sea mujer, aunque puede acontecer en ambos géneros[230].

Se afirma así que «no todo conflicto interpersonal derivado de deficiencia en la organización del trabajo puede calificarse de *mobbing*. Téngase en cuenta que el hostigamiento ha de ser percibido por el acosado como un ataque personal, y el sentimiento de aislamiento o exclusión característica del acoso difícilmente surgirá cuando el empresario o el encargado de personal maltratan indiscriminadamente a todos los trabajadores. Tampoco basta que se adopten por parte del empleador determinadas decisiones que vulneren derechos laborales del trabajador, que serían impugnables ante la jurisdicción laboral –tales como traslado de puesto, modificación de condiciones o funciones, movilidad no consentida, retirada de conceptos retributivos, etc.–. El acoso va más allá de un ejercicio inadecuado o abusivo del poder de organización y dirección»[231]. La figura en estudio se diferencia así del ejercicio del poder de dirección u otros posibles desafueros cometidos por el empresario[232], tales como incumplimientos graves, malas relaciones personales propias de la relación de trabajo, abundante litigiosidad, etc.[233].

Así pues, debe diferenciarse el hostigamiento psicológico laboral de diversas figuras distintas aunque semejante en algunos efectos, tales como la vulneración de derechos fundamentales o la extinción indemnizada del contrato de trabajo[234].

---

[230] Sánchez Tovar, Ligia *et al*.: «Consideraciones psicosociales sobre el acoso sexual en el trabajo». En: Mobbing, *acoso laboral y acoso por razón de sexo*. María Teresa Velasco Portero (Directora). Madrid, Tecnos, 2.ª edic., 2011, p. 59.

[231] Pérez Alonso, ob. cit., p. 203.

[232] Véase: Rivas Vallejo, ob. cit., p. 37, cita sentencias SSTSJ de Extremadura de 20-03-03, Ar. 2810 y del País Vasco de 23-12-03, Ar 4176.

[233] Ibíd., p. 39.

[234] Ibíd., p. 13.

En forma interesante se ha llegado a diferenciar la figura bajo análisis del «acoso imaginario»: «El acoso imaginario o subjetivo es admitido por los tribunales, excepcionalmente, esto es, la situación que siente un trabajador en su entorno de trabajo, la cual aparece identificada por el propio trabajador como acoso en el trabajo, cuando en realidad no responde a los parámetros de un acoso propiamente dicho, si bien respecto de esta situación de acoso imaginario puede generar cierta inseguridad jurídica. No obstante, cabe indicar que el acoso imaginario ya fue contemplado por el Tribunal Europeo de Derechos Humanos en el año 2001 considerando que el trato puede ser considerado degradante si es capaz de producir en las víctimas sentimientos de temor, angustia, inferioridad, capaces de humillarles o degradarles. Es suficiente si la víctima es humillada a sus propios ojos»[235].

Se alude igualmente en forma interesante a «falso *mobbing*», recogido en un sentencia de Madrid del 7 de febrero de 2002, a raíz de un diagnóstico médico de «acoso laboral» cuando dicho diagnóstico debió recaer en consecuencias concretas de la persona que lo sufre, por cuanto no se trata de un diagnóstico médico sino laboral. Siendo todavía más curioso que ni la sentencia de instancia ni la del Superior hacen referencia a un posible *mobbing*, ni siquiera para negarlo[236]. El falso *mobbing* está asociado al caso del «paranoico» o personas con trastorno de la personalidad que presentan rasgos de manía persecutoria o simplemente susceptibilidad extrema, de forma que creen firmemente ser objeto de acoso e interpretan cualquier gesto del empresario, compañeros o superiores como un ataque, aunque ello no se corresponde con la realidad[237].

---

[235] Pérez Alonso, ob. cit., p. 205.
[236] Gimeno Lahoz, ob. cit., p. 75.
[237] Rivas Vallejo, ob. cit., pp. 40 y 41.

Debe distinguirse igualmente la figura del *mobbing* de trastornos mentales o psiquiátricos que pueda sufrir el trabajador como neurosis, psicosis, esquizofrenias o depresión[238].

Ello sin perjuicio de otras formas de violencia que pudieran generarse en el ámbito laboral y que ha reseñado la doctrina especializada[239]. Se reseña, sin embargo, que la figura bajo análisis, aunque ha existido siempre, su identificación se debe a una nueva construcción doctrinal nacida del intercambio de conocimientos entre la Psiquiatría, la Psicología y la Ciencia Jurídica. Por lo tanto, el planteamiento de su estudio conjunta y coordinadamente es el que proporciona las bases más efectivas para su estudio[240].

---

[238] Arbonés Lapena, ob. cit., pp. 42 y 43.

[239] Véase: Lucena, Héctor: «Violencia laboral y sindical sin dolientes». En: *Derecho contra la violencia*. Mérida, Navarro, Catán y Asociados-Universidad de los Andes, Corpoula, s/f, pp. 63-87; Navarro Urbáez, ob. cit., pp. 261-294.

[240] Navarro Urbáez, ob. cit., p. 269.

Capítulo II
Deber de cuidado del patrono de la persona física y moral del trabajador. Presupuestos e incumplimiento

II.1. Deberes principales del patrono en la relación de trabajo

Históricamente, en la doctrina nacional y comparada el deber de pago del salario ha sido considerado como la obligación principal del patrono en el marco de la relación de trabajo.

En ese sentido, se entiende que en el momento en que las partes, patrono y trabajador, se comprometen a ingresar a una relación de trabajo, surgen dos principales obligaciones para cada uno de ellos. Para el trabajador, la obligación de prestación del servicio, para el patrono la obligación del pago del salario, como contraprestación del servicio prestado. No existe una obligación, sin la otra y una nace en razón de la otra.

Una revisión minuciosa de la legislación comparada, demuestra que los doctrinarios coinciden en que el pago del salario es la obligación primordial del patrono[241].

Sin marcar tal afirmación de reduccionista, la relación de trabajo conlleva, tanto para el patrono como para el trabajador, otras obligaciones para la

---

[241] Alfonzo Guzmán (*Estudio analítico de la Ley del Trabajo venezolana*. 1967, Tomo I, p. 289), citado en Iturraspe, Francisco: «Los deberes de prevención y seguridad del empleador en el cuadro de la estructura jurídica del contrato de trabajo. Legislación». En: *Prevención, salud y seguridad laboral*. Editorial Pitágoras, 2007, p. 179.

existencia de una relación laboral conforme a derecho y que pueda tildarse de prolífica para ambas partes. Entre esas obligaciones se encuentran los deberes del patrono relativos a la seguridad y salud en el trabajo de sus subordinados.

Tras la revolución industrial, época en el que la producción se maximizó y con ello se incrementó el número de accidentes y enfermedades relacionadas con la prestación del servicio, a nivel mundial se crearon o perfeccionaron las legislaciones en materia de seguridad y salud industrial, imponiéndose a los patronos la obligación de preservar la seguridad y salud de los trabajadores.

En Venezuela, los primeros vestigios de responsabilidad patronal derivada de la seguridad y salud de sus trabajadores data del siglo xx, «en 1893 nuestro legislador esbozó la teoría del riesgo profesional, teoría ésta aceptada en forma indubitable por los legisladores de 1915»[242].

Como hemos dicho anteriormente, Venezuela no escapó de la realidad mundial y la inicial legislación en materia de seguridad y salud en el trabajo se refería específicamente a la seguridad física del trabajador en la prestación del servicio, y poco o nada ahondaba sobre su seguridad moral o espiritual durante la prestación del servicio, en relación con la propia tarea o por las interacciones entre el trabajador y sus compañeros de trabajo o superiores.

Como muestra de ello tenemos el Convenio 155 de la Organización Internacional del Trabajo[243] (OIT) ratificado por Venezuela en 1984, que solo hace referencia a la protección de la persona física del trabajador, promoviendo su capacitación, evitando la exposición a sustancias de riesgo sin los debidos implementos de seguridad y procurando la reducción de los accidentes laborales.

---

[242] Iturraspe, ob. cit., p. 179.
[243] Convenio sobre seguridad y salud de los trabajadores, (N.º 155). Organización Internacional del Trabajo, 1981.

De seguidas, la Ley Orgánica de Prevención Condiciones y Medio Ambiente de Trabajo de 1986[244] (Lopcymat 1986), estableció en su artículo 1: «El objeto de la presente Ley es garantizar a los trabajadores, permanentes y ocasionales, condiciones de seguridad, salud y bienestar, en un medio ambiente de trabajo adecuado y propicio para el ejercicio de sus facultades físicas y mentales». El artículo 2 *eiusdem* señalaba: «El cumplimiento de los objetivos señalados en el artículo 1 será responsabilidad de los empleadores, contratistas, subsidiarios o agentes».

De manera que en 1986 se consagra legalmente por primera vez en Venezuela, la obligación patronal de propiciar un ambiente de trabajo seguro tanto física como mentalmente para los trabajadores[245].

Posteriormente, la Ley Orgánica del Trabajo de 1990 ratificó lo estipulado en la Lopcymat 1986 al establecer en su artículo 122: «El trabajo deberá prestarse en condiciones que: a. permitan a los trabajadores su desarrollo físico y síquico normal…».

Por otra parte, la Constitución Nacional en su artículo 87 establece el deber patronal y del Estado de procurar un ambiente de trabajo adecuado para la prestación del servicio, en los siguientes términos: «Todo patrono o patrona garantizará a sus trabajadores y trabajadoras condiciones de seguridad, higiene y ambiente de trabajo adecuados. El Estado tomará medidas y creará instituciones que permitan el control y promoción de esas condiciones».

Lo anterior, significa que, a partir de 1999 los patronos tienen la obligación constitucional de garantizar condiciones idóneas para el trabajo de sus empleados.

---

[244] Gorv N.º 3850 extraordinario del 18 de julio de 1986.
[245] Iturraspe, ob. cit., p. 184.

La Organización Mundial de la Salud[246] (OMS) ha definido como entorno de trabajo saludable, a aquel en el que los trabajadores y jefes colaboran en un proceso de mejora continua para promover y proteger la salud, seguridad y bienestar de los trabajadores y la sustentabilidad del ambiente de trabajo con base en los siguientes indicadores:

> i. La salud y la seguridad concernientes al espacio físico de trabajo; ii. la salud, la seguridad y el bienestar concernientes al medio psicosocial del trabajo incluyendo la organización del mismo y la cultura del ambiente de trabajo; iii. los recursos de salud personales en el espacio de trabajo, y las formas en que la comunidad busca mejorar la salud de los trabajadores, sus familias y iv. de otros miembros de la comunidad.

La OMS ha considerado que el patrono tiene la obligación de crear un ambiente de trabajo saludable y que un desbalance entre el esfuerzo y la recompensa puede generar un sentimiento de injusticia en los trabajadores, llevándolos a sentir ira, la cual puede ser dirigida hacia sus compañeros de trabajo, creándose una situación de acoso laboral. En ese caso, y desde la perspectiva de la OMS, el patrono estaría incumpliendo el deber de crear un ambiente de trabajo saludable, y en consecuencia estaría transgrediendo la disposición constitucional del artículo 87.

Adicionalmente, nuestro DLOTTT y la Ley Orgánica de Prevención Condiciones y Medio Ambiente de Trabajo vigente (LOPCYMAT[247]) establecen respectivamente:

---

[246] *Entornos laborales saludables: fundamentos y modelo de la OMS: contextualización, prácticas y literatura de apoyo.* Organización Mundial de la Salud, 2010.

[247] GORBV N.º 38 236 del 26 de julio de 2005. Véase también: ROJAS PÉREZ, Manuel: «Los deberes de los patronos en el marco de la Ley Orgánica de Prevención Condiciones y Medio Ambiente de Trabajo». En: *Revista de la Facultad de Ciencias Jurídicas y Políticas*, N.º 130, Caracas, Universidad Central de Venezuela, 2007, pp. 349-376, http://www.ulpiano.org.ve/revistas/bases/artic/texto/RDUCV/130/ucv_2007_130_349-376.pdf.

Artículo 156.- El trabajo se llevará a cabo en condiciones dignas y seguras, que permitan a los trabajadores y trabajadoras el desarrollo de sus potencialidades, capacidad creativa y pleno respecto a sus derechos humanos garantizando: (...) f. La prevención y las condiciones necesarias para evitar toda forma de hostigamiento o acoso sexual y laboral...

> Artículo 56.- Son deberes de los empleadores y empleadoras, adoptar las medidas necesarias para garantizar a los trabajadores y trabajadoras condiciones de salud, higiene, seguridad y bienestar en el trabajo, así como programas de recreación, utilización del tiempo libre, descanso y turismo social e infraestructura para su desarrollo en los términos previstos en la presente Ley y en los tratados internacionales suscritos por la República, en las disposiciones legales y reglamentarias que se establecieren, así como en los contratos individuales de trabajo y en las convenciones colectivas. A tales efectos deberán: (...) 5. Abstenerse de realizar, por sí o por sus representantes, toda conducta ofensiva, maliciosa, intimidatoria y de cualquier acto que perjudique psicológica o moralmente a los trabajadores y trabajadoras, prevenir toda situación de acoso por medio de la degradación de las condiciones y ambiente de trabajo, violencia física o psicológica, aislamiento o por no proveer una ocupación razonable al trabajador o la trabajadora de acuerdo a sus capacidades y antecedentes y evitar la aplicación de sanciones no claramente justificadas o desproporcionadas y una sistemática e injustificada crítica contra el trabajador o la trabajadora, o su labor (...) 8. Tomar las medidas adecuadas para evitar cualquier forma de acoso sexual y establecer una política destinada a erradicar el mismo de los lugares de trabajo[248].

---

[248] Véase: ibíd., pp. 360 y 361, con base en dicha norma indica el autor que el patrono deberá abstenerse de cualquier conducta ofensiva o intimidatoria, tales como grosería, malas palabras, gestos desproporcionados o vías de hecho. Así como cualquier actividad que presione psicológicamente al trabajador.

Siendo que el acoso laboral o sexual en el trabajo es un fenómeno complejo, el legislador venezolano creó dos niveles de obligaciones del patrono para evitar ese tipo de prácticas: i. protección constitucional mediante la imposición del deber de garantizar que la prestación del servicio se haga en un entorno de trabajo saludable; y, ii. prevenir y abstenerse de realizar por sí o por medio de sus representantes cualquier conducta que perjudique psicológica o moralmente a los trabajadores.

II.2. Deber de prevención y seguridad en el trabajo

Según expone Alfonzo-Guzmán[249] la higiene y seguridad industriales podrían ser definidos como «un conjunto de medidas a cargo del empleador, tendentes a prevenir, reducir o eliminar los riesgos que afecten la salud, la vida o la moral del trabajador, originados del trabajo o las condiciones en que se realiza; a lograr su adaptación física y mental a la ocupación que desempeña y a establecer y mantener el más alto nivel síquico, físico, intelectual y moral».

El deber de prevención conlleva la protección de la integridad física y moral del trabajador y se entiende que el patrono cumple con esta obligación al garantizar la prestación del servicio en un medio ambiente de trabajo saludable.

Por otro lado, el deber de seguridad es el de procurar que el trabajador no sufra daños en la prestación de su servicio o como consecuencia de ella.

Krotoschin[250], en relación con la posición e importancia de estos deberes dentro del contrato laboral, consideró que «el deber de previsión es

---

[249] Alfonzo-Guzmán, Rafael: *Estudio analítico de la Ley del Trabajo venezolana.* Caracas, Ediciones Libra, C. A., 1987, T. III, p. 113.
[250] Krotoschin, Ernesto: *Instituciones de Derecho del Trabajo.* Buenos Aires, Depalma, 2.ª edic., 1968.

un deber principal y sustantivo del patrono, y no solo un deber accesorio o secundario».

Ya Alfonzo-Guzmán[251] señalaba que la remuneración o salario no es la más transcendente obligación del patrono, siendo que se contemplan deberes del patrono de garantizar la salud del trabajador y el desarrollo de sus facultades físicas y mentales, teniendo el trabajador el derecho de negarse a realizar labores que entrañen un perjuicio inminente y grave para su vida y su salud, proponiendo una nueva definición del contrato de trabajo en la cual los deberes de prevención y seguridad pasan a primer plano como obligación principal del patrono.

Al respecto, es necesario observar que el deber de prevención y seguridad en el trabajo es un deber único del patrono, que no crea en cabeza del trabajador un deber par o idéntico, a diferencia de lo que ocurre con el deber del pago del salario.

Las obligaciones patronales relacionadas con la prevención y seguridad en el trabajo tienen una doble fuente, en principio, nacen del contrato de trabajo, es decir, solo se activan en el momento en que se inicia una relación de trabajo, y en segundo lugar, existe la obligación, de orden público, de su cumplimiento.

La exigencia de velar por la seguridad e higiene en el trabajo es un objetivo constitucional que se impone al contrato de trabajo y crea un marco normativo distinto a este. Las normas de prevención y seguridad en el trabajo no dependen del contrato de trabajo, ni a la autonomía de las partes.

Alfonzo-Guzmán[252] argumenta que las obligaciones de prevención y seguridad en el trabajo son obligaciones de orden público, pero de un orden

---

[251] Alfonzo-Guzmán, Rafael: *Nueva didáctica del Derecho del Trabajo*. Caracas, Editorial Melvin, 7.ª edic., 1994, p. 58.
[252] Alfonzo-Guzmán, *Estudio analítico…*, p. 114.

público muy particular, toda vez que la violación de estas normas activa solamente sanciones administrativas en caso de denuncia del trabajador, y el derecho de este de retirarse justificadamente del puesto de trabajo y solicitar indemnización, sin poderse solicitar la nulidad del contrato de trabajo.

Actualmente, los trabajadores tienen diversas herramientas para exigir el cumplimiento de las obligaciones de previsión y seguridad en el trabajo y adicionalmente el ente administrativo, que en este caso es el Instituto Nacional de Prevención, Salud y Seguridad Laborales (Inpsasel) puede realizar inspecciones periódicas, incluso, sin existencia de una denuncia, para verificar que la prestación del servicio se haga en las condiciones adecuadas establecidas por la Lopcymat y los convenios internacionales en la materia.

Alfonzo-Guzmán[253] de seguidas indica que la Lopcymat 1986, vigente para el momento de publicación del trabajo del autor:

> Constituye un drástico llamado de atención del legislador hacia el factor humano de la producción, para recordar que la empresa no solo es acumulación de capitales, y que su fin económico no puede desinteresarse por el hombre que en ella trabaja y por todo lo que aumente o disminuya su bienestar.

> Asoma al moderno empleador al marco de viejas responsabilidades de orden moral propias del patrono –de pater, padre– concretados en los deberes éticos de asistencia, de solícito cuidado, de altruismo activo para con sus dependientes y subordinados. Desde este punto de vista, la violación de las reglas de prevención y seguridad se emparenta con el delito natural.

La consideración del deber de prevención y seguridad en el trabajo conlleva al patrono a actuar no solo como una de las partes del contrato de trabajo, obligado a pagar el salario como contraprestación del servicio recibido, sino

---

[253] Ibíd., p. 121.

como un verdadero protector, responsable del bienestar físico y moral de los trabajadores. El patrono no cumple su deber únicamente con el pago del salario y hacer los aportes a la seguridad social, sino que debe confrontar el hecho de la existencia de una comunidad de trabajo, que conlleva tanto deberes y derechos económicos como obligaciones morales.

En este orden de ideas, el artículo del DLOTTT establece expresamente que los patronos están obligados a garantizar que los delegados de prevención previstos en la LOPCYMAT dispongan de facilidades para el cumplimiento de sus funciones, y que los comités de salud y seguridad laboral previstos en la referida Ley especial cuenten con la participación de todos sus integrantes, y sus recomendaciones sean adoptadas en la entidad de trabajo.

Una investigación preliminar sobre el deber de protección física del trabajador arroja que existe mucha doctrina e incluso recomendaciones emanadas de la OIT en relación con todas las medidas de protección del aspecto físico de los trabajadores. Estas medidas de protección van desde disposiciones relacionadas con la higiene de los locales y otros ambientes de trabajo, hasta disposiciones de ergonomía y el correcto uso de los descansos físicos de los trabajadores.

Esa misma investigación permite concluir que el desarrollo académico relacionado con el deber de proteger a la persona moral del trabajador no es tan extenso como el de protección de su persona física, y la mayoría de los trabajos de la materia son de reciente data.

Tal afirmación resulta entendible del análisis de la historia del trabajo como hecho social[254]. Para el trabajador, el empleo siempre ha sido más o menos lo mismo, la vía idónea para asegurar la supervivencia familiar a través de la

---

[254] Refería sin embargo, el prof. Fernando Parra Aranguren —en alguna de sus clases de Doctorado en Derecho de la que fuimos cursantes— que siempre el Derecho en general regula hechos sociales y jamás la conducta aislada del sujeto. Y en tal sentido,

obtención de los medios económicos necesarios para cubrir las necesidades básicas. Modernamente, el trabajo, aparte de ser el proveedor de medios económicos para la supervivencia, ha sido considerado como un vehículo para obtener la superación personal del trabajador a través del desarrollo de su carrera profesional y la obtención de logros reconocidos por sus colegas.

No obstante, para el patrono y para todos en la época que vivimos, el concepto de trabajador ha evolucionado desde la declaración de los derechos del hombre y demás disposiciones legales. Inicialmente, la persona del trabajador era concebido como una herramienta para la obtención de medios económicos. Posteriormente, el trabajador fue considerado como una herramienta cuya labor es necesaria para la explotación de los medios de producción y cuya integridad física debe ser preservada. Modernamente, el trabajador es considerado en toda la extensión del ser humano, incluyendo el deber de preservar su bienestar físico y moral.

Al respecto, García Oviedo[255] declara que: «El trabajo es una proyección del hombre en la producción, que no se puede estimar separable de él y al que acompaña el sello indeleble de la persona que lo realiza. De aquí que la empresa esté obligada a respetar la dignidad del trabajador con una obligación jurídicamente exigible».

II.3. La violencia psicológica como la violación del deber de prevención y seguridad en el trabajo

Investigaciones realizadas en el campo de la psicología en la década de los ochenta del siglo pasado llamaron la atención acerca del daño ocasionado

---

ello no es exclusivo del Derecho Laboral, no obstante que por su importancia y origen histórico se aluda al trabajo como «hecho social».

[255] García Oviedo, Carlos: *Tratado elemental de Derecho Social*. Madrid, Librería General de Victoriano Suárez, 2.ª edic., 1946, p. 176.

a trabajadores por conductas ocurridas en el trabajo, que si bien aisladas carecían de significación, de modo acumulativo producían un daño de entidad. En muchos casos, el trabajador se enfermaba de gravedad y debía renunciar, llegando en algunas situaciones al suicidio.

El informe de la OIT sobre violencia en el trabajo coincide al indicar que la mayoría de las investigaciones se refieren a la existencia de violencia física, pero últimamente se ha tomado en consideración un comportamiento que, si bien es mucho más invisible, en forma acumulativa puede significar una forma más grave violencia, como el acoso sexual, el *bullying* o el *mobbing*.

Si bien es cierto que el acoso laboral no es un fenómeno nuevo, también debe admitirse que en las últimas décadas se ha incrementado la cantidad de estudios realizados sobre el particular, como indicamos anteriormente.

Según el informe por la OIT, en los Estados Unidos alrededor de mil personas mueren cada año en entornos laborales. El homicidio se ha convertido en la principal causa de defunciones en el lugar de trabajo para las mujeres, y en la segunda para los varones.

El informe de la OIT se centra en el análisis de las tendencias globales; entre los resultados del estudio, el informe señala que tanto los trabajadores como los patronos reconocen cada vez más que las agresiones psicológicas son una forma grave de violencia. La violencia psicológica incluye el amedrentamiento de grupo o *mobbing*, es decir, la intimidación y el hostigamiento psicológico colectivos.

Señala la OIT que «un estudio realizado en 1994 por el Sindicato de Trabajadores del Sector Público del Canadá mostró que casi 70 por ciento de las personas consultadas consideraban que la agresión verbal era la principal forma de violencia que habían sufrido».

En los últimos años, se han conocido nuevos antecedentes que demuestran las consecuencias y daños resultantes de la violencia no física, que suele denominarse «violencia psicológica». En esta quedan comprendidos los siguientes comportamientos:

Amedrentamiento: El amedrentamiento en el lugar de trabajo se trata de todo comportamiento ofensivo de un miembro del personal que, mediante actos revanchistas, crueles, malintencionados o humillantes, busque debilitar la condición de otro trabajador o de un grupo de trabajadores. Concretamente, puede tratarse, por ejemplo, de: crear dificultades cotidianas a toda persona que pueda desempeñar mejor las funciones profesionales del «amedrentador»; alzar la voz o gritar sistemáticamente al dar instrucciones al personal subalterno; imponer el «amedrentador» sus puntos de vistas como única manera correcta de realizar las tareas; negarse a delegar responsabilidades argumentando que nadie merece su confianza; mortificar a otros miembros del personal con críticas negativas incesantes o privar de responsabilidades a los trabajadores que muestren grandes competencias o aptitudes profesionales. Se incluye la «intimidación» y «hostigamiento colectivo» que es la práctica que el grupo de trabajadores ejerce sobre otro trabajador que convierten en blanco de su hostilidad. Entre las formas que reviste este comportamiento, figuran, por ejemplo: la repetición de comentarios negativos sobre una persona o las críticas incesantes en su contra; «hacer el vacío» a un trabajador, desalentando todo contacto social con este; o la propagación de chismes o de información falsa acerca de la persona que se quiere perjudicar.

De lo anterior puede concluirse que el hostigamiento psicológico laboral puede ser llevado a cabo tanto por el patrono como por sus representantes y por otros compañeros de trabajo. Visto esto, cabe preguntarse si en todos los casos existe una transgresión del deber de prevención y seguridad en el trabajo por parte del patrono.

En ese sentido, podemos afirmar que si el patrono o alguno de sus representantes es el sujeto activo del acoso, aquel siempre será responsable. De acuerdo con Mangarelli[256], la situación no resulta tan meridiana cuando el acoso es ejecutado por los compañeros de trabajo.

Para dar respuesta a tal interrogante, es necesario analizar nuevamente las obligaciones del patrono en el marco del contrato de trabajo y de las leyes vigentes.

De acuerdo al contrato de trabajo, el patrono está obligado a pagar el salario. A la par de esa obligación, el patrono tiene el deber de respetar la dignidad del trabajador, estando obligado a ofrecerle siempre un trato respetuoso.

Paralelamente, el patrono está obligado —en nuestro caso legalmente por el DLOTTT y la Lopcymat— a asegurar que el trabajador sea respetado por sus compañeros de trabajo.

Al respecto, Plá Rodríguez[257] ha señalado que el patrono está obligado a «asegurar la moralidad del ambiente». En consecuencia, el patrono no solo debe responder por sus actos y los de sus representantes, sino que también debe responder por los actos que realicen otros trabajadores que pueda poner en peligro la moralidad del ambiente de trabajo.

Como hemos indicado anteriormente, el patrono tiene el deber legal de proteger la integridad física y moral del trabajador, procurando que el servicio se preste siempre en condiciones de seguridad e higiene. Debemos entender que esa seguridad no es solo física, sino también psicológica e integral. Es decir, que el trabajo se desarrolle en un ambiente libre de conductas ofensivas o denigrantes para los trabajadores. Lo que supone

---

[256] Mangarelli, ob. cit.
[257] Plá Rodríguez, Américo: *Curso de Derecho Laboral, contrato de trabajo*. Montevideo, Acali, 1978, Tomo II, Vol. I, p. 170.

adoptar medidas previsivas para preservar la seguridad y salud de los trabajadores y consecuencialmente, la moralidad del ambiente de trabajo.

Resulta claro que, desde el punto de vista de protección integral, el patrono debe tomar todas las medidas de seguridad industrial e higiene necesarias para evitar daños físicos al trabajador como consecuencia de accidentes o enfermedades ocupacionales.

Desde el punto de vista de protección moral, el patrono deberá tomar todas las medidas pertinentes para procurar a sus trabajadores un ambiente libre de acoso.

El incumplimiento del patrono de su obligación de prevención, de las conductas que puedan ser consideradas como acoso, dará lugar a su responsabilidad. Tal situación es aún más clara cuando el patrono activamente tolera la situación, estando consciente de su existencia.

De igual manera, cabe preguntarse si el patrono se exime de responsabilidad al demostrar que llevó a cabo los correctivos necesarios y procuró prevenir cualquier forma de hostigamiento psicológico. En este caso, es necesario analizar cuál es el alcance del deber de prevención y, específicamente, cuál es su amplitud respecto al ambiente de trabajo, qué tipo de responsabilidad atañería al patrono, si se trata de una responsabilidad objetiva o subjetiva[258] y si la obligación es de medios o de resultado[259].

---

[258] La responsabilidad «subjetiva» requiere la prueba de la «culpa» como elemento de la responsabilidad civil. Por su parte, la responsabilidad «objetiva» prescinde de la culpa o es ajena a ésta y está basada en la idea de «riesgo» o provecho. En esta última se responde objetivamente al margen de haber incurrido en culpa.

[259] En la obligación de resultado, como su denominación lo indica, el deudor se obliga necesariamente a procurarle al acreedor un producto o resultado determinado. En tanto que en la obligación de medio o de diligencia, el deudor no garantiza un resultado, sino el colocar toda la diligencia o pericia de su oficio para «tratar de obtenerlo». El incumplimiento de las obligaciones de resultado hace presumir la culpa,

El Derecho venezolano establece dos sistemas de responsabilidad en el caso de existencia de enfermedades o accidentes de trabajo. Por su parte, el Inpsasel no ha sido tímido en declarar la existencia de enfermedades ocupacionales al comprobarse casos de hostigamiento psicológico en el trabajo.

La Lopcymat establece un sistema de responsabilidad subjetivo, por lo que debe demostrarse el incumplimiento de las normas de seguridad y que tal incumplimiento fue condicionante para la existencia del daño. Por su parte, el Código Civil (artículo 1185) a la par de la Lopcymat establece responsabilidad subjetiva para el caso de los daños materiales, debiendo demostrarse el hecho ilícito del patrono.

El DLOTT refiere a la legislación especial en la materia sobre el tema de responsabilidad por enfermedades ocupacionales[260]. Sobre el carácter

---

en tanto que esta debe ser probada por el acreedor en las obligaciones de medio o de diligencia. Véase: Zambrano Velasco, José A.: *Teoría general de la obligación (parte general de las obligaciones). La estructura.* Caracas, Editorial Arte, 1985, p. 267, el fin de la prestación puede incorporarse a esta o quedar afuera. En las prestaciones de resultado, el fin forma parte de la prestación como el contrato de obra. Si la prestación del deudor no se extiende más allá del comportamiento con independencia del resultado, prestación es de actividad o de medio, como es el caso de la prestación de servicios profesionales. Cuando el deudor se obliga a un resultado *a priori* es responsable si no lo obtiene. El deudor de la obligación de medio responde solo en tanto no actúe con diligencia, según prueba que incumbe al acreedor; Madrid Martínez, Claudia: *La responsabilidad civil derivada de la prestación de servicios. Aspectos internos e internacionales*, Caracas, Academia de Ciencias Políticas y Sociales, Serie Tesis 4, 2009, p. 89, en las de resultado el incumplimiento se configura por la ausencia del objetivo específico prometido; el acreedor debe probar la existencia de la obligación y su incumplimiento, solo que la prueba del incumplimiento en la obligación de medio incluye la culpa.

[260] En este sentido, el artículo 43 del Dlott expresamente señala lo siguiente: «Todo patrono o patrona garantizará a sus trabajadores o trabajadoras condiciones de seguridad, higiene y ambiente de trabajo adecuado, y son responsables por los accidentes laborales ocurridos y enfermedades ocupacionales acontecidas a los trabajadores, trabajadoras, aprendices, pasantes, becarios y becarias en la entidad de trabajo,

orgánico del DLOTTT y su mecanismo de promulgación nos hemos referido en otras ocasiones[261].

---

o con motivo de causas relacionadas con el trabajo. La responsabilidad del patrono o patrona se establecerá exista o no culpa o negligencia de su parte o de los trabajadores, trabajadoras, aprendices, pasantes, becarios o becarias, y se procederá conforme a esta Ley en materia de salud y seguridad laboral.

[261] Véase: Pró-Rísquez, Juan Carlos: *La tercerización y la subcontratación en el marco del Decreto Ley Orgánica del Trabajo, los Trabajadores y las Trabajadoras*. Caracas, Legislación Económica, C. A., 2015, pp. xxv-xxvii. La Constitución de la República Bolivariana de Venezuela (Constitución vigente) –Disposición Transitoria Cuarta, Numeral Tercero– ordenó a la Asamblea Nacional la obligación de reformar, durante el primer año contado a partir de su instalación, la Ley Orgánica del Trabajo (LOT), imponiéndole la consagración de cambios sustanciales, particularmente en lo relacionado con el régimen de las prestaciones sociales, su prescripción decenal, amén de otras modificaciones vinculadas con la reglamentación de la jornada y su progresiva reducción. Transcurrido el lapso referido sin haberse materializado en el seno de la Asamblea Nacional la normativa correspondiente, la Sala Constitucional del Tribunal Supremo de Justicia declaró con lugar la solicitud de inconstitucionalidad por omisión sometida a su consideración. En consecuencia, le otorgó un plazo de seis meses, contado a partir de la publicación del fallo, para preparar, consultar, discutir y sancionarla, señalando expresamente en su decisión que «la Asamblea Nacional era el único órgano competente (…) para dictar la legislación laboral». No obstante lo anteriormente expuesto, se derogó completamente la LOT mediante la promulgación del Decreto contentivo del DLOTTT, se pretendió fundamentar en la Ley que autoriza al presidente de la República para dictar decretos con rango, valor y fuerza de ley en las materias que se delegan, del 17 de diciembre de 2010, por un lapso de 18 meses, artículo 1.9. A partir de noviembre de 2011, una declaración presidencial causó revuelo e incertidumbre, al anunciarse que la tan esperada reforma de la LOT sería hecha por esta vía. La afirmación antedicha vino acompañada de un recordatorio casi instantáneo a la sentencia N.º 1168 de 15 de junio de 2004 de la Sala Constitucional del Tribunal Supremo de Justicia, que declaró a la Asamblea Nacional «como único órgano competente» para dictar la tan esperada legislación del trabajo. La declaración de la Sala Constitucional del Máximo Tribunal causó poca sorpresa al ser difundido: era lógico pensar que una ley de tanta importancia como la laboral solo podía dictarla el órgano legislativo nacional, mediante su proceso ordinario de discusión y participación ciudadana normalmente utilizado. Tal asunción proviene de la concepción primigenia de la actividad parlamentaria; las leyes son el instrumento del pueblo para regularse a sí

Por otro lado, la jurisprudencia patria señala que el Código Civil adopta la teoría del riesgo profesional, estableciendo una responsabilidad objetiva por los daños morales sufridos por el trabajador[262]. Tal responsabilidad existe si se cumplen dos elementos: i. la existencia del daño; y, ii. la prestación del servicio.

De manera que, dependiendo del tipo de resarcimiento que espera el trabajador afectado, la responsabilidad es objetiva o subjetiva en el ordenamiento jurídico venezolano.

Al analizar lo referente al tipo de responsabilidad, debemos afirmar que se trata de una «obligación de medios». La Lopcymat utiliza los términos «evitar» y «abstenerse» para referirse a las obligaciones en esta materia, por lo que el patrono deberá demostrar que tomó todas las previsiones necesarias para evitar conductas dañosas en contra de sus trabajadores. Se puede concluir así que el pago del salario es una obligación patronal principal en el contrato de trabajo. A la par de esta, el patrono tiene la obligación de asegurar que el trabajo se realice en condiciones seguras y en un ambiente de trabajo saludable; el patrono que condone la existencia de un

---

mismo, deben ser promulgadas por el órgano electo por el soberano para así asegurarse que sean la expresión de su verdadera voluntad. La reserva legal ciertamente se imponía en la materia por su singular naturaleza y por el mandato claro e inequívoco de la Constitución. Al mismo tiempo, con este origen sería posible resguardar el aspecto público del debate de la nueva preceptiva, además de la participación de la totalidad de sectores productivos interesados: trabajadores de las distintas organizaciones, empleadores y organizaciones sindicales reconocidos por la Organización Internacional del Trabajo (OIT) y el Gobierno, con miras a obtener una legislación consensual apta para garantizar la estabilidad económica y social del país y su más sano desarrollo. Las expectativas colectivas no se actualizaron en la realidad: aun cuando se designó una «Comisión presidencial para la creación y redacción de una nueva LOT», su elaboración resultó de la labor unilateral del Ejecutivo Nacional, sin la participación de los actores claves del escenario laboral venezolano.

[262] La jurisprudencia venezolana lo asimila al riesgo por la guarda de cosas consagrado en el artículo 1193 del Código Civil.

ambiente de trabajo tóxico tanto física como mentalmente para sus trabajadores, incumple su deber de prevención y seguridad; el hostigamiento psicológico laboral es un fenómeno complejo, cuyo estudio se ha incrementado
en los últimos tiempos; el patrono es responsable por los daños causados
al trabajador por la violencia psicológica de la que sea objeto en el trabajo.

Capítulo III

Regulación jurídica del hostigamiento psicológico laboral, crisis del trabajo y Estado social, de Derecho y de justicia

III.1. Generalidades

Si bien las normas son indispensables para el establecimiento de las sanciones correspondientes, no cabe duda que también lo son para el instauración de las políticas públicas. El Estado venezolano tiene la obligación de cumplir con los tratados de derechos humanos y debe fomentar programas y medidas de toda índole para la promoción y protección de tales derechos, en este caso, debe impulsar la creación de entornos libres de acoso y mejorar la comunicación, la responsabilidad y la competencia de las direcciones a la hora de abordar conflictos e implicar a los trabajadores y a sus representantes en la evaluación de riesgos y la prevención del hostigamiento psicológico.

Según afirman Blanco y Parada, el trabajo no dignifica a la persona[263]. Todos los beneficios del trabajo son consecuencia directa de las relaciones interpersonales, puesto que su origen es la naturaleza humana. Estos beneficios, excepción hecha de los económicos, son igualmente predicables de cualquier trabajo, sea o no remunerado, si se dan las condiciones para ellos.

---

[263] Blanco, M. y L. Parada: «La dignidad y el *mobbing* en un Estado social y democrático de Derecho». Recuperada en http://www.psiologia-online.com/colaboradores/mjblanco/mobbing.shtml. Edición en papel de la *Revista Prevention.word*, artículo de portada del N.° 00.

Sobre este aspecto, BLANCO-BAREA[264] promueve la concepción de trabajo basada en un Estado social y democrático de Derecho. Entendemos que el trabajo es un aspecto más de la vida, ciertamente importante para el desarrollo de la persona, pero que su dignidad no depende de la capacidad laboral, las posibilidades de trabajo, la categoría profesional, ni de su posición en el escalafón de las empresas. Sin embargo, es un aspecto de importancia capital en el libre desenvolvimiento de la personalidad. En consecuencia, para nosotros es inaceptable que factores como el desempleo y el subempleo sean tomadas como excusas para aceptar conductas que atentan con la dignidad del trabajador.

La Ley colombiana N.º 1010 de 2006 reconoce o menciona ciertas conductas de hostigamiento psicológico laboral, tales como maltrato, persecución, discriminación, entorpecimiento, inequidad, desprotección laboral[265].

Ahora bien, consideramos que muchas veces la amenaza del desempleo contribuye a que la arrogancia y el cinismo se conviertan en métodos de dirección. En un sistema donde la competencia[266] y la dureza se vuelven

---

[264] BLANCO-BAREA, María José: «¿Una legislación antiacoso psicológico?». En: *Lan-Harremanak-Revista de Relaciones Laborales*, N.º 7 (Reflexiones y preguntas sobre el acoso psicológico laboral o *mobbing*), Vizcaya, Universidad del País Vasco, 2002, p. 108.

[265] GÜIZA y CAMACHO, ob. cit., pp. 49-60.

[266] Véase: RAMÍREZ, Patricia: «¿Tu compañero de trabajo es un trepa?». *El País*, 30-07-17, https://elpais.com/elpais/2017/07/30/eps/1501365918_150136.html, El síndrome de Procusto define a aquellos que, al verse superados por el talento de otros, deciden menospreciarlos. Incluso deshacerse de ellos. El miedo los lleva a vivir en una continua mediocridad, donde no avanzan ni dejan que otros lo hagan. Aquel que sufre el síndrome de Procusto puede terminar desencadenando un trastorno psicológico. Nos han educado en valores como el esfuerzo, la disciplina, la responsabilidad y la perseverancia. El hecho de ser castigado y humillado por aportar algo a una organización es contradictorio con esos valores. Las consecuencias pueden ser devastadoras personal y laboralmente para la víctima, que se verá limitada, cuestionada o ridiculizada. Los efectos también son nefastos para la organización, que pierde ideas, innovación y una sana capacidad de competencia. Un empresario

normas; la competición a cualquier precio se considera saludable y los per-
dedores son rechazados. Ante esto, surge una categoría de individuos que,
por temor a la confrontación, no proceden directamente para obtener el
poder, sino que manipulan solapadamente o sádicamente a fin de obtener
su sometimientos, realzando en definitiva su propia imagen. En nuestro
país, donde la libertad de terminar la relación laboral por causa unilateral
del patrono que no se encuentre justificada en un ordenamiento legal (artículo 79 del DLOTT), ha sido seriamente limitada por la inamovilidad laboral decretada desde el año 2002, con diferentes prórrogas hasta el año
2018, los cuales impiden que, aún por motivos justificados, se pueda terminar unilateralmente la relación de trabajo, pues el ente encargado de
autorizar los despidos –por ejemplo, la Inspectoría del Trabajo– rara vez
concede el permiso necesario para la referida terminación.

Según Hirigoyen[267], ningún especialista discute que, en los grupos que trabajan sometidos a una gran presión, los conflictos nacen más fácilmente.
Las nuevas formas de trabajo que persiguen mejorar los resultados de las
empresas sin tener en cuenta el factor humano generan tensión laboral.

Como desarrollaremos más adelante, la tensión laboral –llamada también estrés– a su vez, afecta negativamente a la salud de las personas –generando síndromes como ansiedad, estrés, depresión, fobias, etc.[268]–. Sin
embargo, ello aún no ha sido reconocido directamente y expresamente por
la legislación venezolana como enfermedad profesional o como una causa
justificada de retiro del trabajador.

_____

o un gestor inteligente siempre debería querer rodearse de personas más capacitadas,
más creativas y más ingeniosas que él. Tener talento y aportar un valor añadido en
un trabajo es la mejor manera de innovar y crecer. El miedo a verse superado lleva
a muchas personas a vivir en una continua mediocridad.

[267] Hirigoyen, ob. cit., p. 69.
[268] Barbado, Patricia B.: «La necesidad del tratamiento legal de la violencia laboral en
la Argentina de hoy». En: *Jurisprudencia Argentina*, 2005-II, 27 de abril de 2005.
http://www.acosomoral.org/juric29.htm. [enero 4, 2010, 5:59 pm].

No obstante, a nivel doctrinario encontramos, entre otros, a GONZÁLEZ FUENMAYOR[269], quien recomienda la inclusión expresa del *mobbing* como otra causal de retiro justificado del trabajador. Asimismo, el referido autor opina que el *mobbing* bien puede considerarse como un detonante de enfermedades ocupacionales[270], lo cual ya ha sido reconocido por diversos ordenamientos jurídicos[271], como se estudiará más adelante.

Creemos que existen varias manera de deshacerse de un trabajador molesto al que no se le puede reprochar nada: i. se reestructura su departamento de forma que su puesto quede suprimido; ii. se le asigna una tarea difícil y se investigan sus puntos débiles hasta que incurre en una falta grave que pueda justificar su despido; iii. se le maltrata psicológicamente con el objetivo de hundirlo y de forzar su retiro voluntario.

Ante estos planteamiento, nos permitimos afirmar que el trabajo está en crisis, puesto que las relaciones de producción basadas en un trabajador con trabajo permanente y estable y un salario suficiente para satisfacer las necesidades propias y las de su familia han sido sustituidas internacionalmente por la inestabilidad y precariedad añadiendo una complejidad adicional en las interrelación personal en la prestación laboral. Ante esta situación, el artículo 2 de la Constitución Nacional prevé que la República Bolivariana

---

[269] GONZÁLEZ FUENMAYOR, *Nueva causal de retiro…, passim.*

[270] Ibíd., pp. 119 y ss.

[271] Véase: OLARTE ENCABO, Sofía: «La incidencia del acoso moral en el ámbito del sistema de seguridad social: hacia la equiparación de las enfermedades psicolaborales». En: *Acoso moral en el trabajo. Concepto, prevención, tutela procesal y reparación de daños.* Manuel CORREA CARRASCO (Coord.), Navarra, Aranzadi S. A., 2006, pp. 155-186. Indica la autora: «Las enfermedades psicolaborales –*mobbing, bossing, bulling, burn out…*–, todas ellas, exigen un tratamiento jurídico unitario, al menos en sus elementos esenciales. La culpabilidad o no del sujeto causante, la predisposición genética del acosado o sus antecedentes médicos son irrelevantes. En el Derecho de la Seguridad Social lo decisivo es que hay lesión y nexo causal, y en este sentido para su consideración como riesgo profesional, es irrelevante la causa del *mobbing* o no» (ibíd., p. 182).

de Venezuela se constituye en un Estado democrático –de participación política de los ciudadanos– y social –se analizará más adelante– de Derecho –en donde el poder únicamente se ejerce a través de normas jurídicas– y de justicia.

Se ha presentado internacionalmente un fenómeno jurídico interesante en relación con el hostigamiento psicológico laboral, pues la ausencia de una tipificación expresa del mismo no ha sido óbice para su sanción por la vía judicial en otros países. Esto último es especialmente significativo, ya que demuestra el grado de asentamiento que ha adquirido la noción de ciudadanía, así como el procedimiento de tutela para conocer, resguardar y sancionar actos lesivos de derechos fundamentales, como ocurre con el acoso psicológico laboral[272].

Sin embargo, tal como señaló la Sala Constitucional (SC) del Tribunal Supremo de Justicia (TSJ) en fecha 24 de enero de 2002 con ocasión de la demanda de derechos e intereses difusos o colectivos ejercida por la Asociación Civil Deudores Hipotecarios de Vivienda Principal (Asodeviprilara) y otros contra de la Superintendencia de Bancos y otras Instituciones Financieras, así como en contra del Consejo Directivo del Instituto para la Defensa y Educación del Consumidor y el Usuario (Indecu)[273]: «La Constitución Nacional en su artículo 2 no define que

---

[272] Caamaño Rojo, *La noción…*, p. 219.
[273] TSJ/SC, sent. N.º 85 de 24-01-02 con ocasión de la demanda de derechos e intereses difusos o colectivos ejercida por Asodeviprilara y otros contra de la Superintendencia de Bancos y Otras Instituciones Financieras, así como en contra del Consejo Directivo del Ndecu, por la abstención de los cumplimientos de sus actos y de los deberes que les imponen sus cargos, materializándose así la violación de derechos y garantías constitucionales que ha posibilitado que numerosísimos bancos y entidades de ahorro y préstamo el otorgamiento de créditos hipotecarios y comerciales, con reserva de dominio, o quirografarios, denominados: crédito mexicano indexado al salario. Recuperada en http://www.tsj.gov.ve/decisiones/scon/Enero/85-240102-01-1274%20.htm. [enero 4, 2010, 6:00 pm].

debe entenderse por Estado social de Derecho, ni cual es su contenido jurídico. Sin embargo, la Carta Fundamental permite ir delineando el alcance del concepto de Estado social de Derecho desde el punto de vista normativo, con base en diferentes artículos, por lo que el mismo tiene un contenido jurídico, el cual se ve complementado por el Preámbulo de la Constitución Nacional y los conceptos de la doctrina, y permiten entender que es el Estado social de Derecho, que así deviene en un valor general del Derecho Constitucional venezolano».

Por tal motivo, en la referida sentencia[274] la Sala Constitucional del Máximo Tribunal confirió contenido a esta forma de Estado social de Derecho de Venezuela, al establecer que en virtud de las desigualdades reales existentes entre las clases sociales, sobre todo, a nivel económico, el objetivo del Estado venezolano será la armonización de estas diferencias, para lo cual podrá i. condicionar las relaciones económicas dictando medidas para planificar y regular la economía, y ii. exigir de la iniciativa privada su contribución con la paz social y con la consecución del bienestar social general.

En este sentido, la referida Sala Constitucional sostuvo lo siguiente:

> A juicio de esta Sala, el Estado social debe tutelar a personas o grupos que en relación con otros se encuentran en estado de debilidad o minusvalía jurídica, a pesar del principio del Estado de Derecho liberal de la igualdad ante la ley, el cual en la práctica no resuelve nada, ya que situaciones desiguales no pueden tratarse con soluciones iguales.
>
> El Estado social para lograr el equilibrio interviene no solo en el factor trabajo y seguridad social, protegiendo a los asalariados ajenos al poder económico o político, sino que también tutela la salud, la vivienda, la educación y las relaciones económicas, por lo que el sector de la Carta

---

[274] Ídem.

Magna que puede denominarse la «Constitución económica» tiene que verse desde una perspectiva esencialmente social.

El Estado social va a reforzar la protección jurídico-constitucional de personas o grupos que se encuentren ante otras fuerzas sociales o económicas en una posición jurídico-económica o social de debilidad, y va a aminorar la protección de los fuertes. El Estado está obligado a proteger a los débiles, a tutelar sus intereses amparados por la Constitución, sobre todo a través de los tribunales; y frente a los fuertes, tiene el deber de vigilar que su libertad no sea una carga para todos. Como valor jurídico, no puede existir una protección constitucional a expensas de los derechos fundamentales de otros. Tal como decía Ridder, «… el Estado se habilita para intervenir compensatoriamente, desmontando cualquier posición de poder siempre que lo estime conveniente», pero, agrega la Sala, fundado en la ley y en su interpretación desde el ángulo de los conceptos que informan esta forma de Estado.

El Estado social, trata de armonizar intereses antagónicos de la sociedad, sin permitir actuaciones ilimitadas a las fuerzas sociales, con base al silencio de la ley o a ambigüedades de la misma, ya que ello conduciría a que los económicos y socialmente mas fuertes establezcan una hegemonía sobre los débiles, en la que las posiciones privadas de poder se convierten en una disminución excesiva de la libertad real de los débiles, en un subyugamiento que alienta perennemente una crisis social.

La aplicación del Estado democrático, social, de Derecho y de justicia en el trabajo es la liberación de toda opresión o sometimiento de la fuerza personal del trabajador y el respeto de su dignidad, luego, es esa la noción que debería imponerse en todos los sitios de trabajo.

En razón de lo anterior, tenemos que no solo es una obligación de los empleadores prevenir conductas que de alguna manera lesionen los derechos fundamentales de sus trabajadores sino que, el Estado venezolano es también responsable de reforzar la protección jurídico-constitucional de personas o grupos que se encuentren ante otras fuerzas sociales o económicas en una posición jurídico-económica o social de debilidad, o lo que es lo mismo, tiene la obligación de garantizar las condiciones laborales suficientes para que los débiles jurídicos no sean sometidos, hostigados o acorralados en sus relaciones de trabajo[275].

III.2. El hostigamiento laboral y la salud del trabajador. Referencia al estrés en el trabajo

Somos de la opinión que las conductas de persecución psicológica o de hostigamiento laboral no constituyen una simple violación de los derechos profesionales, sino que se trata de comportamientos que tienen por consecuencia un daño en la salud del trabajador afectado por un hostigamiento psicológico a causa del estrés extremo que se genera.

A nivel social y profesional la excesiva exposición a conductas de hostigamiento psicológico puede ocasionar en la víctima el desarrollo de patologías graves o agravar las patologías existentes, pudiéndose desarrollar cuadros depresivos graves e incluso tendencias suicidas, tal como lo reflejan las estadísticas que mencionamos al inicio de la presente investigación.

Martín y Pérez[276] afirman que el *mobbing* podría considerarse como una forma característica de estrés laboral que presenta la particularidad que no ocurre exclusivamente por causas directamente relacionadas con el desempeño del trabajo o con su organización, sino que tienen su origen en

---

[275] Vale recordar que las omisiones en la protección de los derechos de la persona por parte del Estado, puede colocar a este en el ámbito de la violación de los «derechos humanos» por vía de omisión.

[276] Martín Daza, Félix y Jesús Pérez: «NPT 476 el hostigamiento psicológico en el trabajo-*mobbing*». Recuperado de http://www.Internet.mtas.es/insht/ntp/ntp_476. htm [septiembre 29, 2005, 9:20 pm].

las relaciones interpersonales que se establecen en cualquier empresa entre los distintos individuos. Afirman que la víctima no sabe cómo afrontar estas situaciones de hostilidad ni sabe cómo controlar las reacciones emocionales que le produce dicho proceso, siendo que el fracaso en el afrontamiento de dichas situaciones y en el control de la ansiedad desencadena una patología propia del estrés, que se va cronificando y agravando física y psicológicamente de manera progresiva.

Ahora bien, ¿qué es el estrés laboral? No podemos dar respuesta a dicha interrogante, sin antes adentrarnos a lo que en esta materia han señalado los expertos. En este sentido, según sostiene la Agencia Europea para la Seguridad y la Salud en el Trabajo[277], en doctrina existen al menos tres enfoques distintos acerca de la concepción del estrés. La primera de las posiciones –técnica– concibe al estrés laboral como una característica nociva o adversa del entorno de trabajo. El segundo enfoque tiende a los efectos fisiológicos del estrés, siendo que lo define como una respuesta fisiológica frente a un entorno perjudicial o amenazador. Y finalmente, la tercera corriente se inclina por conceptualizar el estrés como interacción dinámica problemática entre la persona y su entorno laboral.

Lo que genera estrés por lo general es el ajuste deficiente de la persona a su entorno. Imaginemos un zapato que no nos sienta bien, ya sea porque es más grande o más pequeño a nuestra talla; en ambos casos si lo utilizamos por un período prolongado seguramente sufriremos lesiones en nuestros pies. Lo mismo ocurre con las situaciones en donde el trabajador no «calza» dentro de las exigencias de su entorno, ya sea porque estas son mayores a aquellas bajo las cuales físicamente puede funcionar o, por el contrario, no realiza actividades acordes con sus capacidades y habilidades, sino unas

---

[277] European Agency for Safety and Health at Work. *Research on Work-Related Stress*. Luxemburgo Office for Official Publications of the European Communities, 2002, Recuperado en: http://agency.osha.eu.int/publications/reports/stress/toc.php3 [septiembre 5, 2005, 7:50 pm].

muy por debajo de ellas, o incluso porque los miembros de la organización para la cual presta servicios despliegan contra ésta conductas de hostigamiento. En todos estos casos, el individuo no se ajusta a su entorno y probablemente podría llegar a sufrir trastornos producto de tal desajuste.

Ahora, partiendo de la premisa de que todo trabajo genera estrés, no siempre debe considerarse que el estrés es una experiencia nociva que debe eliminarse. Por el contrario, según afirman Aguayo y Lama[278], el estrés puede ser un fenómeno adaptativo de los seres humanos que contribuye a obtener un adecuado rendimiento o desempeño eficaz en su actividad, pero lo que resulta negativo es que esta experiencia sea excesiva, incontrolada o incontrolable.

Ante esta posición nos surge la siguiente interrogante: ¿qué ocurre en nuestro organismo cuando nos encontramos en situaciones de estrés? Existen numerosos estudios sobre este aspecto. Sin ánimos de convertir nuestra investigación en un instrumento de disertaciones psicológicas, clínicas o médicas, acudimos a la explicación que de manera sencilla nos ofrece Whittington[279] a través de la clásica descripción de la reacción del ratón –ser humano– ante el estrés: alarma, seguida de resistencia y, si fallan los mecanismos corporales de resistencia, agotamiento.

Sobre este aspecto, Korturn-Margor señala que «el estrés activa una alarma en el cerebro y este responde preparando al organismo para emprender acciones defensivas. El sistema nervioso se activa y se liberan hormonas que agudizan los sentidos, aceleran el pulso, aumentan la capacidad inspiratoria y tensionan los músculos»[280].

---

[278] Aguayo, Francisco y Juan Lama: «El estrés ocupacional: una perspectiva ergonómica y su protección en el diseño organizacional». En: *Boletín de Factores Humanos*, N.° 18, diciembre, 1998.

[279] Whittington, H.: *Stress: A Psychiatrists Realistic holistic Approach*. Savvy, 1981.

[280] Kortum-Margor, E.: «Factores psicosociales que influyen en el trabajo». En: *Red Mundial de la Salud Ocupacional*, N.° 2, Publicación de Global Occupational Health Network (Gohnet). Invierno 2001-2002, p. 8.

Continúa Korturn-Margor indicando que los episodios de estrés de corta duración o poco frecuentes no representan un riesgo importante. Sin embargo, cuando las situaciones estresantes siguen sin resolverse durante mucho tiempo, el organismo se mantiene en un estado de activación constante que aumenta su ritmo de deterioro. Por último, el sistema inmunitario del organismo se ve seriamente comprometido, sobreviene la fatiga y se producen las lesiones. En consecuencia, aumenta el riesgo de aparición de traumatismos y enfermedades[281].

En otras palabras, inicialmente el estrés puede dinamizar la actividad del individuo provocando un proceso de incremento de recursos –atención, memoria, rendimiento, etc.– que hace aumentar la productividad, pero cuando este proceso de activación es muy intenso o dura mucho tiempo, los recursos se agotan y llega el cansancio, así como la pérdida del rendimiento, incluso la afectación de la salud del sujeto de que se trate.

Las consecuencias negativas del estrés laboral son de diversa índole. Cano[282] afirma que el estrés laboral podría influir negativamente en la salud de la víctima de varias maneras: i. por los cambios de hábitos relacionados con la salud[283], también identificados como efectos

---

[281] Ídem.

[282] Cano, Antonio: «Consecuencias del estrés laboral». Recuperado en: http://www.ucm.es/info/seas/estres_lab/consecue.htm [enero 4, 2010, 6:05 pm].

[283] Ídem. En efecto, Cano sostiene que el estrés modifica los hábitos relacionados con salud, de manera que con las prisas, la falta de tiempo, la tensión, etc., aumentan las conductas no saludables, tales como fumar, beber, o comer en exceso, y se reducen las conductas saludables, como hacer ejercicio físico, guardar una dieta, dormir suficientemente, conductas preventivas de higiene, etc. Estos cambios de hábitos pueden afectar negativamente a la salud y, por supuesto, pueden desarrollarse una serie de adicciones, con consecuencias muy negativas para el individuo en las principales áreas de su vida, como son la familia, las relaciones sociales, el trabajo, la salud, etc. A su vez, advierte Cano, que el desarrollo de hábitos perniciosos para salud, como es el caso de las adicciones, hace aumentar el estrés, cerrándose el círculo vicioso del proceso; Fernández Garrido, ob. cit., pp. 28 y 29, entre sus consecuencias

conductuales[284], ii. por las alteraciones producidas en los sistemas fisiológicos −como el sistema nervioso autónomo y el sistema inmunológico−[285],
tales como «aumento de catecolamina y corticoides en sangre y orina, eleva-
ción de los niveles de glucosa sanguíneos, incremento del ritmo cardíaco y
de la presión sanguínea, exudación, etc.»[286], y iii. por los cambios cognitivos
−pensamientos− que pueden afectar a la conducta, las emociones y la salud.
En estos casos, según nos comentan Aguayo y Lama[287], la víctima se siente
incapaz de tomar decisiones y concentrarse, presenta olvidos frecuentes,
hipersensibilidad a crítica y bloqueo mental.

En razón de estas disertaciones, coincidimos con la publicación del European Journal of Work and Organizational Psychology[288] en tanto que
el *mobbing* es «un estresor social extremo que produce reacciones de estrés, que a su vez pueden resultar estresantes sociales para otros». Como ya
lo hemos dicho, el *mobbing* es un problema ciertamente complejo. Al ser un
estresor[289], produce estrés y de esta manera acciona patologías en la víctima

---

se ubican la calidad de vida, la salud, pérdida económica. Se aprecia igualmente
impacto en los testigos que presencian el acoso.

[284] Aguayo y Lama, ob. cit.

[285] Cano, ob. cit., «el estrés puede producir una alta activación fisiológica que, mante-
nida en el tiempo, puede ocasionar disfunciones psicofisiológicas o psicosomáticas,
tales como dolores de cabeza tensionales, problemas cardiovasculares, problemas
digestivos, problemas sexuales, etc.». A su vez, el estrés puede producir cambios
en otros sistemas, en especial puede producir una inmunodepresión que hace aumentar el riesgo de infecciones −como la gripe− y puede aumentar la probabilidad
de desarrollar enfermedades inmunológicas, como el cáncer.

[286] Aguayo y Lama, ob. cit.

[287] Ídem.

[288] European Journal of Work and Organizational Psychology: *Mobbing laboral*,
citado *supra*.

[289] Aguayo y Lama, ob. cit., estos autores definen los estresores ocupacionales como el
conjunto de situaciones físicas o psicosociales de carácter estimula, sensorial o in-
trapsíquico, ante las cuales las personas suelen experimentar estrés que se dan en
el trabajo factores.

que a su vez, generan nuevas conductas que causan mayor estrés y con ello, nuevas patologías o deficiencias psicofisiológicas.

No obstante lo anterior, estamos convencidos de que el estrés en el lugar de trabajo se puede detectar precozmente, pues suele venir acompañado de algunos síntomas como: quejas numerosas sin presentar soluciones, dificultad generalizada para desempeñar actividades sencillas y cotidianas, incumplimiento de la jornada de trabajo por parte del personal –llegadas tardías y salidas tempranas–, entre otros. Luego, corresponde al empleador detectar el problema a tiempo, de lo contrario, las consecuencias tanto físicas como psicológicas de la víctima de acoso psicológico pueden ser graves ocasionando incluso enfermedades o accidentes ocupacionales; tema este que será abordado en las páginas siguientes del presente trabajo.

Efectos del acoso sobre la salud del trabajador afectado[290]

Efectos cognitivos e hiperreacción	Olvido y pérdidas de memoria Dificultades para concentrarse Decaimiento, depresión Apatía, falta de iniciativa Irritabilidad	Inquietud, nerviosismo Agitación Agresividad, ataques de ira Sentimientos de inseguridad Hipersensibilidad a los retrasos
Síntomas psicosomáticos[291] de estrés	Pesadillas, sueños vividos Dolores de estómago y abdominales Diarreas, colon irritable Vómitos Náuseas	Falta de apetito Sensación de nudo en la garganta Llanto Aislamiento
Síntomas de desajuste del sistema nervioso autónomo	Dolores en el pecho Sudoración Sequedad en la boca Palpitaciones	Sofocos Sensación de falta de aire Hipertensión Hipotensión arterial neuralmente inducida
Síntomas de desgaste físico producido por un estrés mantenido durante mucho tiempo	Dolores de espalda dorsales y lumbares	Dolores musculares Dolores cervicales
Trastornos del sueño	Dificultad para conciliar el sueño Sueño interrumpido	Despertar temprano
Cansancio y debilidad	Fatiga crónica Flojedad en las piernas Debilidad	Desmayos Temblores

---

[290] Piñuel y Zabala, ob. cit., p. 43. Véase también: Córdova, *Análisis...*, pp. 34-38; Basile, ob. cit., Entre los cuadros clínicos que se pueden observar como consecuencia del *mobbing*, prevalecen las enfermedades mentales y las psicosomáticas. En el plano psicopatológico pueden aparecer síndromes de ansiedad, estrés, depresión –simple o mayor–, fobias, trastornos del sueño –insomnio– o *surmenage*. El complejo orgánico funcional puede presentar problemas digestivos, dolores y alteraciones musculares o esqueléticas, taquicardia, palpitaciones, migrañas, síndromes de fatiga crónica,

III.3. Regulación normativa del hostigamiento psicológico en el Derecho comparado

En el ámbito mundial, tal como lo afirmó el anterior secretario general de las Naciones Unidas Kofi A. Annan[292], aun cuando la Declaración

de colon irritable, dolores torácicos y cervicales, hipertensión arterial y sus secuelas, angina de pecho, síndrome intermedio, infartos de miocardio, trastornos dermatológicos, variaciones anormales del peso corporal, trastornos alimentarios, etc. Los trastornos sociales más comunes que genera el *mobbing*, son el aislamiento de los compañeros de trabajo por temor a represalias patronales, incomprensión familiar, separación, divorcio, abandono familiar, etc. En el contexto médico-legal, se destacan los gastos médicos y de psicoterapia por la producción de reacciones vivenciales anormales de distinta índole y con menor frecuencia trastornos psicóticos diversos –depresión mayor y otras psicosis– con una importante tendencia al suicidio; Ausfelder, ob. cit., pp. 77 y 78, es muy importante que tanto los médicos como las personas que sufran el acoso laboral sepan reconocer si los trastornos de salud que padecen son provocados por el mal ambiente de la empresa. Pensemos que si solo se tratan los síntomas, las causas continuarán activas y los trastornos se convertirán en enfermedades crónicas. Las molestias más frecuentes suelen ser: migrañas y dolores de cabeza; estados de agotamiento; problemas circulatorios; sudoración excesiva; alteraciones del sueño; molestias del corazón; dolores de estómago y de la vesícula; diversas molestias del sistema nervioso;—zumbidos en los oídos. Durante sus investigaciones, el profesor Leymann detectó los siguientes síntomas en las víctimas de acoso laboral: dolores de cabeza: 51 %; dolores de espalda: 44 %; alteraciones del sueño: 41 %; depresiones: 41 %; irritabilidad: 41 %; dolores de las cervicales: 36 %; falta de concentración: 35 %; crisis de inseguridad: 32 %; despertarse por las noches: 32 %. La mente también reacciona frente al acoso. Según Berndt Zuschlag, experto en casos de acoso laboral, las siguientes enfermedades se presentan como las más frecuentes entre las víctimas: agitación; desasosiego; depresiones; pérdida de estímulos; llantos convulsivos; estados de ánimo agresivos y de irritación; estados de paranoia; manía persecutoria; —falta de confianza en uno mismo, inseguridad—; hipersensibilidad (sentimentalismo); pesadillas; problemas de concentración; perturbaciones de la memoria; sentimiento de desesperación; tendencias suicidas.

[291] Véase: Güiza y Camacho, ob. cit., p. 25, se distinguen tres efectos de daños: psíquico, físico o psicosomático y social.

[292] Annan, Kofi A.: «Salud y seguridad en el trabajo: máxima prioridad en el programa de acción mundial, internacional y nacional». En: *Red Mundial de la Salud Ocupacional*, N.° 1, Publicación de Global Occupational Health Network (Gohnet), p. 4.

Universal de Derechos Humanos, aprobada por la Asamblea General de las Naciones Unidas en 1948, reconoce el derecho de todas las personas a unas condiciones de trabajo justas y favorables, lo cierto es que centenares de personas de todo el mundo están empleadas en condiciones que las privan de dignidad y valor.

Sostiene Kofi A. Annan, que debido al papel importante que desempeña el sistema de Naciones Unidas en la formulación de normas, la realización de investigaciones, la prestación de asistencia técnica y la sensibilización pública, se han producido iniciativas como el «Programa Mundial sobre Seguridad y Salud en el Trabajo y el Medio Ambiente» de la Organización Internacional del Trabajo y la «Estrategia Mundial de Salud Ocupacional para Todos» de la Organización Mundial de la Salud. Sin embargo, creemos que el problema no se resuelve exclusivamente con la firma de tratados o convenios internacionales promovidos por las Naciones Unidas; hacen falta programas de capacitación e información tanto a empleadores como a trabajadores sobre el acoso psicológico en el trabajo y sus formas de prevención.

A nivel internacional observamos una tendencia de prevención del acoso laboral en el trabajo en países como Suiza[293], Francia[294], Bélgica[295], Italia[296], Canadá[297], Finlandia[298] y Reino Unido[299].

---

[293] Código del Trabajo, artículos 321 y 328 referentes al deber de protección.

[294] Ley N.º 11 2002-72 del 17 de enero de 2002. El Capítulo IV de esta Ley está referido a la lucha contra el acoso moral en el trabajo. Véase: Moralo Gallego, ob. cit., pp. 140 y 141, Ley de Modernización del Empleo (*Loi* 2002-73), de 17 de enero de 2002 ha modificado el artículo L-122-49 del *Code du Travail*. Solamente regula el *bossing* y no el *mobbing* horizontal, ni el ascendente. Reforma también el Código Penal tipificando el *harcélement moral*, castigándolo no solo con multa, sino incluso con prisión. *La Cour de Cassation* francesa, *Chabre Social*, admitió ya en una sentencia del 15 de marzo de 2002 la posibilidad de extinción del contrato a instancia del trabajador que padece *mobbing* (Société France Restauration Rapad contra Gavin).

[295] *Proposition de lo relative au harcélement moral para la dégradation déliberée des conditions de travail.* Senado Belga, Sesión del 28 de abril de 2000. Véase: Moralo

También es uno de los objetivos del Parlamento de la Unión Europea[300].
Por su parte, la legislación escandinava –Suecia[301] y Noruega[302]– reconoce

---

Gallego, ob. cit., p. 142, Ley de 11 de junio de 2000 contra violencia en el trabajo –incluye acoso moral y acoso sexual–. Norma específica que define el acoso
moral y remarca las obligaciones empresariales de prevención –información preventiva, investigación, ayuda a las víctimas, formación preventiva–, diseña instrumentos de mediación –atención psicológica y médica especializada, intervención del
comité para la prevención y protección en el trabajo–. Acoso moral como «todo tipo
de conductas abusivas y repetidas, de cualquier origen, que se manifiestan mediante
palabras, comportamientos, actos, escritos o gestos que tengan por finalidad atentar
contra la personalidad, la dignidad o la integridad física o psíquica del trabajador
o poner en peligro su empleo, o crear un entorno degradante, humillante u ofensivo.
Importa destacar que la ley establece la obligación del empresario de pagar una indemnización adicional, a elección del trabajador, sea al montante tasado correspondiente a la remuneración bruta de seis meses, sea el perjuicio realmente padecido por
el trabajador, debiendo éste probar el alcance de tal perjuicio en este último caso;
Correa Carrasco, *El concepto...*, p. 75, la legislación belga se ha unido al reducido
elenco de países que refieren la figura.

[296] *Legge Regionale* de Lazio de fecha 14 de marzo de 2001. Véase: Moralo Gallego,
ob. cit., pp. 140 y 141, En la Región del Lazio, se dictó la Disposición para prevenir
y combatir el fenómeno del *mobbing* en el lugar de trabajo (14-03-01) que contiene
una lista de acciones, y la creación de un Observatorio Regional del *Mobbing*
–comité de técnicos– de naturaleza consultiva. También en la Región del Piamonte;
Correa Carrasco, *El concepto...*, pp. 77-79.

[297] Véase: Trujillo Pons, ob. cit., p. 95, fue Quebec (2002), Saskatchewan (2007),
Ontario (2009) y la Columbia Británica (2012) las provincias que junto al Gobierno
Federal han actuado con mayor intensidad contra este fenómeno. Agrega que el
1 de junio de 2004 se aprobó la *An Act Respecting Labour Standars* (p. 104).

[298] Véase: *Occupational Safety and Health Act*, 1 de enero de 2003, http://www.finlex.
fi/fi/laki/kaannokset/2002/en20020738.pdf.

[299] Véase: Ley de 21 de marzo de 1997 sobre *Harassment*; Pró-Rísquez, Juan Carlos:
«El acoso en las relaciones de trabajo. *Mobbing* laboral». En: II Congreso Internacional de Derecho del Trabajo y de la Seguridad Social, Isla de Margarita, abril-
mayo 2008, http://slideplayer.es/slide/2877640/.

[300] Ver entre otras: i. Resolución del Parlamento Europeo Sobre el Acoso Moral en el
Lugar de Trabajo (2001/2339, 20 de septiembre de 2001) que propone la elabora-
ción de un Libro Verde por parte de la Comisión Europea; ii. Directiva del Consejo
Europeo (2000/78/CE, 27 de noviembre de 2001) relativa a un marco general para

el derecho de los trabajadores a mantenerse física y mentalmente sanos en su trabajo. Se trata de legislaciones cuyas disposiciones básicas sobre la salud y la seguridad en el trabajo hacen responsables a los empresarios –empleadores– de velar para que los trabajadores no enfermen con ocasión de los servicios prestados, incluso a causa del hostigamiento psicológico laboral. En el Reino Unido también se aprecia igualmente antecedente de 2001[303].

---

la igualdad de trato en el empleo donde se define el acoso; iii. Carta de Derechos Fundamentales de la Unión Europea (diciembre 2000) aunque aún no tiene efectos vinculantes para los países miembros de la Unión Europea; Arbonés Lapena, ob. cit., p. 15.

[301] *Ordinance of the Swedish National Board of Occupational Safety and Health Containing*, de fecha 21 de septiembre de 1993. La cual contiene medidas en favor de las víctimas de violencia en el trabajo.

[302] La Ley de Medio Ambiente del Trabajo en su modificación de 1987, introdujo novedades en cuanto a las condiciones de trabajo que se refieren directamente con el estrés ocupacional. Véase: Moralo Gallego, ob. cit., pp. 140 y 141, Suecia ha sido el primer Estado europeo que ha regulado el acoso moral. Ordenanza de 21 de septiembre de 1993, del Comité Nacional de Seguridad en el Trabajo. Lo define como «repetidas acciones reprobables o negativas en distintas maneras, dirigidas contra determinado empleado o empleados en una manera ofensa tal que puede provocar que sea excluido de la comunidad laboral». La legislación sueca parte de la afirmación de que el empresario es responsable de los posibles riesgos que puedan manifestarse en el ámbito del trabajo, tanto físicos como psicológicos, y, para prevenirlos, debe planificar y organizar el trabajo de tal forma que garantice un ambiente laboral saludable, para lo cual debe dejar patente, mediante el ejercicio del poder de dirección, su firme decisión de no consentir conductas de acoso, y su firme resolución de atajar y erradicar tales conductas mediante la aplicación del poder disciplinario y del poder sancionador; Correa Carrasco, *El concepto...*, p. 73, el ordenamiento sueco tiene el privilegio de haber sido el primero en incorporar en su seno una regulación normativa contra el acoso sexual en el trabajo que a la postre, ha servido de referencia a otros ensayos posteriores.

[303] Véase: Moralo Gallego, ob. cit., pp. 140 y 141, *Dignity at Work Act* 2001. Recoge el *bullying at work* como atentado contra la dignidad. Define indicadores de la existencia de vulneración de la dignidad, de suerte que el acoso se da cuando hay reiteración en alguna y el trabajador acosado sufra alguna de estas situaciones: ser objeto de trato insultante, sufrir sanciones sin justificación razonable, ser objeto de críticas injustificadas, ser cambiado de responsabilidades o de tareas sin justificación razonable.

En igual sentido, el Parlamento Europeo ha dictado un Resolución sobre el acoso psicológico en el lugar de trabajo (2001/2339)[304] en la que, entre otras cosas, recomienda a los Estados miembros que obliguen a las empresas y a los poderes públicos, así como a los interlocutores sociales, a poner en práctica políticas de prevención eficaces. También pide la información y la formación de los trabajadores, del personal que ocupa cargos directivos, los interlocutores sociales y los médicos laborales, tanto en el sector privado como en el público[305].

El caso español es particular, pues si bien no presenta una legislación específica sobre el hostigamiento psicológico laboral, tiene uno de los ordenamientos más avanzados en el mundo para prevenir y sancionar el acoso moral en el trabajo, puesto que existen estudios científicos y resoluciones doctrinales y jurisprudenciales que han iniciado un proceso dirigido a dar un tratamiento legal al problema.

En España, quizás por la falta de una norma que de manera jurídica defina lo que se entiende por acoso psicológico en el trabajo, la jurisprudencia los está haciendo pero con criterios dispares, lo que sin duda coloca a los justiciables en verdadera desigualdad ante la aplicación de la Ley. En efecto, por un lado el acoso psicológico es estimado como un accidente de trabajo[306] en

---

304 Recuperado en www.ugt.es/mobbing/estres.htm [octubre 10, 2005, 11:10 pm].
305 Molina Navarrete, Cristóbal: «La tutela frente al "acoso moral" en el ámbito de la función pública: cómo vencer las persistentes resistencia». En: *Acoso moral en el trabajo. Concepto, prevención, tutela procesal y reparación de daños*. Manuel Correa Carrasco (Coord.), Navarra, Aranzadi S. A., 2006, pp. 235-271.
306 Véase en este sentido: Pérez Alonso, ob. cit., p. 205, Desde la óptica del Derecho de la Seguridad Social, en mi opinión, considero que el acoso puede encajar perfectamente dentro de la consideración de accidente de trabajo. Los tribunales españoles consideran de origen profesional el trastorno mixto ansioso-depresivo, si bien en la práctica se plantean problemas de prueba cuando los problemas de ansiedad concurren con otras situaciones familiares, caso del divorcio; Rivas Vallejo, ob. cit., pp. 84 y 85.

tanto que para otros jueces se trata de una enfermedad de tipo ocupacional. Según comenta BLANCO-BAREA[307], el elemento normativo-jurisprudencial del daño a la salud, deriva de las primeras sentencias de la jurisdicción social, que resolvían casos concretos de accidentes laborales y que, por tanto, exigían la prueba del daño a la salud. Luego se ha ido exigiendo como contenido normativo para aplicar sea cual sea la acción entablada por hostigamiento psicológico laboral, de manera que algunas sentencias acaban ofreciendo auténticos diagnósticos de la salud psíquica de un acosado en lugar de argumentar jurídicamente la decisión judicial.

Cierto es que, en términos rigurosos, la jurisprudencia no es una ley, pero no menos cierto es que en ausencia de esta, son las sentencias las que están definiendo en España el hostigamiento psicológico laboral. Al respecto presentamos algunas decisiones judiciales que sobre el tema se han pronunciado según información suministrada por un artículo de la Unión General de Trabajadores del País Valenciano[308]:

i. Sentencia del Tribunal Supremo de Justicia de Navarra en Sala de lo Social de fecha 30 de abril de 2001 recaída sobre el caso «las limpiadoras de Navarra». En este caso, las limpiadoras de un colegio de Navarra alegaban que sufrían de acoso por parte del portero del centro quien, a su decir, las perseguía, hostigaba verbalmente, ensuciaba lo que ellas habían limpiado, generándoles trastornos de ansiedad. En esta oportunidad el órgano decisor estableció el evidente nexo causal entre la situación laboral y el síndrome psíquico de ansiedad que padecían las víctimas decía ser considerado como accidente laboral.

ii. Sentencia de la Sala Tercera del Tribunal Supremo español en sentencia de fecha 23 de julio de 2001 recaída sobre el caso Fermín S. B. contra el

---

[307] BLANCO-BAREA, ob. cit., p. 105.
[308] *Mobbing*. Recuperado de http://www.ugt.es/mobbing/mobbing.html [octubre 13, 2005, 9:20 pm].

Ayuntamiento de Coria (Cáceres). En este juicio el accionante alegó haber sido víctima de conductas hostiles por parte de su patrono a raíz de un incidente con las tuberías del servicio municipalizado de agua, cuya ocurrencia le fue imputada a este. Señala que el Ayuntamiento –su empleador– lo desmejoró en sus condiciones de trabajo trasladándolo a los sótanos del edificio y relevándolo de sus funciones sin que se le asignara otra ocupación, desarrollando, en consecuencia, una depresión ansiolítica. Sobre este caso, la Sala Tercera reconoció su derecho a una indemnización por daños y perjuicios de setecientos cincuenta mil de las antiguas pesetas españolas.

iii. Decisión del Tribunal Supremo de Justicia de la Comunidad Valenciana, en Sala de lo Contencioso Administrativo de fecha 25 de septiembre de 2001, recaída sobre la empresa Asmor contra dos trabajadores de la referida empresa. En esta oportunidad, los dos trabajadores afirmaban haber sufrido una desmejora en las condiciones de trabajo, siendo relegados a trabajos no acordes con sus capacidades. Asimismo, alegan habérsele restringido el uso de los servicios de la empresa, así como el acceso a ciertas áreas de la compañía. En este caso, el juez determinó que dichas conductas representan, en efecto, una falta muy grave de las obligaciones del empleador que, según la doctrina, se trababa de *mobbing*.

iv. Según refiere un reportaje publicado por la Unión General de Trabajadores[309], en diciembre de 2003, el Juzgado Contencioso-Administrativo N.º 2 de Zaragoza dictó una sentencia en la cual se reconoce que el recurrente, funcionario del Ayuntamiento de Zaragoza fue objeto de hostigamiento psicológico laboral, al tiempo que insta a los superiores de dicho funcionario a cesar en tales conductas de hostigamiento. En este caso en particular se hace mención a la ocupación efectiva en el empleo. Se trataba

---

[309] Unión General de Trabajadores (20 de enero de 2004). Sentencia favorable por *mobbing* en el Ayuntamiento de Zaragoza. Recuperado en: http://www.ugt.es/mobbing/za20.html [septiembre 21, 2005, 8:45 pm].

de un funcionario que habiendo sido designado, previo concurso en el cargo de jefe de compras del servicio de conservación de infraestructura por espacio de tres años no pudo ocupar dicho cargo, toda vez que otro funcionario lo estaba ejerciendo sin tener los méritos para ello. Como ya se dijo, el Juzgado reconoció que el recurrente estaba siendo objeto de acoso psicológico en el ayuntamiento, por lo que requirió de sus supervisores la ocupación del cargo por parte del recurrente.

Los anteriores son apenas pocos casos de la labor normativa que están realizando los órganos jurisdiccionales españoles, pues han identificado casos de hostigamiento psicológico laboral, contribuyendo al mejor entendimiento de la materia. Aunque debemos afirmar que la avanzada está acentuada en el aspecto represivo por lo que sin duda faltará un desarrollo más profundo en la parte preventiva del acoso laboral.

En América Latina, recientemente encontramos información proveniente de la República Argentina, cuyos jueces Rodolfo Capón Filas y Horacio de la Fuente, miembros de la Sala vi de la Cámara Nacional de Apelaciones del Trabajo[310], definieron el acoso moral en el trabajo como «toda conducta abusiva capaz de degradar el clima laboral». De acuerdo con esta noticia, el juez Capón Filas estableció que: el acoso moral en el trabajo consiste en cualquier manifestación de una conducta abusiva y, especialmente, los comportamientos, palabras, actos, gestos y escritos que puedan atentar contra la personalidad, la dignidad o la integridad psíquica o física de un individuo, o que puedan poner en peligro su empleo, o degradar el clima de trabajo.

En este caso, la Sala consideró legítimo el despido por acoso de trabajadoras de una cadena de juegos electrónicos en la que el hombre se desempeñaba como encargado.

---

[310] Los jueces avalaron el despido de un hombre que hostigó a varias empleadas. *Diario Clarín* en noticia del 11 de octubre de 2005. Recuperado de http://www.clarin. com/diario/2005/10/11/sociedad/s-03901.htm [enero 4, 2010, 6:01 pm].

Se aprecia así de lo anterior que el hostigamiento laboral puede evidenciarse en múltiples y diversas manifestaciones. Sobre la necesidad de establecer una definición del derecho a no ser acosado, hay que hacer especial
hincapié. No en vano, el carácter pluriofensivo del acoso[311] supone que
muchas de las variadas conductas que pueden aparecer en los procesos
de acoso constituyan, de forma aislada, vulneraciones de otros derechos
laborales, tengan o no la consideración de fundamentales. En este sentido,
habitualmente resultan afectados los derechos a la dignidad personal,
igualdad y no discriminación, integridad moral, honor, intimidad personal y propia imagen, entre otros. De ahí, que pudiera resultar, en cierto
modo, redundante, la configuración explícita de un derecho frente al
acoso moral, pudiendo incluso cuestionarse su propia oportunidad[312].

Cabe referir la reciente aprobación en «actas provisionales» del Convenio
sobre la Eliminación de la Violencia y el Acoso en el Mundo del Trabajo[313],
así como la Recomendación sobre la eliminación de la violencia y el acoso
en el mundo del trabajo[314], y la aprobación de la Resolución relativa a la
eliminación de la violencia y el acoso en el mundo del trabajo[315].

---

[311] Véase: Caamaño Rojo, *La noción...*, p. 218, representa también un comportamiento con un resultado que puede ser pluriofensivo de derechos fundamentales
para sus víctima.

[312] Correa Carrasco, *La juridificación...*, p. 58.

[313] Véase sobre su votación (Conferencia Internacional del Trabajo, 108.ª reunión, Ginebra, 2019): https://www.ilo.org/wcmsp5/groups/public/@ed_norm/@relconf/
documents/meetingdocument/wcms_711349.pdf.

[314] Véase sobre su votación (Conferencia Internacional del Trabajo, 108.ª reunión,
Ginebra, 2019): https://www.ilo.org/wcmsp5/groups/public/@ed_norm/@relconf/
documents/meetingdocument/wcms_711350.pdf.

[315] Pueden consultarse *Actas Provisionales* (20 de junio de 2019/OIT/Ginebra) en:
https://www.ilo.org/wcmsp5/groups/public/---ed_norm/---relconf/documents/
meetingdocument/wcms_711244.pdf. En caso de ser adoptados por la Conferencia, el Convenio y la Recomendación se someterán a una votación final de la Conferencia, de conformidad con el artículo 19.2 de la Constitución de la OIT. El
informe sobre las labores de la Comisión aprobado por la Mesa de la Comisión en

El artículo 1 del citado Convenio 1 indica: «A efectos del presente Convenio: a. la expresión "violencia y acoso" en el mundo del trabajo designa un conjunto de comportamientos y prácticas inaceptables, o de amenazas de tales comportamientos y prácticas, ya sea que se manifiesten una sola vez o de manera repetida, que tengan por objeto, que causen o sean susceptibles de causar, un daño físico, psicológico, sexual o económico, e incluye la violencia y el acoso por razón de género, y b. la expresión "violencia y acoso por razón de género" designa la violencia y el acoso que van dirigidos contra las personas por razón de su sexo o género, o que afectan de manera desproporcionada a personas de un sexo o género determinado, e incluye el acoso sexual. 2. Sin perjuicio de lo dispuesto en los apartados a. y b. del párrafo 1 del presente artículo, la violencia y el acoso pueden definirse en la legislación nacional como un concepto único o como conceptos separados». Su artículo 2 alude a su amplio ámbito de aplicación[316]. Entre otros, el artículo 4 prevé los principios fundamentales que comprometen a los Estados que los suscriban a propugnar un mundo laboral libre de violencia y a implementar las respectivas medidas al efecto. Las normas siguientes apuntan entre otras, a la prevención y protección (artículos 7, 8 y 9), control y reparación (artículo 10), orientación, formación y sensibilización (artículo 11).

Por su parte, las disposiciones de la Recomendación complementan el Convenio sobre la Violencia y el Acoso (2019) y deberían considerarse conjuntamente

---

nombre de la Comisión se publicará en el sitio *web* de la Conferencia en las *Actas Provisionales* N.º 7B tras la clausura de la reunión. Los miembros de la Comisión tendrán la posibilidad de presentar correcciones al texto del informe correspondiente a sus intervenciones hasta el 5 de julio de 2019.

[316] «1. El presente Convenio protege a los trabajadores y a otras personas en el mundo del trabajo, con inclusión de los trabajadores asalariados según se definen en la legislación y la práctica nacionales, así como a las personas que trabajan, cualquiera que sea su situación contractual, las personas en formación, incluidos los pasantes y los aprendices, los trabajadores despedidos, los voluntarios, las personas en busca de empleo y los postulantes a un empleo, y los individuos que ejercen la autoridad, las funciones o las responsabilidades de un empleador. 2. Este Convenio se aplica a todos los sectores, público o privado, de la economía tanto formal como informal, en zonas urbanas o rurales».

con estas últimas, estableciendo en sentido semejante, principios fundamentales, protección y prevención, reparación, orientación, asistencia, etc.

Finalmente, en tercer lugar en la citada reunión de la OIT se aprueba provisionalmente la Resolución relativa a la eliminación de la violencia y el acoso en el mundo del trabajo[317].

III.4. Incorporación del hostigamiento psicológico al Derecho del Trabajo venezolano

III.4.1. Legislación

III.4.1.1. *Instrumentos normativos*
Como ya indicamos, muchos países europeos garantizan el derecho de los trabajadores a mantenerse sanos, tanto física como mentalmente, en el trabajo.

---

[317] Indica: «La Conferencia General de la Organización Internacional del Trabajo, congregada en su 108.ª reunión (del centenario), 2019: Después de haber adoptado el Convenio sobre la violencia y el acoso, 2019 y la Recomendación que lo complementa; reconociendo el derecho de toda persona a un mundo del trabajo libre de violencia y acoso; reconociendo la oportunidad histórica de conformar un futuro del trabajo basado en la dignidad y el respeto, y libre de violencia y acoso; recalcando el papel esencial que desempeñan los Estados Miembros y los interlocutores sociales para eliminar la violencia y el acoso en el mundo del trabajo; consciente de que el éxito del Convenio y la Recomendación dependerá de su promoción y aplicación eficaces. 1. Invita a los Estados Miembros a ratificar el Convenio sobre la violencia y el acoso, 2019. 2. Invita a los gobiernos y a las organizaciones de empleadores y de trabajadores a que den pleno efecto al Convenio y la Recomendación sobre la violencia y el acoso, 2019. 3. Invita al Consejo de Administración de la Oficina Internacional del Trabajo a que pida al Director General que desarrolle, a fin de lograr una amplia ratificación del Convenio sobre la Violencia y el Acoso en el Mundo del Trabajo, 2019, y la aplicación efectiva de los instrumentos, una estrategia integral, que incluya medidas para: a. apoyar a los mandantes a través de iniciativas de sensibilización, materiales de promoción, investigación y de asistencia técnica; b. llamar la atención de las organizaciones internacionales y regionales pertinentes sobre estos instrumentos,

Para comenzar por la cúspide del ordenamiento jurídico vale citar la Constitución Nacional, entre cuyas normas, a propósito de la prohibición del acoso moral se citan los artículos 20 –libre desarrollo de la personalidad–; el artículo 46 –toda persona a que se le respete su integridad física[318], psíquica y moral–; el artículo 43 –garantizar la integridad personal, como incolumidad personal, es decir, que no se sufra daño o deterioro–; los artículos 57 y 58 que atentarían por la aplicación del acoso psicológico, ya que vulnerarían la libertad de expresión intersubjetiva y grupal, es decir, la libertad de expresión ampara cualquier expresión o difusión de ideas u opiniones; el artículo 60 de la Constitución Nacional se garantiza el derecho al honor. Es un derecho constitucional laboral inespecífico; el artículo 61 violaría el derecho a la libertad de conciencia; el artículo 89.5 que establece la prohibición de no sufrir discriminaciones; el artículo 87 y el derecho a la salud establecido en el artículo 83 del texto constitucional[319].

Como observa la doctrina comparada «… cualquiera que sea la modalidad de acoso psicológico verificada en una determinada organización de trabajo, para tenerse como tal jurídicamente, siempre hay un derecho fundamental concreto afectado, sin que la antijuridicidad se limite a una genérica lesión

---

y promover alianzas e iniciativas conjuntas para eliminar la violencia y el acoso en el mundo del trabajo, y c. asignar recursos en el marco de los programas y presupuestos actuales y futuros y movilizar recursos extrapresupuestarios con objeto de llevar a cabo con los mandantes tripartitos las actividades antes mencionadas».

[318] Véase: Palavecino Cáceres, ob. cit., p. 20, El acoso psíquico laboral afecta, ante todo, «el derecho a la vida y a la integridad física y psíquica de la persona». Según una sentencia medieval, «la fuerte encina no cae nunca con los primeros golpes». La consecuencia implícita que podemos sacar es que, si la golpeamos con insistencia, tarde o temprano terminará cayendo. Y esta es una metáfora que ilustra muy bien el hecho, clínicamente comprobado, de que los efectos del acoso están más vinculados a la intensidad y la duración de la agresión que a la estructura psíquica de la víctima. De modo que, independientemente de su «perfil psicológico» o –volviendo al símil de la encina– de la madera de que esté hecho un individuo, cualquiera puede caer víctima del acoso moral.

[319] Véase: Kahale Carrillo, El acoso…, ob. cit.

de la "dignidad de la persona", pues la intensidad, gravedad y reiteración y forma de ejercicio de aquella forma de violencia psicológica y de "aniquilación" relacional de la persona hace impensable en la práctica una situación que no pueda ser reconducida al ámbito de algún derecho fundamental»[320].

Pero el problema del hostigamiento psicológico laboral ha alcanzado magnitud es tales que estos hechos se consideran como delito[321] y como tal en

---

[320] Palavecino Cáceres, ob. cit., p. 21.

[321] Véase respecto México: Morales García, Óscar: «*Mobbing*: ¿Un hecho penalmente relevante o un delito específico?». En: *El* mobbing *desde la perspectiva social, penal y administrativa.* Consejo General del Poder Judicial, Centro de Documentación Judicial, Escuela Judicial, Estudios de Derecho Judicial N.° 94, Carlos Mir Puig (Director), 2006, pp. 405-443; Entrevista a Ricardo Martínez Rojas sobre el acoso laboral, en: dlvmr.com.mx@mail92.us4.mcsv.net, la ley mexicana distingue entre hostigamiento laboral que precisa subordinación pues debe provenir del superior jerárquico para vulnerar su dignidad, orillando al trabajador para que se vaya del trabajo. Lo distingue del acoso sexual, que no requiere «subordinación», pues puede venir de superiores o de pares, pero precisa algún elemento de poder o la fuerza extrema –abuso de poder o condición–. El acoso sexual precisa que no haya consentimiento y que sea ofensivo. La ley es muy difusa y no distingue claramente. Según la ley, el patrono puede rescindir o despedir sin indemnización que constate que está incurriendo en acoso. Por su parte, el trabajador puede irse por acoso con pago de la respectiva indemnización. El patrono, según la ley mexicana, está obligada a prevenir el acoso. Se puede acudir al inspector para que este constate si hay acoso previa investigación. La sanción es pecuniaria –5000 salarios mínimos– y hay «delito de acoso laboral» en el Distrito Federal; Mendizábal Bermúdez, Gabriela: «El acoso laboral y la reforma de México de 2012», http://www.adapt.it/boletinespanol/docs/gabriela_mendizaval.pdf, define el artículo 3 *bis* a el hostigamiento, el ejercicio del poder en una relación de subordinación real de la víctima frente al agresor en el ámbito laboral, que se expresa en conductas verbales, físicas o ambas. El artículo 133: «Queda prohibido a los patrones o a sus representantes: xii. Realizar actos de hostigamiento y/o acoso sexual contra cualquier persona en el lugar de trabajo», pero resulta más importante todavía la fracción xiii, porque establece la responsabilidad del patrón frente al *mobbing* en su empresa o centro de trabajo, aun cuando él no la haya ocasionado y sea propiciada por sus trabajadores. Artículo 994. Se impondrá multa, por el equivalente a: vi. De 250 a 5000 veces el salario mínimo general, al patrón que cometa cualquier acto o conducta discriminatoria en el centro de trabajo; al que

legislaciones de varios países del mundo ya es concebido. En Venezuela el artículo 40 de la Ley Orgánica sobre el Derecho de las Mujeres a una Vida Libre de Violencia[322] (Ley sobre Violencia contra las Mujeres) establece: «Las personas que mediante comportamientos, expresiones verbales o escritas, o mensajes electrónicos ejecuten actos de intimidación, chantaje, acoso u hostigamiento que atenten contra la estabilidad emocional, laboral, económica, familiar o educativa de la mujer, será sancionado con prisión de 8 a 20 meses»[323]. La Ley de Violencia contra las Mujeres aplica solamente al género femenino, aunque sería deseable que también protegiera a los hombres, como indirectamente lo hacía la Ley que sobre el tema fue derogada (Ley sobre Violencia contra la Mujer y la Familia).

Son muy diversos y bien detallados los distintos tipos de violencia de género que regula la Ley sobre Violencia contra las Mujeres. En efecto, se regulan y tipifican variados tipos de violencia, detallándose la psicológica, física, doméstica, sexual, laboral, patrimonial y económica, obstétrica, mediática, institucional, simbólica; así como otros tipos de violencia de género como el acoso u hostigamiento, amenaza, prostitución forzada, esclavitud sexual, acceso carnal violento, acoso sexual, esterilización forzada, tráfico y trata

---

realice actos de hostigamiento sexual al que tolere a permita actos de acoso u hostigamiento sexual en contra de sus trabajadores.

[322] Publicada en la Gorbv N.º 40 551 de fecha 28 de noviembre de 2014.

[323] Nótese que esta Ley derogó expresamente a la Ley sobre Violencia contra la Mujer y la Familia (GORV N.º 36 576 de fecha 6 de noviembre de 1998) que protegía no solo a las mujeres, sino a cualquier otro integrante de la familia (artículo 4), que incluía obviamente a los hombres también. El tipo penal de esta Ley derogada señalaba expresamente que «Fuera de los casos previstos en el Código Penal, el que ejecute cualquier forma de violencia psicológica en contra de alguna de las personas a que se refiere el artículo 4 de esta Ley, será sancionado con prisión de tres a dieciocho meses». Véase: Casal Vázquez, José Manuel: «Comentarios sobre la regulación sustantiva del acoso sexual en la Ley sobre la Violencia contra la Mujer y la Familia». En: *Revista de la Facultad de Ciencias Jurídicas y Políticas*, N.º 114, Caracas, Universidad Central de Venezuela, 1999, pp. 261-280, http://www.ulpiano.org.ve/revistas/bases/artic/texto/RDUCV/114/rucv_1999_114_261-280.pdf.

de mujeres, niñas y adolescentes, feminicidio e inducción y ayuda al suicidio. Esta Ley establece un sistema de jurisdicción y competencia especial,
así como sanciones que van desde la prisión, multas y trabajo comunitario,
y su estudio y desarrollo escapa del objeto del presente estudio.

No obstante lo anterior, vale la pena señalar los conceptos de acoso u hostigamiento y violencia laboral tipificados en la Ley sobre Violencia contra
las Mujeres. En este sentido, su artículo 15 establecen lo siguiente:

> … 2. Acoso u hostigamiento: Toda conducta abusiva y especialmente
> los comportamientos, palabras, actos, gestos, escritos o mensajes electró-
> nicos dirigidos a perseguir, intimidar, chantajear, apremiar, importunar
> y vigilar a una mujer que pueda atentar contra su estabilidad emocional,
> dignidad prestigio, integridad física o psíquica, o que puedan poner en
> peligro su empleo, promocion, reconocimiento en lugar de trabajo o fuera
> de él (…) 11. Violencia laboral: Discriminación hacia la mujer en los cen-
> tros de trabajo, públicos o privados, que obstaculicen su acceso al empleo,
> ascenso o estabilidad en el mismo, tales como exigir requisitos sobre el
> estado civil, la edad, la apariencia física o buena presencia, o la solicitud
> de resultados de exámenes de laboratorios clínicos, que supeditan la con-
> tratación, ascenso o la permanencia de la mujer en el empleo. Constituye
> también discriminación de género en el ámbito laboral el quebrantar el
> derecho de igual salario por igual trabajo.

A pesar de tratarse de un instrumento legal que regula de manera general
la violencia solo contra las mujeres, rige de manera singular las relaciones
laborales, toda vez que dicha Ley especial alude expresamente a la violencia
en el lugar de trabajo y al acoso u hostigamiento[324], según ha indicado

---

[324] En el mismo sentido cabe citar la Ley Orgánica sobre el Derecho de las Mujeres
a una Vida Libre de Violencia (Publicada en la Gorbv N.º 37 770 de fecha 17 de
septiembre de 2007), en su artículo 15 alude a las distintas formas de violencia,

acertadamente la doctrina[325]. Podría intentarse estirar el ámbito de protección de la referida Ley, y tratar de encausarlo al ámbito laboral, particularmente cuando la víctima de la conducta lesiva sea una trabajadora[326].

Si bien nuestra normativa interna aún se muestra embrionaria o incipiente ante el hostigamiento psicológico laboral en general, reconocemos que la legislación y doctrina venezolana ha contribuido con esta materia. Así, ALFONZO-GUZMÁN redefiniendo el contrato de trabajo ha señalado: Es

___

entre las que incluye la violencia psicológica, y el acoso u hostigamiento. Véase: HENRÍQUEZ, Carlos Alberto, ob. cit., «numeral 11, señala dentro de las formas de violencia el término de "violencia laboral", en los siguientes términos: Discriminación que obstaculicen el acceso al empleo, o la estabilidad en el mismo; exigir requisitos sobre el estado civil, la edad, sexo, la apariencia física o buena presencia; Solicitud de resultados de exámenes de laboratorios clínicos, que supeditan la contratación. En la novísima Ley para la Promoción y Protección del Derecho a la Igualdad de las Personas con VIH o SIDA y sus Familiares, se introdujo la prohibición a los patronos de discriminar las personas con VIH/SIDA en las condiciones de trabajo, contratación, remuneraciones, beneficios, oportunidades de educación, promoción, ascenso, prestaciones de seguridad social o cualquier tipo de presión o coacción arbitraria». Véase expresa referencia en sentencia citada *infra* de la Sala Constitucional N.° 1545 del 09-11-09.

[325] Véase: NAVARRO URBÁEZ, ob. cit., p. 275, refiere que pudieran considerarse disposiciones penales referidas a la violencia de género, dentro de las cuales se ubica el acoso sexual, psicológico, patrimonial, físico entre otros, materias reguladas por Ley Orgánica sobre Derecho de las Mujeres a una Vida Libre de Violencia y del Código Penal.

[326] En los términos de la Ley sobre Violencia contra las Mujeres, es posible considerar que existe una concurrencia entre la violencia laboral y cualquiera de los demás tipos de violencia ejercida en contra de la mujer y que se encuentran tipificados como delitos en la Ley con penas desde seis meses hasta 20 años de prisión, según lo dispone la Ley sobre Violencia contra las Mujeres en su Capítulo VI –*exempli gratia*: violencia laboral por hostigamiento, violencia laboral mediante violencia psicológica, etc.–. El procedimiento penal especial establecido en esta Ley puede ser iniciado por denuncia, querella e incluso de oficio y tiene como fin último la rehabilitación del agresor y no solo su penalización. En el caso de la denuncia, se establecen como legitimados no solo a la víctima y las defensorías de la mujer, sino también a «cualquier persona o institución que tuviere conocimiento», por lo que incluso el INPSASEL podría realizar la denuncia.

aquel mediante el cual el trabajador se obliga a prestar personal y directamente sus servicios por cuenta de un patrono o empleador, y, con tal fin, a permanecer personalmente a disposición de este, quien se obliga, a cambio, a mantener las condiciones ambientales y de higiene y seguridad para garantizar a ese trabajador el bienestar, la salud y la vida, y a pagarle el salario estipulado[327].

Afirma ALFONZO-GUZMÁN[328] que en la Ley Orgánica del Trabajo –hoy DLOTTT–, si bien dos de las obligaciones del contrato de trabajo más comentada son la prestación de servicio a cambio de una contraprestación económica –salario–, existen otras obligaciones igualmente importantes para el patrono. En efecto, los artículos 236[329] y 237[330] de la LOT prevén la obligación del patrono de garantizar la salud y el desarrollo de las facultades físicas y mentales del empleado u obrero, bajo amenaza de la sanción prevista en el artículo 633 de la LOT, esto es, multa no menor del equivalente

---

[327] ALFONZO-GUZMÁN, Rafael: *Nueva didáctica del Derecho del Trabajo*. Caracas, Editorial Melvin, 11.ª edic., 2000, p. 69.

[328] Ibíd., p. 68.

[329] El artículo 236 de la LOT establece lo siguiente: «El patrono deberá tomar las medidas que fueren necesarias para que el servicio se preste en condiciones de higiene y seguridad que respondan a los requerimientos de la salud del trabajador, en un medio ambiente de trabajo adecuado y propicio para el ejercicio de sus facultades físicas y mentales. El Ejecutivo Nacional, en el Reglamento de esta Ley o en disposiciones especiales, determinará las condiciones que correspondan a las diversas formas de trabajo, especialmente en aquellas que por razones de insalubridad o peligrosidad puedan resultar nocivas, y cuidará de la prevención de los infortunios del trabajo mediante las condiciones del medio ambiente y las con él relacionadas. El Inspector del Trabajo velará por el cumplimiento de esta norma y fijará el plazo perentorio para que se subsanen las deficiencias. En caso de incumplimiento, se aplicarán las sanciones previstas por la Ley».

[330] El artículo 237 de la LOT señala: «Ningún trabajador podrá ser expuesto a la acción de agentes físicos, condiciones ergonómicas, riesgos psicosociales, agentes químicos, biológicos o de cualquier otra índole, sin ser advertido acerca de la naturaleza de los mismos, de los daños que pudieren causar a la salud, y aleccionado en los principios de su prevención».

a un cuarto de un salario mínimo, ni mayor del equivalente a dos salarios mínimos. Las mismas normas se reiteran en el artículo 156[331] del DLOTT –condiciones dignas de trabajo–.

El artículo 164 del DLOTT señala, a propósito del acoso u hostigamiento laboral, que supone la «... conducta abusiva ejercida en forma recurrente o continuada por el patrono o la patrona o sus representantes; o un trabajador o una trabajadora; o un grupo de trabajadores o trabajadoras, que atente contra la dignidad o la integridad biopsicosocial de un trabajador, una trabajadora o un grupo de trabajadores y trabajadoras, perturbando el ejercicio de sus labores y poniendo en peligro su trabajo o degradando las condiciones de ambiente laboral». Asimismo, el RLOT prevé lo siguiente:

> Artículo 12.- Se considerará como expresión de discriminación arbitraria por razón de género, al acoso u hostigamiento sexual. Incurrirá el acoso u hostigamiento sexual, quien solicitare favores o repuestas sexuales para sí o para un tercero, o procurare cualquier tipo de acercamiento sexual no deseado, prevaliéndose de una situación de superioridad y con la amenaza expresa o tácita de afectar el empleo o condiciones de trabajo de la víctima.

> Artículo 17.- El patrono o patrona observará, entre otros, los siguientes deberes fundamentales: (...) c. Garantizar al trabajador o trabajadora ocupación efectiva y adecuada a su calificación profesional y a sus condiciones físicas y mentales, en los términos que fueren pactados o que

---

[331] El artículo 156 del DLOTT establece lo siguiente: «El trabajo se llevará a cabo en condiciones dignas y seguras, que permitan a los trabajadores y trabajadoras el desarrollo de sus potencialidades, capacidad creativa y pleno respeto a sus derechos humanos, garantizando: a. El desarrollo físico, intelectual y moral. b. La formación e intercambio de saberes en el proceso social de trabajo. c. El tiempo para el descanso y la recreación. d. El ambiente saludable de trabajo. e. La protección a la vida, la salud y la seguridad laboral. f. La prevención y las condiciones necesarias para evitar toda forma de hostigamiento o acoso sexual y laboral».

se desprendieren de la naturaleza de la actividad productiva. d. Respetar la dignidad del trabajador o trabajadora y, por tanto, su intimidad y libertad de conciencia.

Artículo 19.- Sin perjuicio del deber de obediencia, el trabajador o trabajadora podrá abstenerse de ejecutar las labores ordenadas cuando fueren manifiestamente improcedentes, es decir, incompatibles con su dignidad, o pusieren en peligro inmediato su vida, salud o la preservación de la empresa.

Vemos, pues, cómo nuestra legislación, si bien hasta la entrada en vigencia de la Lopcymat no había consagrado expresamente normas para la prevención del hostigamiento psicológico laboral de manera expresa, de alguna forma la protección de la salud y dignidad del trabajador estaba garantizada[332].

---

[332] Véase reseñándola como antecedente: Morales, ob. cit., En el año de 1986 se promulga en Venezuela la Ley Orgánica de Prevención, Condiciones y Medio Ambiente de Trabajo, en la cual se ordenaba la creación del Instituto Nacional de Prevención, Salud y Seguridad Laborales, el cual nunca se concretó, sino hasta el año 2002 cuando se le da inicio a este Instituto. Seguidamente, fue en el año 2005 cuando nace la nueva Ley Orgánica de Prevención, Condiciones y Medio Ambiente de Trabajo, promoviendo formalmente la seguridad y salud en el trabajo de todos los centros de trabajo en Venezuela, exigiendo a las empleadoras y empleadores a constituir un servicio de seguridad y salud en el trabajo. Igualmente, esta Ley tiene por objeto establecer las instituciones, normas, lineamientos y políticas de los órganos que permitirán garantizar a los trabajadores, las condiciones de seguridad, salud y bienestar en el ambiente de trabajo, regulando sus derechos y deberes junto con los de los empleadores, tomando en consideración lo dispuesto en el artículo 87 de la Constitución (1999): «Toda persona tiene derecho al trabajo y el deber de trabajar. El Estado garantizará la adopción de las medidas necesarias a los fines de que toda persona pueda obtener ocupación productiva, que le proporcione una existencia digna y decorosa y le garantice el pleno ejercicio de este derecho. Es fin del Estado fomentar el empleo. La ley adoptará medidas tendentes a garantizar el ejercicio de los derechos laborales de los trabajadores y trabajadoras no dependientes. La libertad de trabajo no será sometida a otras restricciones que las que la ley establezca. Todo patrono o patrona garantizará a sus trabajadores y trabajadoras condiciones de seguridad, higiene y ambiente de trabajo adecuados. El Estado adoptará medidas y creará instituciones que permitan el control y la promoción de estas condiciones».

No obstante, reconocemos como un gran paso el tomado por el legislador venezolano al definir en términos bastantes claros lo que se entiende por hostigamiento psicológico laboral y la obligación del empleador en adoptar las medidas necesarias para prevenirlo.

Al respecto, y como señalamos anteriormente, el artículo 56.5 de la LOPCYMAT prevé como un deber de los empleadores: «... 5. Abstenerse de realizar, por sí o por sus representantes, toda conducta ofensiva, maliciosa, intimidatoria y de cualquier acto que perjudique psicológica o moralmente a los trabajadores y trabajadoras, prevenir toda situación de acoso por medio de la degradación de las condiciones y ambiente de trabajo, violencia física o psicológica, aislamiento o por no proveer una ocupación razonable al trabajador o la trabajadora de acuerdo a sus capacidades y antecedentes y evitar la aplicación de sanciones no claramente justificadas o desproporcionadas y una sistemática e injustificada crítica contra el trabajador o la trabajadora, o su labor...».

Del texto anterior se colige que, como hemos señalado a lo largo de esta investigación, el hostigamiento psicológico laboral implica conductas ofensivas que perjudican psicológica o moralmente a los trabajadores; pero la norma va más allá, estableciendo que también será considerado acoso

---

Por lo anterior expuesto, es responsabilidad del patrono controlar, así como prevenir accidentes y enfermedades ocupacionales a través de la organización de un servicio de seguridad y salud en el trabajo. Siguiendo este mismo orden de ideas, en la actualidad uno de los riesgos que está cobrando mayor fuerza en los centros de trabajos son los psicosociales, que no son más que aquellas condiciones presentes en el ámbito laboral, capaces de afectar tanto el desarrollo del trabajo como la salud del trabajador. En el DLOTTT se consagra por primera vez en la normativa sustantiva laboral la figura del acoso laboral y sexual, para lo cual el legislador dispuso tres artículos en que define los supuestos tanto del acoso laboral como el acoso sexual; asimismo, contempla la posibilidad de buscar medidas que garanticen la prevención en estos casos, todo ello contemplado en los artículos 164 al 166; siendo la última partes del articulado del Capítulo V que se refiere al acoso laboral y sexual.

laboral incluso la no ocupación efectiva de los trabajadores de acuerdo con sus conocimientos y habilidades.

De la interpretación de esta norma jurídica prevista en la Lopcymat pareciera entenderse que para el legislador venezolano, el derecho a la estabilidad en el empleo conlleva implícitamente algunas derivaciones que deben entenderse incluidas en este derecho, siendo una de ellas, el derecho a la ocupación efectiva.

Por otra parte, la dignidad parece desplegar su influencia en el Derecho del Trabajo, manifestándose como dignidad del trabajador que repugna cualquier agresión que la comprometa, pues no cabe duda que el acoso psicológico compromete la dignidad del trabajador exactamente en esa dimensión. El ejercicio de la actividad laboral en ausencia de acciones que comprometen su dignidad cualquiera que sea su manifestación sería contraria al derecho del trabajo visto desde la perspectiva de actividad desplegada en un Estado democrático, social, de Derecho y justicia.

Ahora bien, señala el artículo 116 de la Lopcymat que el incumplimiento de las normas en materia de seguridad y salud en el trabajo, por parte de los empleadores, dará lugar a responsabilidades administrativas, penales y civiles, mas no prevé una sanción expresa para los casos de hostigamiento psicológico laboral. Sin embargo, sí existen varias normas jurídicas que deben ser especialmente consideradas por los empleadores, puesto que podrían comprometer su responsabilidad.

En efecto, señala el primer numeral del artículo 118: «Sin perjuicio de las responsabilidades civiles, penales, administrativas o disciplinarias, se sancionará al empleador o empleadora con multas de hasta veinticinco unidades tributarias (25 U.T.) por cada trabajador expuesto cuando: 1. No ofrezca oportuna y adecuada respuesta a la solicitud de información o realización de mejoras de los niveles de protección de la seguridad y la salud de los trabajadores y trabajadoras solicitada por los delegados o delegadas de prevención o Comité de Seguridad y Salud Laboral, de conformidad con esta Ley, su Reglamento o las normas técnicas».

Ponemos por caso un trabajador víctima de psicoterror[333] por parte de un miembro de la empresa –superior, misma jerarquía e incluso de inferior rango– que presentó una denuncia de hostigamiento psicológico laboral ante el Comité de Seguridad y Salud Laboral de la empresa para la cual presta sus servicios. Este Comité a su vez realiza gestiones ante el empleador para que se tomen las medidas de protección de la salud del trabajador denunciante quien presenta consecuencias físicas y psicológicas producto del acoso bajo el cual ha estado sometido; y pasado un tiempo, el empleador no presenta respuestas o no implementa medidas de mejoras de la situación planteada. En este caso, podría iniciarse un procedimiento administrativo en contra de la empresa que eventualmente lo condene a pagar hasta 25 U.T. por incumplimiento de las previsiones de la LOPCYMAT, sin perjuicio de las responsabilidades que de este hecho se deriven.

Otra norma jurídica aplicable a la materia objeto de nuestro estudio, es la prevista en el artículo 119 de la LOPCYMAT que señala lo siguiente: «De las

---

[333] Véase utilizando tal término: KAHALE CARRILLO, *El acoso...*, ob. cit., La figura del acoso moral ha sido estudiada desde hace tiempo, desde varias ópticas, en el que no existe una definición universal del mismo, comparándole con la violencia, e incluso se le ha calificado como asesinato psíquico o «psicoterror». De igual manera se asocia con el «psicoterror laboral», por ser una situación en la que una persona o grupo de personas ejercen una violencia psicológica extrema, de forma sistemática y recurrente –como media una vez por semana– y durante un tiempo prolongado –como media unos seis meses– sobre otra persona o personas, respecto de las que mantienen una relación asimétrica de poder, en el lugar de trabajo con la finalidad de destruir las redes de comunicación de la víctima o víctimas, destruir su reputación, perturbar el ejercicio de sus labores y lograr que finalmente esa persona o personas acaben abandonando el lugar de trabajo trayéndoles consecuencias incluso a nivel asistencial; ARBONÉS LAPENA, ob. cit., p. 16, supone una violencia psicológica extrema.

infracciones graves. Sin perjuicio de las responsabilidades civiles, penales, administrativas o disciplinarias, se sancionará al empleador o empleadora con multas de veintiséis (26) a setenta y cinco (75) unidades tributarias (U.T.) por cada trabajador expuesto cuando: (…) 19. No identifique, evalúe y controle las condiciones y medio ambiente de trabajo que puedan afectar tanto la salud física como mental de los trabajadores y trabajadoras en el centro de trabajo, de conformidad con lo establecido en esta Ley, su Reglamento o las normas técnicas».

Sobre esta norma jurídica debemos señalar que la OIT conjuntamente con especialistas de psicología ocupacional Cary L. Cooper, Tom Cox, Amanda Griffiths y Michiel Kompier, quienes participaron en la elaboración de un proyecto de la OIT sobre la evaluación de riesgos y la prevención del estrés[334], aseguran que antes de emprender el diseño de un puesto de trabajo más sano es necesaria una evaluación del estrés para determinar sus causas. En consecuencia, recomienda una auditoría del estrés en la empresa, pues de esta manera se atendería a sus causas laborales y no a sus síntomas.

Ahora bien, una empresa que no controle las condiciones de trabajo de sus trabajadores podría ser objeto de sanciones administrativas, de acuerdo con lo previsto en la Lopcymat, luego, recomendamos ampliamente la implementación de medidas al respecto.

Asimismo, los empleadores deben considerar que, para el caso en que se produzca reincidencia de infracciones administrativas de la Lopcymat en un período de un año, el artículo 126 prevé un agravamiento de las sanciones previstas. En efecto, la norma indicada establece lo siguiente: «Existe reincidencia, cuando se cometa la misma infracción en un período

---

[334] Comunicación N.° 18, de diciembre de 1996. Control de las fuentes de estrés en grupos de alto riesgo. Recuperado de http://www.ilo.org/public/spanish/bureau/inf/magazine/18/stress.htm [enero 4, 2010, 6:11 pm].

comprendido en los doce meses subsiguientes a la infracción cometida. Si se apreciase reincidencia, la cuantía de las sanciones establecidas en los artículos 118, 119, 120, 121, 124 y 128 podrá incrementarse hasta dos veces el monto de la sanción correspondiente a la infracción cometida».

Finalmente, es importante señalar que el órgano competente para conocer de los recursos por infracciones administrativas de los empleadores de las normas previstas en la Lopcymat es el Inpsasel de conformidad conforme lo establecen los artículos 133 y 134.

Así mismo, se citan entre los instrumentos internacionales[335]. Aplicables a nuestro ordenamiento a tenor del artículo 23 de la Carta Magna:

El artículo 5 de la Declaración Universal de los Derechos Humanos (aprobada por la Asamblea General de las Naciones Unidas el 10 de diciembre de 1948) dispone expresamente que: «Nadie será sometido a torturas ni a penas o tratos crueles, inhumanos o degradantes».

El Pacto Internacional de Derechos Civiles y Políticos, aprobado en Nueva York por la Asamblea General de las Naciones Unidas el 16 de diciembre de 1996, dispone en su artículo 7, que: «Nadie será sometido a torturas ni a penas o tratos crueles, inhumanos o degradantes. En particular, nadie será sometido sin su libre consentimiento a experimentos médicos o científicos».

III.4.1.2. *Tutela civil*
Además de lo indicado, el trabajador ciertamente puede pedir la reparación de daños y perjuicios que le ha causado el acoso laboral con base en la responsabilidad civil[336] consagrada en el Código Civil[337], que podría incluir el daño

---

[335] Mir Puig, ob. cit., p. 189.
[336] Véase: Domínguez Guillén, María Candelaria: *Diccionario de Derecho Civil*. Caracas, Panapo, 2009, p. 147, la responsabilidad civil es la «Situación jurídica en virtud de la cual se está en la obligación de responder patrimonial o pecuniariamente

emergente, el lucro cesante y los daños extrapatrimoniales o morales[338]. Cabe recordar que los elementos de la responsabilidad civil –contractual o extra-contractual– vienen dados por el daño, la culpa y la relación de causalidad. El daño es un detrimento o perjuicio en la esfera patrimonial o extrapatrimonial; la culpa en sentido amplio incluye el dolo o intención, así como la culpa en sentido estricto que se presenta como un error en la conducta. En materia contractual, la culpa se presume del incumplimiento. En tanto que en materia extracontractual derivada del artículo 1185 del Código Civil, el actor tiene la carga de la prueba de los tres elementos, incluyendo la culpa. La relación de causalidad supone que el daño sea imputable al autor del mismo, es decir, que exista una relación de causa a efecto en tal sentido[339].

Teniendo en cuenta que la reclamación de la indemnización civil no podrá generar un enriquecimiento injusto al trabajador, cuando estos hayan sido

---

en razón de haberle causado un daño a otro. Se alude a la respectiva indemnización por daños y perjuicios. Puede tener origen contractual o extracontractual; en el primer caso, se presenta como el efecto inmediato del incumplimiento de las obligaciones derivadas de un contrato; en el segundo supuesto, esto es, la responsabilidad civil extracontractual, tiene lugar por el incumplimiento culposo de una obligación o de una conducta preexistente que no se deriva de ningún contrato o de ninguna convención entre agente y víctima –fuentes de las obligaciones distintas al contrato–. La responsabilidad civil extracontractual que tiene lugar por hecho ilícito o abuso de derecho (CC, artículo 1185) se denomina también responsabilidad civil delictual»; GÓMEZ ABELLEIRA, Francisco Javier: «Reflexiones sobre la responsabilidad civil o indemnizatoria por daños de acoso moral en el trabajo». En: *Acoso moral en el trabajo. Concepto, prevención, tutela procesal y reparación de daños.* Manuel CORREA CARRASCO (Coord.), Navarra, Aranzadi S. A., 2006, pp. 187-216.

[337] RODRÍGUEZ SANZ DE GALDEANO, Beatriz: «Las acciones de la persona acosada y de la acosadora. Reclamaciones procesales». En: Mobbing, *acoso laboral y acoso por razón de sexo.* María Teresa VELASCO PORTERO (Directora). Madrid, Tecnos, 2.ª edic., 2011, p. 112.

[338] Ibíd., p. 122.

[339] Véase: DOMÍNGUEZ GUILLÉN, María Candelaria: *Curso de Derecho Civil III Obligaciones.* Caracas, Editorial Revista Venezolana de Legislación y Jurisprudencia, 2017, pp. 634 y ss., www.rvlj.com.ve.

resarcidos por otra vía, como es el caso de la indemnización derivada del despido. En cuyo caso sería necesario una reducción de la indemnización civil[340]. El empresario también responderá civilmente cuando el acoso provenga de un compañero de trabajo, pues tiene el deber de impedir y evaluar el riesgo[341], pero se indica que en tal caso la responsabilidad será extracontractual[342]. Se admite que en tal caso pudiera tomar medidas disciplinarias contra el trabajador acosador, inclusive el despido[343].

Así se suele ver apoyo en las normas del Código Civil relativas a la prohibición de dañar a los demás (artículo 1185) y la consecuente reparación por daño moral (artículo 1196)[344]. Lo cual se evidencia de las distintas decisiones judiciales que veremos, aunque ninguna de las del Máximo Tribunal, llega a acordar la respectiva indemnización por daño moral, dada la pesada carga probatoria que se le pretende imponer al trabajador, vista la remisión a la responsabilidad civil ordinaria.

Al efecto se indica acertadamente: algunos daños que «se proyectan sobre la integridad moral, física o psíquica del individuo, se suelen sustanciar en la vía civil y derivan en un cúmulo de responsabilidades que debe considerarse compatibles entre sí. Esta compatibilidad se pone de manifiesto tanto desde una perspectiva objetiva como subjetiva. En primer lugar, desde un punto de vista objetivo, la producción de daños en cada una de las parcelas enunciadas, una vez verificado el carácter antijurídico y culposo de las conductas de las que traen causa, y acreditado el nexo causal

---

[340] GÓMEZ ABELLEIRA, ob. cit., pp. 122 y 123.
[341] Ibíd., p. 123.
[342] Ibíd., p. 125.
[343] Ibíd., p. 126.
[344] Véase: KAHALE CARRILLO, *El acoso…*, ob. cit. En el Título III De las obligaciones, Capítulo I De las fuentes de las obligaciones, en la Sección V De los hechos ilícitos en especial los artículos 1185, 1195 y 1196 del Código Civil de Venezuela, señala que la víctima podrá pedir acciones de responsabilidad civil contra el agresor, en caso de padecer acoso moral; NAVARRO URBÁEZ, ob. cit., pp. 273 y 274.

entre la situación de acoso y el daño, ha de dar lugar a la correspondiente reparación que, obviamente, debe considerarse autónoma e independiente de que, en su caso, pudiera traer causa de los daños producidos en otra de dichas parcelas. En esta línea argumental se sitúa una consolidada jurisprudencia civilista sobre la responsabilidad aquiliana que, con fundamento en el principio *alterum non laedere*, hace abstracción de la relación jurídica existente entre las partes de un contrato[345].

La doctrina española alude, en este sentido, a la «indemnización de daño moral en vía social»[346], toda vez que la acción civil por daño moral puede ser interpuesta en jurisdicción social[347]. Ello, pues los daños a la salud psíquica y fisiológica constituyen una parte sumamente relevante de los daños derivados del *mobbing* y el daño moral atiende al daño relativo a la integridad moral[348]. En el caso venezolano, la jurisdicción social constituye fuero atrayente en la indemnización apoyada en la legislación civil, según veremos de las distintas decisiones judiciales.

Así, la doctrina laboral deja clara la posibilidad de sanciones laborales que bien pueden coexistir con la responsabilidad civil ordinaria[349].

---

[345] Correa Carrasco, *La juridificación…*, p. 75.
[346] Rivas Vallejo, ob. cit., p. 79, cita sentencia STSJ de Aragón de 12-06-03, Ar. 2227, que indica que las consecuencias dañosas del acoso no afectan solo el ámbito laboral y la merma de la capacidad natural que se pueda sufrir, sino que pueden repercutir en múltiples facetas de la vida personal, familiar y social de la personas.
[347] Ibíd., p. 87.
[348] Gómez Abelleira, ob. cit., p. 193.
[349] Véase: Palavecino Cáceres, ob. cit., p. 22, alude al acoso moral como fuente de responsabilidad civil: Las indemnizaciones tasadas del despido arbitrario y la adicional que contempla el procedimiento de tutela tienen el inconveniente de que en ciertos casos pueden incumplir el derecho del trabajador a la reparación íntegra del daño sufrido. Existe la tentación conceptual de pensar que en demandas laborales solo cabe exigir las indemnizaciones contempladas en la legislación laboral y no las ponderadas conforme al sistema de daños y perjuicios. Como veremos se trata de una concepción errada. El autor plantea acertadamente la compatibilidad de indemnizaciones laborales y civiles en el autodespido.

Se afirma que la protección de la figura podría encuadrar en algún delito de tipo penal. Y como es natural no se descartan cualquier acción o recurso que el ordenamiento consagre, amén de las respectivas acciones civiles, administrativas o laborales. Pues el instituto se proyecta en múltiples aristas normativas[350], entre las que se incluye las relativas a la violencia de género según indicamos *supra*. Vale recordar que el hecho de que una conducta no configure delito no exime al agente de responsabilidad de otro orden, lo que es evidente en la figura bajo análisis[351].

No ha faltado quien considere que la figura podría ser objeto de una normativa especial que regule detalladamente la materia[352].

---

[350] Véase: KAHALE CARRILLO, *El acoso...*, ob. cit. El Código Penal no recoge como delito al acoso moral en el trabajo. En tal situación se puede encuadrar por delitos: contra la libertad del trabajo, la libertad individual, de la simulación de los hechos punibles, de las lesiones personales, de la difamación y de la injuria señaladas en los artículos 175, 192, 193, 240, 420, 442 y 444 respectivamente, del prenombrado Código. Se cita entre otros, la acción de amparo constitucional. Extinción del contrato de trabajo por causas justificadas de retiro y el despido indirecto, la vía administrativa, la vía civil y la vía penal.

[351] Véase: UGARTE, ob. cit., p. 231, «La creación de un tipo del acoso laboral suponen la creación de un ilícito laboral que describa el fenómeno y lo conecte con una sanción prevista por el Derecho: indemnizaciones, nulidad, multas, etc. En ese punto, la cuestión es obvia: qué hacer con los casos fácticos relevantes que quedaran fuera del tipo —esto es, de la descripción legal— y que suponen de igual modo la afectación de bienes relevantes para el sistema. Ante este dilema, una posibilidad para el Derecho del Trabajo es la protección mirando los resultados: la conducta no es el acoso laboral propiamente tal, sino aquellas conductas que lesionan derechos fundamentales de los trabajadores afectados, tales como la integridad física o psíquica, no discriminación, honra o privacidad».

[352] Véase: GIL, ob. cit., «Con la aprobación de una ley contra el acoso laboral se abriría un nuevo escenario procesal y de fondo para abordar esta grave vulneración a los derechos de los trabajadores, especialmente se estipula la protección de la dignidad del trabajador por la vía del respeto a los derechos y garantías constitucionales. Es así que con esta normativa legal, tendrá el trabajador una herramienta para defenderse de la vulneración a su integridad física y psíquica, siempre que ésta sea una consecuencia directa de actos ocurridos durante la relación laboral y permitiría por lo tanto, buscar resarcir el perjuicio provocado por el acoso laboral en los centros de trabajo».

Así, por ejemplo, Gil propone un articulado de 36 dispociciones en cuyo artículo 2 define la figura: «Se entiende por acoso laboral en el trabajo, toda aquella situación en la que una persona o varias, sean superiores jerárquicos o no, ejerzan violencia psicológica, de forma sistemática y recurrente, durante un tiempo prolongado, sobre otra u otras personas en el lugar de trabajo, sea mediante comportamientos, palabras o actitudes, con el fin de degradar sus condiciones de trabajo, destruir sus redes de comunicación, destruir su reputación, perturbar el ejercicio de sus labores y conseguir su desmotivación laboral. Incluye el proceso de atormentar, hostigar o aterrorizar psicológicamente a otros en el trabajo». En su artículo 4 se pretende establecer las modalidades de la figura: maltrato laboral, persecución, discriminación laboral, entorpecimiento laboral, inequidad laboral, desprotección laboral. Y así la autora incluye aspectos fundamentales como los sujetos (artículo 5), responsabilidad del Estado (artículo 6), prevención (artículo 8), divulgación, sanciones, etc.

Ahora bien, veremos que la remisión a la normativa del Código Civil en cuanto a la configuración del hecho ilícito (artículo 1185), incluyendo la exigencia probatoria de sus elementos, a saber, daño, culpa y relación de causalidad, se ha traducido en una pesada carga probatoria para el trabajador. Ello toda vez que la generalidad de las decisiones judiciales patrias citadas declaran sin lugar el hostigamiento laboral por no haber cumplido el actor con la carga de la prueba[353]. Carga por lo de más pesada para un trabajador y de allí que proponemos la aplicación efectiva de los principios laborales como la actuación oficiosa del juzgador, a fin de no hacer inoperante la figura bajo análisis.

Vemos así de este panorama normativo que tanto la legislación laboral, constitucional y civil amparan la protección de la persona en la vulneración de derechos personalísimos asociados al hostigamiento laboral. No es

---

[353] Véase *infra* III.4.2.

necesario terminar la relación laboral para reclamar estos daños, los cuales se pueden incluso reclamar judidicalmente durante la relación de trabajo y sin haberle puesto fin a ella.

Veamos de seguida una especial referencia a la vía del amparo.

III.4.1.3. *Especial referencia al recurso de amparo*

Dispone el encabezamiento del artículo 15 del RLOT que el trabajador víctima de discriminación en el empleo y, por tanto, asimilable al hostigamiento psicológico laboral, puede optar entre extinguir la relación laboral invocando una causa injustificada de retiro, o ejercer la acción de amparo constitucional para obtener la restitución de la situación jurídica infringida.

Siguiendo lo dispuesto en el artículo 164 del DLOTT debe entenderse que el acoso u hostigamiento laboral supone la «... conducta abusiva ejercida en forma recurrente o continuada por el patrono o la patrona o sus representantes; o un trabajador o una trabajadora; o un grupo de trabajadores o trabajadoras, que atente contra la dignidad o la integridad biopsicosocial de un trabajador, una trabajadora o un grupo de trabajadores y trabajadoras, perturbando el ejercicio de sus labores y poniendo en peligro su trabajo o degradando las condiciones de ambiente laboral».

El hostigamiento psicológico laboral supone en esencia vías de hecho[354] u acciones hostiles hacia un trabajador en las que incurre el patrono u otros trabajadores –pero que no son corregidas prontamente por el empleador– con la finalidad de perturbar el ejercicio de las labores y lograr que abandone el trabajo.

---

[354] Nos referimos a actuaciones fácticas carentes de soporte documental. Aunque la expresión tiene un significado concreto y más preciso en el ámbito del Derecho Administrativo, según puede verse en: Torrealba Sánchez, Miguel Ángel: *La vía de hecho en Venezuela*. Caracas, Funeda, 2011.

Entonces, ante actos que constituyen hostigamiento psicológico laboral, la norma reglamentaria plantea al trabajador la opción de terminar la relación de trabajo con el pago de la indemnización prevista en el artículo 92 del DLOTTT o recurrir a mecanismos de protección del derecho al trabajo y lograr el cese de los actos hostiles con el fin de mantener la relación en condiciones dignas, concretamente el ejercicio de la acción de amparo constitucional.

Es pertinente señalar que los mecanismos de protección previstos en la legislación positiva venezolana, con los que cuenta el trabajador víctima de hostigamiento psicológico laboral serían:

i. En sede judicial: la «acción de amparo constitucional», que es el recurso a través del cual se restituye el derecho infringido, llámese dignidad, honor o cualquier otro inherente al ser humano, aunque no se sanciona el acoso u hostigamiento laboral de ninguna forma, ni como conducta indebida, adoptada por el empleador o los compañeros de trabajo.

La posibilidad de ejercer la acción de amparo constitucional está determinada no solo por el citado artículo 15 del RLOT, sino en los artículos 27 de la Constitución de la República Bolivariana de Venezuela, que consagra el derecho de toda persona a ser amparada en el ejercicio de sus derechos y garantías constitucionales y en el artículo 8 del DLOTT que específicamente prevé la posibilidad de que los derechos y garantías consagrados en materia laboral pueden ser «objeto de la acción de amparo constitucional».

ii. En sede administrativa: el «procedimiento para atender reclamos de trabajadores y trabajadoras», desarrollado en el artículo 513 del DLOTT, el cual está previsto para atender reclamos sobre condiciones de trabajo, que es en definitiva el ámbito en el cual se produce el acoso u hostigamiento laboral.

Ciertamente, en sede administrativa el Inpsasel ha diseñado, con fundamento en el artículo 76 de la Lopcymat, un procedimiento para verificar si efectivamente el trabajador está frente a una situación de acoso u hostigamiento, y de ser así, certificar sus consecuencias como «enfermedad ocupacional», lo que permitiría al trabajador víctima de los actos de acoso u hostigamiento acceder en virtud de dicho padecimiento a las prestaciones del sistema de seguridad social, y de considerarlo pertinente acudir a la vía jurisdiccional a los fines de demandar las indemnizaciones por enfermedad ocupacional, establecidas en la misma Lopcymat, y por daño material y moral, conforme al Código Civil. Toda vez que dicha certificación –informe– de enfermedad profesional es considerada como constituye un documento público[355].

No obstante, la finalidad del procedimiento de investigación y certificación llevado a cabo por el órgano previsional no persigue el cese de las conductas constitutivas de acoso u hostigamiento, sino la certificación de la enfermedad profesional que pueda resultar, por lo que no puede ser considerado como un mecanismo de protección del trabajo.

Asentado lo anterior, debemos considerar que el sistema de relaciones laborales previsto en el DLOTT, refleja el *desideratum* de una relación de trabajo permanente con progresivos aumentos de salario y progresivos ascensos o promociones en virtud del desempeño y la productividad, hasta la terminación de la relación de trabajo por el arribo a la edad de jubilación por parte de quien presta el servicio; por tanto, ante la ocurrencia de actos que perturben el desarrollo de la relación laboral y constituyan acoso u hostigamiento la opción más acorde con el sistema de relaciones laborales antes descrito es el recurso por parte del trabajador a un mecanismo de protección de la relación de trabajo, concretamente de la acción de amparo constitucional, destinado a lograr que, como restitución de la situación jurídica infringida, disponga el inmediato cese de los actos de acoso u hostiga-

---

[355] Sentencia N.º 687 de la Sala de Casación Social del 7 de mayo de 2009 (caso: Pedro Estévez Montero *vs.* Moore de Venezuela, S.A).

miento, manteniendo la relación de trabajo, antes que dar por terminada la relación de trabajo con el consecuente pago de la indemnización por finalización de la relación de trabajo por causas ajenas al trabajador.

La circunstancia que la norma reglamentaria plantea como primera opción para el trabajador la extinción de la relación de trabajo, invocando una causa justificada de retiro, en conformidad con lo previsto en el literal h, del artículo 80 del DLOTTT, resulta contrario a la finalidad sistémica ya enunciada.

Siguiendo la exposición hecha por Chavero, podemos definir el amparo constitucional como «… un derecho fundamental que se concreta en la garantía de acceder a los tribunales de justicia, mediante un procedimiento breve, gratuito oral y sencillo, a los fines de restablecer urgentemente los derechos constitucionales que hayan sido vulnerados»[356].

A su vez, la Sala Constitucional del Tribunal Supremo de Justicia estableció que «… El amparo constitucional es una acción de carácter extraordinario, excepcional, por lo que su procedencia está limitada solo a casos extremos en los que sean violado a los solicitantes de manera directa, inmediata y flagrante derechos subjetivos de rango constitucional o previstos en los instrumentos internacionales sobre derechos humanos, para cuyo restablecimiento no existan vías procesales ordinarias, eficaces, idóneas y operantes»[357].

Entendemos por violación directa de un derecho constitucional, que la gravedad del hecho lesivo sea tal que imposibilite el ejercicio pleno del derecho constitucional y no solamente un quebrantamiento de la norma de rango legal o sublegal que los desarrolla.

---

[356] Chavero Gasdik, Rafael J.: *El nuevo régimen de amparo constitucional en Venezuela.* Caracas, Editorial Sherwood, 2001, p. 34.
[357] Sentencia N.º 24 de la SC del 15 de febrero de 2000 (caso: Juan Álvarez Jiménez).

Establecido que el amparo constitucional es el derecho de accionar para lograr mediante un procedimiento judicial breve sumario –sin incidencias–
y eficaz, la restitución de derechos y garantías constitucionales que hayan
sido quebrantadas, debemos apuntar, que más allá de las características
particulares de cada caso en concreto, el acoso u hostigamiento laboral supone para el trabajador a quien se dirige una violación directa de los derechos constitucionales «al trabajo» y a la «estabilidad laboral» previstos en
los artículos 87 y 93 de la Constitución Nacional.

En efecto, entendiendo que conforme a lo dispuesto en el artículo 87 de
la Carta Magna el contenido del derecho constitucional «al trabajo» no
se limita a la posibilidad de acceso a una ocupación productiva mediante
un contrato de trabajo y a cambio de una remuneración, sino a desarrollar dicha ocupación sin más restricciones que las que establezca la ley y en
condiciones dignas y decorosas con la debida protección de seguridad laboral y medioambiente de trabajo adecuado, los actos o vías de hecho tendientes a perturbar el ejercicio de las labores de un trabajador, significan la
violación del referido derecho constitucional «al trabajo».

De igual forma, siendo el derecho «a la estabilidad laboral», previsto en
el artículo 93 de la Constitución Nacional, la garantía de un trabajador
en relación de subordinación de no ser despedido, trasladado o desmejo-
rado en su condiciones de trabajo, sin una causa justificada prevista en la
ley, no puede sino considerarse constituyen una violación de este derecho
el conjunto de acciones hostiles, consumadas, expresadas o manifestadas,
dirigidas a procurar que el trabajador víctima de las mismas abandone el
puesto de trabajo.

El acoso u hostigamiento psicológico laboral también supone una violación
del derecho «a la igualdad ante la ley y no discriminación» previsto en el artículo 21 de la Carta Fundamental y en el más específico derecho «a la no
discriminación en el trabajo» previsto en el artículo 89.5 *eiusdem*, toda vez

que al trabajador víctima del acoso se le proporciona sin razón que lo justifique un trato degradado y desigual al proporcionado a otros trabajadores que prestan servicios para el mismo patrono.

Finalmente, debemos señalar que el hostigamiento psicológico laboral conlleva también una violación directa del derecho «a la salud», previsto en el artículo 83 de la Carta Fundamental, ya que, además de ver degradado el ambiente laboral, las actitudes que conforman el hostigamiento pueden atentar contra la integridad física y psíquica del trabajador víctima de las mismas, derivando en enfermedades de naturaleza ocupacionales y hasta lesiones que constituyan accidentes de trabajo.

En resumen, el acoso u hostigamiento laboral supone una violación directa de los derechos del trabajador previstos en los artículos 21, 83, 87, 89.5 y 93 de la Constitución Nacional, lo que en principio hace procedente la acción de amparo constitucional.

Ahora bien, consideramos que antes de detallar el procedimiento de amparo constitucional para la restitución de los derechos constitucionales de los trabajadores víctimas de actitudes y conductas que puedan catalogarse como hostigamiento psicológico laboral es pertinente cuestionar la errada interpretación jurisprudencial de la Sala de Casación Social sobre la configuración del acoso u hostigamiento laboral, que al menos teóricamente imposibilitaría el ejercicio del amparo constitucional.

Concretamente, si bien el artículo 164 del DLOTT establece que se entiende por acoso laboral «el hostigamiento o conducta abusiva ejercida en forma recurrente o continuada por el patrono o la patrona o sus representantes», la Sala de Casación Social ha interpretado –siguiendo la doctrina extranjera– que el acoso laboral «… es aquella situación en la que una persona o un grupo de personas ejercen violencia psicológica extrema de forma sistemática –al menos una vez por semana–, durante un tiempo

prolongado –más de seis meses– sobre otra persona en el lugar de trabajo»[358]. Es decir, la Sala de Casación Social ha interpretado que, para
que se configure el acoso laboral, el hostigamiento al trabajador debe ser
de por lo menos seis meses.

Dicha interpretación de la Sala de Casación Social, que ciertamente solo
se ha aplicado en juicios en los que se reclama el pago de indemnizaciones
por daño moral causados por el acoso laboral, hace de la acción de amparo
constitucional un mecanismo ineficaz para lograr el cese de las conductas
abusivas que configuran el acoso laboral y la restitución de la situación jurídica infringida, pues obliga al trabajador víctima del hostigamiento a to-
lerar al menos seis meses de tratos vejatorios por parte del empleador o de
otros trabajadores para poder solicitar ser amparado en sus derechos constitucionales. No encontramos argumentación alguna que pretenda mo-
tivar semejante necesidad de esperar seis meses bajo una grave situación
lesiva, de manera de tener que soportar el referido lapso, para intentar la
acción correspondiente.

Suponer que, para que se configure el hostigamiento psicológico laboral,
el acoso debe acontecer «durante un tiempo prolongado –más de seis
meses–», conlleva además a que el trabajador víctima del mismo pueda
verse obligado a retirarse del trabajo, ante una intolerable situación de
perturbación en la prestación de servicios, sin poder reclamar siquiera las
compensaciones por retiro justificado.

Entonces, el criterio de la Sala de Casación Social que fija en el lapso
de seis meses de conductas hostiles el momento en que se configura el
hostigamiento psicológico laboral, claramente tomado de la legislación

---

[358] Sentencia N.º 674 de la Sala de Casación Social del 5 de mayo de 2009 (caso:
Javier Díaz Bolaños *vs*. Sistemas Edamsoft, C. A. y otra), reiterada en la sentencia
N.º 158 del 10 de marzo de 2017 (caso: Paola Ochoa Morón *vs*. Constructora Norberto
Odebrecht, S. A.).

y doctrina extranjera anteriormente señalada, es errado, pues hace nugatorias tanto la posibilidad que el trabajador acciones por vía de amparo constitucional, conforme a la finalidad del sistema laboral de mantener la relación de trabajo, como la opción de un retiro justificado con el consecuente pago indemnizatorio.

En definitiva, la interpretación del artículo 164 del DLOTT fijada por la Sala de Casación Social no puede considerarse justificada o aceptable, en tanto:

> i. No es consistente con el ordenamiento laboral venezolano, pues el enunciado referido entra en contradicción las previsiones de los citados artículos 8, 80 literal h, 92 y 156 del DLOTT y 15 del RLOT. ii. Resulta incoherente con la finalidad perseguida por el legislador de procurar mantener una relación de trabajo permanente en condiciones de dignidad para el trabajador. iii. Implica una autorización al empleador, a sus representantes o trabajadores al desarrollo de actitudes hostiles hacia el trabajador hasta por seis meses, con la finalidad de forzar que abandone el trabajo, obviando las normas que protegen la estabilidad laboral o contemplan el pago de indemnizaciones por retiro injustificados.

Ahora bien, los requisitos para el ejercicio de la acción de amparo constitucional, y sus condiciones de procedencia, están previstos en la Ley Orgánica de Amparo, si bien el procedimiento fue modificado por la sentencia de la Sala Constitucional del Tribunal Supremo de Justicia del 1° de febrero de 2000 (caso: José Amando Mejía).

En este sentido, dispone el artículo 7 de la LOA que son competentes para conocer de la acción de amparo constitucional, los tribunales de primera instancia que lo sean en la materia afín con la naturaleza del derecho o de la garantía constitucional violado o amenazado de violación, en la jurisdicción correspondiente al lugar donde ocurrieren el hecho, acto u omisión que motivaren la solicitud de amparo constitucional.

Igualmente, sobre la determinación de los tribunales competentes para conocer y decidir las acciones de amparo constitucional estableció la Sala Constitucional «… 3. Corresponde a los tribunales de primera instancia de la materia relacionada o afín con el amparo, el conocimiento de los amparos que se interpongan, distintos a los expresados en los números anteriores, siendo los superiores de dichos tribunales quienes conocerán las apelaciones y consultas que emanen de los mismos, de cuyas decisiones no habrá apelación ni consulta».

Por su parte, dispone el artículo 17 de la Ley Orgánica Procesal del Trabajo (LOPT[359]) que en primera instancia conocerán en fase de juzgamiento los tribunales de primera instancia de juicio del trabajo.

Entonces, son los tribunales de primera instancia de juicio del trabajo de cada circuito judicial los tribunales competentes para conocer y decidir la acción de amparo constitucional que ejerza el trabajador para lograr el cese de las actitudes hostiles que configuran el hostigamiento psicológico laboral y la restitución de la situación jurídica infringida.

El proceso de amparo constitucional para lograr el cese de los actos de hostigamiento constitutivo de acoso laboral y para obtener la restitución de la situación jurídica infringida se iniciará mediante solicitud que, de conformidad con lo previsto en el artículo 18 de la Ley Orgánica de Amparo, deberá contener:

a. Los datos concernientes a la identificación del trabajador agraviado y del empleador agraviante o su representante; b. residencia, lugar y domicilio, tanto del trabajador agraviado como del empleador agraviante; c. suficiente señalamiento e identificación del empleador agraviante o su representante, si fuere posible, e indicación de la circunstancia de localización; d. señalamiento del derecho o de la garantía constitucional violado o amenazado de violación; e. descripción narrativa de los hechos, actos,

---

[359] Publicada en la GORBV N.° 37 504 de fecha 13 de agosto de 2002.

omisiones de constituyan el acoso laboral denunciado y demás circunstancias que motiven la solicitud de amparo constitucional; y, f. cualquiera explicación complementaria relacionada con la situación jurídica infringida,
a fin de ilustrar el criterio jurisdiccional.

El trabajador agraviado deberá también señalar en su solicitud de amparo
constitucional las pruebas que desea promover, siendo esta una carga cuya
omisión produce la preclusión de la oportunidad, no solo la de la oferta de
las pruebas omitidas, sino la de la producción de todos los instrumentos escritos, audiovisuales o gráficos, con que cuenta para el momento de incoar la
acción y que no promoviere y presentare con su escrito o interposición oral.

El tribunal de primera instancia de juicio del trabajo al que le corresponda
conocer y decidir la acción de amparo constitucional por hostigamiento
psicológico laboral, podrá ordenar que se amplíen los hechos y las pruebas,
o se corrijan los defectos u omisiones de la solicitud, para lo cual se seña-
lará un lapso preclusivo. Todo ello conforme a los artículos 17 y 19 de la
Ley Orgánica de Amparo.

Propuesta la acción de amparo constitucional, la misma resultará admisible si el hostigamiento psicológico laboral que se pretende sea reparado
cumple con los siguientes requisitos:

i. Es actual: Los actos que se denuncian como constitutivos del hostigamiento psicológico laboral debe deben ser reales y presentes, y por tanto
factibles de ordenarse su cese como acto restablecedor, pues de conformidad con lo previsto en el artículo 6.1 de la Ley Orgánica de Amparo, no
resulta admisible la acción de amparo constitucional cuando ha cesado la
violación o amenaza de violación del derecho constitucional.

ii. Es reparable: Los actos que se denuncian como constitutivos del hostigamiento psicológico laboral deben poder ser suspendidos mediante un

mandamiento judicial y si es posible retrotraer la situación al estado anterior a su comienzo, que es el efecto restablecedor que se pretende, pues, de conformidad con lo previsto en el artículo 6.3 de la Ley Orgánica de Amparo, es inadmisible la acción de amparo constitucional cuando la violación del derecho o garantía constitucional constituya una situación irreparable y no es posible el restablecimiento de la situación jurídica infringida.

iii. No ha sido consentido: Los actos que se denuncian como constitutivos del hostigamiento psicológico laboral no deben haber sido consentidos por el trabajador. Si existen evidencias o datos concretos que demuestren que el actor ha estado de acuerdo con los actos de hostigamiento que denuncia como violatorios de sus derechos constitucionales la acción puede ser declarada inadmisible, de conformidad con lo previsto en el artículo 6.4 de la Ley Orgánica de Amparo, que establece que la acción de amparo es inadmisible cuando la violación de derechos constitucionales han sido consentidos expresa o tácitamente por el agraviado.

Al respecto, en el mismo artículo 6.4 de la Ley Orgánica de Amparo se establece que hay un consentimiento expreso cuando trascurrieren los lapsos de prescripción previstos en leyes especiales o, en su defecto, más de seis meses después de iniciada la violación o amenaza de violación al derecho protegido.

Debemos destacar que esta previsión legal abona en nuestro señalamiento de que la interpretación del artículo 164 del DLOTT realizada por la Sala de Casación Social según la cual para que se configure el acoso laboral es necesario que los actos hostiles hacia el trabajador se produzcan en un lapso prolongado mayor a seis meses es una consideración errada que contradice la disposiciones contenidas en el artículo 8 del DLOTT y 15 del RLOT.

En efecto, si el trabajador víctima de los actos hostiles del patrono o de otros trabajadores, debe esperar al menos seis meses de tratos vejatorios o violentos, para considerar que se configuró el hostigamiento psicológico laboral y que es factible ejercer la acción de amparo constitucional, puede encontrarse con que la misma acción de amparo constitucional finalmente ejercida sea declarada inadmisible por cuanto transcurrieron más de seis meses desde el inicio de los actos que perturbaron el desarrollo de su actividad laboral y violaron sus derecho constitucionales sin haber accionado constitucionalmente y por tanto considerar que consintió en la violación de sus derechos constitucionales.

iv. Se ejerce en forma extraordinaria: No se ha optado por recurrir previamente a las vías judiciales ordinarias existentes o hechos uso de los medios judiciales prexistentes; pues en estos casos la acción de amparo constitucional se declarara inadmisible de conformidad con lo dispuesto en el artículo 6.5 de la Ley Orgánica de Amparo.

Además, para que la acción de amparo constitucional sea admisible es necesario evidenciar que no se ejerce contra una decisión emanada del Tribunal Supremo de Justicia, que los derechos constitucionales cuyo restablecimiento se solicita no han sido suspendidos por el Poder Ejecutivo Nacional y que no esté pendiente decisión una acción de amparo ejercida ante un tribunal en relación con los mismos hechos constitutivos del hostigamiento psicológico laboral, pues los numerales 6, 7 y 8 del artículo 6 de la Ley Orgánica de Amparo prevén dichos supuestos como causal de inadmisibilidad de la acción de amparo constitucional.

Finalmente, en cuanto al carácter excepcional del amparo constitucional como medio para lograr el cese inmediato de los actos hostiles que configuran el acoso laboral, debemos mencionar que este lo determina la circunstancia de que no existe otro medio procesal idóneo para impedir que continúe la lesión de los derechos constitucionales al trabajo, a la estabilidad laboral, a la no discriminación en el trabajo y a la salud que se consideran violados, así como para restablecer sus consecuencias o detener sus efectos.

Esta exigencia se desprende del artículo 5 de la Ley Orgánica de Amparo cuando preceptúa que «no exista otro medio procesal breve, sumario y eficaz, acorde con la protección constitucional».

En efecto, no existiendo otro medio judicial alguno tendiente a proteger al trabajador de los actos de hostigamiento psicológico laboral logrando su cese y el restablecimiento de la situación jurídica, infringida debemos acotar que ni siquiera el procedimiento administrativo de reclamo de los derechos de los trabajadores previsto en el artículo 513 del DLOTTT garantiza un pronto y rápido restablecimiento de los derechos constitucionales quebrantados por el empleador mediante los actos constitutivos del hostigamiento psicológico laboral; pues, la necesidad de agotamiento de una audiencia conciliatoria prevista en el numeral 4 del referido artículo 513 permite la dilatación del procedimiento, a lo que se debe adicionar la circunstancia que el Inspector del Trabajo no tiene lapso preclusivo para decidir la controversia y emitir los mandatos destinados a lograr el cese de los actos de hostigamiento.

Así en una caso concreto se indicó: en virtud de que no se configura ninguna de las causales de inadmisibilidad previstas en la Ley Orgánica de Amparo, el Tribunal de Primera Instancia de Juicio del Trabajo al cual le corresponde el conocimiento y decisión de la acción de amparo constitucional admite la solicitud y acuerda tramitarla de conformidad con el procedimiento instituido por la Sala Constitucional en la citada sentencia N.º 7 del 1º de febrero de 2000, y a tal efecto:

a. Debe ordenar la citación del empleador agraviante y la notificación del Ministerio Público, para que concurran al tribunal a conocer el día en que tendrá lugar la audiencia oral, la cual se efectuará dentro de las 96 horas siguientes a la constancia en autos de haberse practicado la última de las notificaciones ordenadas.

b. En la oportunidad en que tenga lugar la audiencia pública de las partes, estas oralmente, propondrán sus alegatos y defensas ante el juez, el cual decidirá si hay lugar a pruebas, caso en que el empleador y presunto agraviante podrá promover las que considere legales y pertinentes. Efectuado dicho acto, se levantará un acta contentiva del mismo.

c. En la misma audiencia, el juez decretará cuáles son las pruebas admisibles y necesarias y ordenará su evacuación en ese mismo día o al día inmediato posterior.

d. Una vez concluido el debate oral o la evacuación de las pruebas. El juez en el mismo día estudiará la causa respecto a la materia bajo su examen y podrá: i. decidir inmediatamente, caso en el cual expondrá de forma oral los términos del dispositivo del fallo; el cual deberá ser publicado íntegramente dentro de los cinco días siguientes a la audiencia en la cual se dictó la decisión correspondiente; ii. diferir la audiencia por un lapso que en ningún momento será mayor de 48 horas, por estimar que es necesaria la presentación o evacuación de alguna prueba que sea fundamental para decidir el caso, a petición de alguna de las partes o del Ministerio Público.

e. Contra la decisión dictada por el tribunal de primera instancia de juicio del trabajo, podrá apelarse dentro de los tres días siguientes a la publicación del fallo, la cual se oirá en un solo efecto. De no apelarse, la sentencia será consultada con el tribunal superior del trabajo respectivo, al cual se le remitirá inmediatamente el expediente, dejando copia de la decisión para la ejecución inmediata.

El tribunal superior del trabajo deberá decidir la apelación en un lapso no mayor de treinta días.

De tal suerte, que el amparo se constituye en una vía expedita a los fines de subsanar la situación laboral del trabajador derivada del hostigamiento psicológico[360].

---

[360] Véase también sugiriendo la vía del amparo, entre otros mecanismos reparatorios en caso de conductas discriminatorias: Carballo Mena, *Derecho a la igualdad...*, pp. 393 y 394.

Vale citar finalmente la decisión del Juzgado Primero de Primera Instancia de Juicio del Trabajo de la Circunscripción Judicial del estado Trujillo, en sentencia del 11 de octubre de 2007, caso: Víctor Rojo *vs.* Fundasalud, en la cual estableció:

> En el orden indicado, como quiera que el acoso laboral o *mobbing* es una institución novedosa que no tiene establecido un procedimiento en forma expresa en la ley, lo que no obsta para que las víctimas de tales conductas de hostigamiento puedan ser amparadas, lo cual ha sido reconocido por la Sala Constitucional y por la Sala de Casación Social del Tribunal Supremo de Justicia; es por lo que la acción de amparo constitucional se perfila como el único mecanismo al que pueden recurrir quienes se sientan afectados, cuando la conducta de hostigamiento que se denuncia involucre lesión o amenaza de lesión de derechos constitucionales. Así también, con respecto a la causal de inadmisibilidad establecida en el artículo 6.1 *eiusdem*, referida al cese de la violación o amenaza de violación, mediante el mecanismo de revocatoria del acto administrativo, contenido en oficio N.º 2022; observa este Tribunal, que la conducta de hostigamiento denunciada no se reduce a los oficios emitidos, sino que se delata la supuesta agresión por otras vías, como maltratos, vejaciones y humillaciones, para cuyo pronunciamiento se requiere la celebración del debate probatorio tendiente a la verificación de los hechos controvertidos entre las partes; de allí que este Tribunal no encontró, al momento de la celebración de la audiencia constitucional, causal alguna de inadmisibilidad de la presente acción de amparo constitucional y ordenó la apertura del debate probatorio.

III.4.2. Jurisprudencia

III.4.2.1. *Algunas decisiones judiciales*
Siguiendo con el desarrollo de nuestra investigación tenemos que, a falta de una intervención normativa formal específica, detallada y reglamentada

sobre el acoso laboral, la actividad judicial se convierte en constructora de Derecho, siendo especialmente significativa en el hostigamiento psicológico laboral. En nuestra búsqueda, si bien en diversos casos ventilados ante tribunales se han presentado reclamaciones por daño moral relacionado con agravios a la integridad y la dignidad de los trabajadores, conocimos de un caso judicial venezolano en el cual de manera tangencial se tratara el acoso psicológico en el trabajo. Ello al margen de las referencias circunstanciales que veremos ha tocado ligeramente nuestro Máximo Tribunal.

i. La primera decisión judicial –definitivamente firme– aun sin calificar la conducta propiamente como *mobbing*, que sin duda tendrá continuidad a raíz de la conceptualización del acoso laboral en la Lopcymat, fue dictada en fecha 1.º de septiembre de 2004 por el Juzgado Tercero de Primera Instancia de Juicio del Trabajo de la Circunscripción Judicial del Área Metropolitana de Caracas –el Juzgado Tercero de Juicio– recaída sobre el caso Nilda Rengifo *vs.* Exxonmobil de Venezuela S. A. por enfermedad laboral y daño moral. Los antecedentes del caso son los siguientes:

La demandante alega haberse sentido intimidada por la conducta de su supervisora –insultos, gritos, críticas negativas a su trabajo, desenvolvimiento o eficiencia– y en consecuencia, haber sido víctima de «acoso corporativo», el cual le produjo un accidente cerebro vascular (ACV). Asimismo afirma la accionante que antes de entrar a trabajar con el empleador demandado y ser sometida al acoso, era una persona sana y de perfecta salud, sin ningún trastorno patológico por lo que, según alega, se debe calificar la lesión sufrida con ocasión de la relación de trabajo, como ocupacional y por tanto, debe ser indemnizada.

Posteriormente, dos meses después de haber sufrido el ACV, producto de las conductas de hostigamiento a las que alega haber sido sometida, la actora afirma haber tenido que terminar la relación de trabajo que mantuvo con la empresa como consecuencia del ambiente hostil en el cual prestaba servicios.

Al respecto, señala la parte actora: que se sentía intimidada por la conducta de su supervisora, cuyas reacciones a diversas situaciones relacionadas con ella era la de insultar, gritar, criticar su trabajo, su desenvolvimiento o eficiencia. Esta situación de estrés y hostigamiento arriba descrita causó a la trabajadora serios trastornos de salud, que iban desde el insomnio hasta el agotamiento físico, de los cuales aún tiene secuelas. En el mes de septiembre de 2002, la trabajadora sufrió un accidente cerebro vascular (ACV). La trabajadora alega que fue producto del estrés, la presión de trabajo y los maltratos de todo tipo que sistemáticamente recibió por parte de su supervisora, configurándose así las características de lo que la empresa, señala en sus políticas gerenciales como un acoso corporativo. Señala la parte actora que los elementos antes descritos, se consideran, factores de riesgo psicosociales, que socavan la salud de la víctima o trabajador hasta el punto que el organismo no soporta más y ocurre el accidente. La importancia que surge de los riesgos psicosociales es que son el nexo de causalidad con las diversas enfermedades profesionales sobrevenidas como consecuencia obligada y directa de la ejecución crónica de una labor o trabajo que desempeña el trabajador o del medio en que se ha visto obligado a trabajar. En tal sentido, considera la representación que la política de la empresa en cuanto al acoso corporativo fue violada y la representada desamparada, restringiéndose innecesariamente no solo su capacidad para realizar labores, sino que además sufrió las consecuencias en su salud, materializado en el accidente cerebro vascular, sufrido por la trabajadora.

En este sentido, el Juzgado Tercero de Juicio estableció:

a. En cuanto a la carga probatoria y acogiendo los postulados jurisprudenciales de las Sentencias N.os 388 y 650 de fechas 4 de mayo y 12 de agosto del 2004, emanadas de la Sala de Casación Social del Tribunal Supremo de Justicia, el Juzgado Tercero de Juicio señala: (…) por tratarse la presente demanda de un cobro de indemnizaciones por supuesta enfermedad profesional y daño moral, la carga de la prueba corresponde íntegramente a la parte actora. Con relación a la materia de infortunios del trabajo, dentro del que se enmarca la enfermedad profesional, debe partirse del hecho de demostrar que efectivamente se produjo tal infortunio, es decir, que se produjo el accidente de trabajo o la enfermedad profesional, el vínculo de conexidad y el daño (…) lo que se desprende, de que deberá la parte actora demostrar la relación de causalidad entre el pretendido hecho ilícito enmarcado en el presunto acoso laboral como producto del alegado estrés como causante del accidente cerebro vascular; y así poder determinar con base en las pruebas aportadas y al análisis de los hechos concretos que le permitan a esta Sentenciadora, declarar la procedencia de las indemnizaciones por enfermedad profesional y del daño moral, y los parámetros que siendo el caso, le permitan cuantificar el mismo. En consecuencia, para poder determinar la procedencia o no de la presente acción, esta Juzgadora pasa al análisis del material probatorio aportado por las partes…

Sobre este aspecto, más adelante brevemente comentaremos uno de los principales problemas que se presentan en el hostigamiento psicológico laboral, y es el relacionado con la dificultad probatoria de la existencia de una conducta de hostigamiento que podría causar un daño a la salud de la víctima del acoso psicológico. Pues, como ya dijimos, el hostigamiento psicológico laboral surge de las relaciones interpersonales, en donde el acoso laboral, la mayoría de las veces verbal, compromete la dignidad del trabajador.

b. Respecto de la relación causal entre el hostigamiento psicológico laboral como desencadenante del estrés y el ACV sufrido por la demandante –presunta enfermedad profesional– por presunto hecho ilícito del empleador, enfocado al hostigamiento laboral que se le imputa a la supervisora de la accionante, el Juzgado Tercer de Juicio decidió que de las pruebas aportadas por la actora de ninguna manera se da por demostrado la existencia del presunto acoso corporativo y, por tanto desestima dicho

alegato. En efecto, afirma el Juzgado Tercero de Juicio que la actora: «...
no señala ninguna de las formas de acoso previstas en las políticas de
acoso en el lugar de trabajo, admitidas entre las partes que cursan a los
autos como el Manual «trabajado juntos» (...) como serían las verbales,
visuales o físicas».

c. Finalmente, concluye la decisión declarando sin lugar la demanda intentada por la accionante por cuanto no se estableció la relación causal
entre los hechos alegados por ésta y los padecimientos sufridos por la demandante. En este sentido determinó el Juzgado Tercero de Juicio: Con
base en tales afirmaciones, y distribuida la carga de la prueba en los términos expuestos *supra*, tenemos que del análisis de todas y cada una de
las probanzas aportadas al presente juicio por las partes, especialmente por
la parte actora, las cuales fueron analizadas en forma individualizada
por esta Juzgadora, no se hace evidente la prueba de la imputación personal de los hechos generadores del presunto estrés en la persona de su
presunta ejecutora (...) supervisora directa de la accionante (...) hechos
éstos que crean la convicción de esta Sentenciadora de que no podría ser
encuadrada el factor externo material como sería el acoso laboral impu-
tado a la supervisora como desencadenante del estrés por el estado emocional alterado, como lo indica la parte accionante en su escrito, por no
existir la causalidad entre la conducta desplegada por la presunta acosante
en contra de la acosada, no generándose la conexidad entre el estrés con
la enfermedad profesional accionada con ocasión de un presunto ilícito
patronal no demostrado en el presente caso, lo cual hace improcedente la
reclamación de la accionante por las indemnizaciones a que se contrae el
artículo 33, parágrafo segundo, numeral 3.° de la Ley Orgánica de Prevención, Condiciones y Medio Ambiente del Trabajo, equivalente al salario de tres años contados por días continuos, ni por la pretensión por
daño moral por falta de correlación entre el hecho ilícito del presunto
acoso laboral y la causas de la enfermedad profesional accionada por la
ex-trabajadora (...) declarándose sin lugar tal pretensión...

En este caso, ciertamente quedó demostrado en autos que la demandante sufrió un accidente cerebro vascular, solo que no logró demostrar los hechos que manifestó la accionada sucedieron con su persona mientras se desarrollaba la relación de trabajo –las conductas de hostigamiento psicológico laboral en el trabajo–; mucho menos la relación de causalidad entre tales hechos y el daño que sufrió.

La parte actora apeló de la sentencia anteriormente comentada ante el Juzgado Cuarto Superior del Trabajo del Circuito Judicial del Trabajo de la Circunscripción Judicial del Área Metropolitana de Caracas –el Juzgado Superior del Trabajo–, el cual, en sentencia de fecha 15 de octubre de 2004 , confirmó la decisión de instancia por cuanto no quedó demostrado por la demandante el nexo causal entre los hechos alegados en el libelo y el daño sufrido por la trabajadora.

En este sentido, la referida sentencia del Juzgado Superior del Trabajo estableció:

> Del análisis de las actas procesales, especialmente del cúmulo de pruebas aportadas por las partes, este sentenciador concluye que efectivamente esta demostrado y así lo aceptan expresamente cada parte, que ocurrió el accidente cerebro vascular alegado por la accionante, pero no quedó comprobado a las actas procesales los hechos que, a decir de la trabajadora demandante, le ocasionaron la enfermedad laboral. Es más, en criterio de este sentenciador, de haberse comprobados los hechos alegados y la enfermedad profesional, tampoco prosperaría la acción, porque no quedó demostrada la relación de causalidad entre los hechos y el daño –los expertos afirman que el estrés no produce accidente cerebro vascular– y, por último, también habría que traer a las actas la prueba de la culpabilidad del patrono, todo a tenor de la legislación y la doctrina, y a la jurisprudencia sentada por la Sala de Casación Social del Tribunal Supremo de Justicia, lo que impone, confirmando el fallo apelado, declarar improcedente la

apelación interpuesta por la parte actora y, como consecuencia de ello, sin lugar la acción incoada por la trabajadora accionante...

Vemos cómo se confirma la decisión de la instancia. Lamentablemente, insistimos, el problema probatorio no permitió que los jueces pudieran desarrollar con mayor detalle el hostigamiento psicológico laboral planteado.

Sabemos que el hostigamiento psicológico laboral, además de existir, debe acreditarse en el curso del procedimiento si es que el trabajador opta por plantear una reclamación judicial. Señalándose en principio que tiene sobre sí la carga de la prueba, según profundizaremos.

En este sentido, el requisito que se convierte en un problema de prueba, es la vinculación del daño a la dignidad y al honor de una persona con un íter de conducta, comportamientos reiterados y continuados, en la mayoría de los casos sutiles u ocurridos en privado, que persigan los fines anteriormente indicados, vale decir, el acorralamiento de una víctima para provocar su salida de la empresa.

Precisamente, es justamente en el contexto de procedimiento judicial en donde la víctima del hostigamiento psicológico laboral sufre las consecuencias negativas de su condición de débil jurídico, pues evidentemente tiene mayores dificultades para recopilar pruebas que acrediten los hechos. En la sentencia comentada se establece que la accionante debía probar la ocurrencia de las conductas hostiles alegadas, por parte de su supervisora, sin embargo, no lo logró y su pretensión fue desestimada.

ii. Sentencia de la Sala de Casación Social N.º 627 de 06-11-02: Se trata de una acción amparo constitucional interpuesta a fin de que: «... declare con lugar el amparo por acoso laboral y se restablezca inmediatamente la situación jurídica infringida o la situación que más se asemeje a ella...».

La Corte Primera de lo Contencioso Administrativo, la cual declinó la competencia concluyó: «… por cuanto su empleador era una asociación civil, según consta en los autos, es claro que la relación de empleo entre la accionante y la referida Asociación Civil (…) se rige por lo que prevean los estatutos o normas internas de dicha Asociación, y la legislación laboral; es decir, la relación entre dicha Asociación Civil y los empleados de ésta constituye materia sometida al Derecho Laboral. De otro lado, no consta en el expediente que dicha Asociación Civil se encuentre investida de una función pública asignada en un cuerpo normativo con rango de ley que permita calificar los actos que de ella emanan como actos de autoridad, tal como reiteradamente lo ha señalado la jurisprudencia de esta Corte…».

Se evidencia que esta Sala de Casación Social no es competente para resolver el asunto, puesto que el mismo corresponde a una acción de amparo constitucional por acoso laboral. De ello se desprende que la naturaleza de la acción intentada es de orden constitucional, siendo preciso acudir al último aparte del artículo 266 de la Constitución de la República Bolivariana de Venezuela, el cual dispone que a la Sala Constitucional de este Máximo Tribunal le está asignado el ejercicio de la jurisdicción constitucional, por ser ésta, quien tiene la competencia afín para el conocimiento y resolución de los asuntos comprendidos en dicha jurisdicción.

La Sala de Casación Social se declara incompetente para resolver el presente asunto, en virtud de lo cual se remite el expediente que lo contiene a la Sala Constitucional de este Tribunal Supremo de Justicia, para que sea dicha Sala la que resuelva el conflicto de competencia planteado.

En esta decisión se observa cómo se genera el conflicto de competencia en una causa de acción de amparo por acoso laboral, colocando a la trabajadora en un estado de vulneración de derechos constitucionales sin obtener pronunciamiento oportuno a su reclamación, generando una victimización mayor al estado inicial en que acude a la administración de justicia, donde se constata la carencia de conocimiento del concepto del fenómeno alegado, el cual se encuentra consagrado también en la Constitución como derecho humano fundamental, y produciéndose entonces la falta de aplicación de los artículos 26 y 27 constitucionales. Una vez más se aplica el lema «… la justicia tardía… no es justicia».

iii. Sentencia de la Sala de Casación Social del Tribunal Supremo de Justicia N.º 720 de 30-07-04: «… se afirmaron una serie de hechos y circunstancias que constituyen el hecho ilícito desplegado por el patrono en contra de la trabajadora, así como circunstancias que describen la entidad del daño, destacando el sufrimiento de un padecimiento psicológico por parte de la trabajadora originado por la actuación del patrono, y la actuación "intencional" y dolosa de este a los fines de lograr la renuncia de la trabajadora, en lo que se conoce como "psicoterror" o *mobbing*».

> … se evidencia que el sentenciador de la recurrida señaló que resultaba necesario para proceder a la estimación del monto que por indemnización de daño moral corresponda en cada caso, teniendo como base los hechos establecidos, proceder a su calificación a través de distintos aspectos, tales como el grado de culpabilidad del autor, la conducta de la víctima y lo que se conoce como la escala de sufrimientos, sin embargo luego de hacer estas consideraciones de tipo general fijó la cantidad de tres millones de bolívares (…) como monto a indemnizar sin tomar en cuenta las circunstancias del caso concreto por él referidas de manera general (…) declara: con lugar el recurso de casación…

En la sentencia descrita es importante destacar que el sentenciador declara con lugar el recurso fundamentándose en la doctrina relativa a la indemnización por daño moral, sin hacer referencia sobre la causa que ocasionó el daño, es decir no realiza mención alguna sobre el fenómeno del *mobbing* laboral, es por ello que esta investigación considera que, aun cuando el recurso se introduce por varios vicios en las sentencias dictadas en la jurisdicción ordinaria, lo más resaltante para el tema que nos ocupa debería ser la relación de causa y efecto que se genera de la relación de trabajo entre las partes y, que conduce a la trabajadora a ejercer el derecho a la reparación del daño producido por una serie de actuaciones por parte del patrono, entre ellas, «actuación intencional y dolosa con los fines de lograr la renuncia de la trabajadora», y que «mantuvo a la trabajadora en un estado de sufrimiento de un padecimiento psicológico» (*sic*), toda esta situación se encuentra enmarcada dentro de los elementos que caracterizan el fenómeno de *mobbing* laboral, entendiéndose este, como el fenómeno que se presenta en las relaciones de trabajo con manifestaciones de acoso, psicoterror, hostigamiento y maltratos entre trabajadores con evidente posición de poder asimétrico, con la intencionalidad de causar daño y lograr el abandono de su puesto de trabajo por parte de la víctima objeto del *mobbing*.

Como primera consideración se puede determinar, a decir de la sentencia proferida, que el tribunal no manejó con debida propiedad el tema del *mobbing* en materia laboral. Presumimos que esta dolencia es producto de que el tema, como figura jurídica, es novísimo para la jurisprudencia venezolana, por tanto poco profundizado en su estudio e investigación por parte del foro jurisdiccional. La anterior afirmación se basa en la escueta motivación que se refleja en lo referente a la indemnización, el cual fue denunciado en el escrito de la recurrida, el pírrico monto indemnizatorio por el que fue condenada la demandada, tratándose de un daño moral que afecta la salud psíquica y física de la trabajadora y tomando en cuenta que fue un hecho producto de conscientes conductas humanas y no de errores humanos o de desperfectos de instrumentos o maquinarias de uso laboral.

Debe señalarse que la sentencia no establece las medidas correctivas que deben aplicársele al acosador, tales como tratamiento psicológico y algún tipo de sanciones, todo ello con la finalidad de evitar que este tipo de conductas se sigan sucediendo en el ambiente de trabajo con otras trabadoras y trabajadores.

La doctrina española ha referido que la sanción del hostigamiento debe tener un sentido ejemplarizante, lo que puede ser completamente aplicables

a nuestra jurisdicción, con la finalidad que se vaya difundiendo lo relativo a los daños que producen las conductas de *mobbing* en las relaciones
de trabajo, así como las sanciones aplicables, las cuales no solamente
deben ser indemnizaciones por parte del patrono, sino también sanciones al supervisor acosador con la finalidad de evitar que se mantenga
en posiciones que le permitan continuar en la perpetración de conductas
similares a otros trabadores.

En cuanto a la decisión de la Sala de Casación Social, no obstante declarar
con lugar la argumentación explanada en el escrito recursivo en lo ati-
nente a la pírrica sanción indemnizatoria, que es el punto central de esta
sentencia, tampoco hace referencia a los aspectos antes señalados, como es
la medida correctiva destinada al acosador.

La debida sapiencia con la que deben actuar las Salas de Casación del Alto
Tribunal, en nuestro criterio, queda en entredicho, ya que en sus pronunciamientos, aparte de proferir decisiones contrarias e insuficientes para
con los trabajadores y trabajadoras, en cuanto al tratamiento y profundización del fenómeno del *mobbing*, tema este tan delicado como es el
hostigamiento psicológico o psicoterror laboral, propinados por supervisores, deben también señalar aspectos aleccionadores, tanto para los tribunales de instancias inferiores, empleadores y acosadores, toda vez que es
pertinente realizar señalamientos didácticos a fin de instarlos a investigar
o asesorarse con equipos multidisciplinarios conocedores del tema del *mobbing* laboral, por tratarse de un tópico de relativa novedad en el foro jurídico venezolano. Ello obligaría a la profundización y manejo de las teorías
y efectos del *mobbing* laboral en la salud de los trabajadores y su entorno.

iv. Sentencia N.° 103 de la Sala Constitucional de 22-02-08: Se trata de un
amparo constitucional contra «la conducta ilegal de la Procuradora General
de la República (…) de una decisión arbitraria, e ilegal como lo es el acoso
laboral en contra de la persona de la trabajadora indefensa por su estado de

gravidez de alto riesgo y peligrosidad», para cuya fundamentación denunció la violación a sus derechos a la defensa, a la protección integral a la maternidad, al trabajo, a la igualdad y equidad en el ejercicio del derecho al trabajo, irrenunciabilidad de los derechos laborales, a un salario suficiente y a las prestaciones sociales, que acogieron los artículos 49, 76, 87, 88, 89, 91 y 92 de la Constitución de la República Bolivariana de Venezuela.

> … la representación judicial de la legitimada activa «… solicito el retiro de la presente acción de amparo autónomo interpuesto por mí, en nombre y representación de…». En virtud de que el abogado (…) tiene facultad expresa para el desistimiento, y que, en el asunto de autos, la situación jurídica que se delató como lesionada no trasciende la esfera jurídico subjetiva de la peticionaria de amparo, es decir, que no afecta al orden público ni las buenas costumbres, hay lugar a la homologación del desistimiento que formuló la parte actora. Así se declara.

Se homologa así el desistimiento del procedimiento de amparo que se había incoado contra «la conducta ilegal de la Procuradora General de la República…». En esta sentencia, se observa de manera relevante como el argumento para decidir la homologación del desistimiento consiste en: «la situación jurídica que se delató como lesionada no trasciende la esfera jurídico subjetiva de la peticionaria de amparo, es decir, que no afecta al orden público ni las buenas costumbres…», sin tomar en consideración que las normas relativas a la protección a la maternidad, al trabajo como hecho social, a un salario digno, a las prestaciones sociales, a la igualdad en el trabajo, son derechos humanos consagrados en normas consideradas de orden público, las cuales no admiten el desistimiento según los artículos 14 y 25 de la Ley Orgánica de Amparo sobre Garantías y Derechos Constitucionales.

Especial mención merece el hecho de que la trabajadora denunció acoso laboral, figura que se encuentra contemplada en el numeral 5 del artículo 56 de la Ley Orgánica de Prevención de Condiciones y Medio Ambiente del Trabajo, y cuyas disposiciones son de orden público, en concordancia con lo establecido en la Constitución y en la Ley Orgánica del Sistema de Seguridad Social, por lo que no comprendemos el retardo en la admisión de la acción de amparo cuando se trata de un tema de derechos humanos fundamentales, generando una situación de inestabilidad y de indefensión ante las agresiones denunciadas por la trabajadora.

Igual incomprensión causa el argumento de la Sala para homologar el desistimiento de la acción, cuando expresa «no trasciende la esfera jurídica subjetiva de la peticionaria de amparo, es decir que no afecta el orden público y las buenas costumbres…», lo que puede generar futuras lesiones especialmente a mujeres trabajadora embarazadas sin la debida sanción, y las consecuencias más graves de la homologación de este desistimiento de amparo, es que deja abierta las puertas para que se continúen las conductas de violencia psicológica laboral patronales contra trabajadoras en esta situación.

v. Sentencia de la Sala de Casación Social N.° 915 de 25-06-08: Afirma la decisión: «… el juez de Alzada manifestó que no prosperaba el *mobbing* por no haber podido constatar en las actas que ello hubiese sido alegado, discutido y probado; sin embargo, la parte actora –hoy recurrente– había solicitado la revisión de los videos de la audiencia, por cuanto «si bien es cierto que no todas las audiencias fueron grabadas, no es menos cierto que de los registros audiovisuales existentes se puede constatar que sí fue objeto de la audiencia de juicio este tema». En este sentido, agrega la impugnante que el juzgador *ad quem* omitió la revisión de las reproducciones audiovisuales de la audiencia, y que de las declaraciones del médico psiquiatra y de dos trabajadores de la empresa demandada se desprende que fue víctima del *mobbing*…».

… Si bien lo anterior es suficiente para desestimar la delación, se constata en el expediente que el *mobbing* del cual supuestamente era víctima la trabajadora no formaba parte del *thema decidendum*, al no haber sido aducido en el libelo de demanda, que era *prima facie* la oportunidad correspondiente para la alegación de los hechos por parte de la demandante. En consecuencia, la Sala desestima la denuncia.

En el presente caso, el sentenciador de la recurrida constató que a la trabajadora se le certificó una incapacidad absoluta y temporal, entre el 11 de noviembre de 2002 y el 1° de febrero de 2003; en consecuencia, al no tratarse de una incapacidad permanente, el hecho concreto no se subsumía en el supuesto fáctico previsto en la norma delatada, razón por la cual la misma no resultaba aplicable. Por lo tanto, se desecha la presente denuncia, y así se establece.

… No se observa contradicción alguna, por cuanto la incapacidad fue calificada como temporal, esto es, que pasa con el tiempo, lo que es cónsono con la ausencia de secuelas evidenciada por el juzgador. De hecho, así fue declarado por la médico especialista en salud ocupacional del Inpsasel, quien señaló que «a consecuencia del accidente la trabajadora permaneció con una incapacidad absoluta y temporal desde el 11-11-02 hasta el 01-02-03, sin ninguna secuela» (…) Se declara sin lugar el recurso de casación interpuesto.

En este caso se observa que el Sentenciador limita su pronunciamiento enmarcado en las formas procesales, sin valorar el hecho de la protección de los derechos humanos que es el fondo de esta causa, alegando que no era el tema objeto de la decisión porque no se incluyó inicialmente en la demanda, siendo que el mismo tiene carácter de orden público, ya que se afectó la salud y que pudo colocar en riesgo la vida de la trabajadora. También se observa que no se toma en cuenta la desigualdad de las partes, ya que, debido a la confesión del patrono, como consecuencial procesal lo que procedía era dar la razón al actor, de acuerdo a lo probado en autos que no fuese contrario a Derecho, se considera que el sentenciador tenía el recurso legal para equilibrar la desproporcionalidad en cuanto a las fuerzas que presentan las partes, en el tema de lo alegado. En el tema de las pruebas pensamos:

«… Una solución ante esta situación podría ser que el juez que habrá de conocer el caso, en virtud del principio inquisitivo previsto en el artículo 5 de la Ley Orgánica Procesal del Trabajo, intervenga de forma activa en el proceso, requiriendo que los testigos comparezcan a rendir declaración, recabando medios de prueba distintos a los promovidos por las partes que de alguna manera logren sustentar el expediente con mayor precisión». Es por ello, que también se hace referencia, específicamente, a la aplicación del artículo 156 de la Ley Orgánica Procesal del Trabajo, que señala que el juez puede ordenar la evacuación de otra prueba que pudiese considerar necesaria para el mejor esclarecimiento de la verdad, es decir, sería muy simple expresar que por no haberse incluido en la demanda inicial la denuncia por acoso laboral, no puede evaluarse posteriormente durante el procedimiento judicial, lo que se considera como una negación de justicia, ya que con esta posición se desestiman los padecimientos sufridos por las trabajadoras, en el caso que nos ocupa el efecto psicológico y físico como el aborto.

Consideramos que en la actualidad, podrían calificarse de «excepcionales» los magistrados que apliquen el contenido del artículo 175 de la Ley Orgánica Procesal del Trabajo, el cual establece: «… podrá también el Tribunal Supremo de Justicia de oficio hacer pronunciamiento expreso, para casar el fallo recurrido con base en las infracciones de orden público y constitucionales que ella encontrare aunque no se les haya denunciado…». Y no como se observa con decisiones acomodaticias, sin suficiente contenido, ya que se percibe como un evidente afán para sumar decisiones a las estadísticas por casos resueltos.

vi. Sentencia de la Sala de Casación Social N.° 1280 de fecha 31-07-08: «… Se reclama que en el juicio no se acordó la indemnización contenida en el artículo 130 de la Ley Orgánica de Prevención, Condiciones y Medio Ambiente del Trabajo, donde por el hecho ilícito de la enfermedad ocupacional sufrida por la demandante, quien alega que fue producida por maltratos propinados por su supervisor». Algunos extractos del recurso, hacen referencia a la figura bajo estudio:

… respecto a las indemnizaciones previstas y sancionadas en la Ley Orgánica de Prevención, Condiciones y Medio Ambiente del Trabajo, éstas encuentran su fundamento en la responsabilidad subjetiva del patrono, por lo que es necesario que se demuestre el hecho ilícito patronal para la condenatoria de las mismas, manifestando que de las pruebas promovidas por las partes en el proceso no quedó demostrado el hecho ilícito, lo cual trae consigo la declaratoria de improcedencia de dichas indemnizaciones. Finalmente se declara sin lugar el recurso y se confirma la sentencia recurrida.

En este pronunciamiento se observa cómo la Sala para fundamentar su decisión, se limita a extraer de los alegatos del recurrente la inexistencia de la responsabilidad subjetiva del patrono, es decir, desestima la causa y el efecto que genera la enfermedad ocupacional, así como la conducta de hostigamiento psicológico laboral a la que fue sometida la trabajadora para que derivara en una enfermedad ocupacional.

Esta investigación considera que la Sala debería partir de lo establecido en la Lopcymat, cuyas disposiciones son de orden público, en primer lugar de conformidad con lo establecido en el artículo 1 la obligación de «… garantizar a los trabajadores y trabajadoras condiciones de seguridad, salud y bienestar en un ambiente de trabajo adecuado y propicio para el ejercicio pleno de sus facultades físicas y mentales…», en concordancia con lo establecido en el artículo 56 *eiusdem*, lo que implica que se deben tomar todas las medidas correspondientes para prevenir los daños en la salud de los trabajadores, ya que una vez que se certifica la enfermedad ocupacional por parte de Inpsasel, se evidencia la falta de previsión del patrono y en consecuencia su conducta se enmarca en la responsabilidad administrativa establecida en el artículo 117 *eiusdem*, es más, la responsabilidad se puede materializar en varios aspectos, según el caso, penales y civiles derivadas del incumplimiento, por ejemplo: la falta de notificación sobre los riesgos o procesos peligrosos asociados al puesto a desempeñar, si carecen de programas de seguridad, en fin si no se cumple con lo establecido para mantener las condiciones de seguridad en que se presta el servicio, como consecuencia el empleador será sancionado por las infracciones en las que haya incurrido, y si estas ocasionan una enfermedad ocupacional como lo es en este caso, se genera tanto una responsabilidad objetiva como una responsabilidad subjetiva, tal como quedó certificado por INPSASEL en su informe, ya que es un imperativo de la Ley observar todas las disposiciones relativas a la prevención del medio ambiente de trabajo.

Al respecto se mencionan ciertas consideraciones en relación con la responsabilidad subjetiva y el hecho ilícito, sobre los que la doctrina ha señalado: «Los daños reparables por hecho ilícito son mucho mas amplios que los derivados del incumplimiento de una obligación contractual», en esta dirección y en concordancia como viene señalado en el numeral 5 del artículo 56 de la LOPCYMAT, Deberes de las y los empleadores: «… abstenerse de realizar, por si o por sus representantes, toda conducta ofensiva, maliciosa…», es por ello que en esta investigación se formula, las siguientes interrogantes: ¿cómo se demuestra «toda conducta», que conlleve a establecer la relación de causalidad entre la enfermedad padecida por la trabajadora y la conducta del empleador? ¿El juzgador no debería aplicar las máximas de experiencia o solicitar oficiosamente las pruebas de acuerdo con lo establecido en los artículos 5, 71 y 156 de la Ley Orgánica Procesal del Trabajo? En cuanto a esta disposición el maestro Ricardo HENRIQUEZ LA ROCHE, en su obra *Nuevo proceso laboral venezolano*, expone lo siguiente: «Es muy importante para la justicia del caso que la verdad quede postulada en el juicio, porque allí donde aflora la verdad se hace posible la justicia. Debe procurarse una mejor apreciación de los hechos por parte del juez, y la posibilidad de una decisión basada en la verdad. Es por ello que este artículo 71 –al igual que el artículo 156– faculta al juez para ordenar o propiamente instar –no ordenar, porque el proceso está regido por cargas y no por obligaciones– la evacuación de alguna prueba adicional que considere conveniente para juzgar según la verdad real…».

Nuestra Constitución consagra los principios fundamentales relativos a los derechos humanos, y garantizar todo lo relativo a la seguridad social y al debido proceso, establecidos en los artículos 2, 3, 86 y 257.

De acuerdo al análisis realizado se concluye que la Sala del Tribunal Supremo de Justicia califica la enfermedad ocupacional como «un simple hecho» que, según su motivación y valoración de los informes médicos, «no le quedó debidamente demostrada la relación de causalidad entre la enfermedad padecida por la demandante y la agente del daño», y no conforme con eso agrega que «… los presuntos maltratos, solo quedaron evidenciados en los autos a través de sus dichos…» de lo cual se destaca que en este caso la Sala, no aplicó la lógica necesaria para establecer la vinculación entre el hostigamiento, los presuntos maltratos y la enfermedad ocupacional padecida por la trabajadora y certificada por Inpsasel, cuya certificación tiene pleno valor probatorio por poseer carácter de documento público de conformidad con el artículo 76 de la Ley Orgánica de Prevención Condiciones y Medio Ambiente del Trabajo, igualmente se evidencia el desconocimiento de la definición de enfermedad ocupacional y sus secuelas, contemplados en los artículos 70 y 71 *eiusdem*.

Es importante destacar que desde el momento, en que se generó la enfermedad ocupacional tal como «consta en los informes médicos insertos en los autos y los testimoniales rendidos por los expertos», se evidencia que el patrono incumplió con su obligación; en consecuencia, se observa en esta decisión el desconocimiento absoluto tanto del fenómeno del *mobbing* y sus consecuencias y efectos en la salud de las trabajadoras y trabajadores, como de la Ley que lo regula, ya que considerar un «simple hecho» la enfermedad ocupacional demuestra que no se le ha dado la importancia que requiere un tema tan delicado como lo es la vulneración de los derechos humanos, expresamente consagrados en los artículos 21, 60, 57, 83, 87, de la Constitución de la República Bolivariana de Venezuela, así como en los tratados internacionales que en materia de derechos humanos han sido suscritos por Venezuela.

Podemos concluir que el requisito que se convierte en un problema de prueba, es la vinculación del daño a la dignidad y al honor de una persona, con un íter de conducta, comportamientos reiterados y continuados, en la mayoría de los casos sutiles u ocurridos en privado, que persigan los fines anteriormente indicados, vale decir, el acorralamiento de una víctima para provocar su salida de la empresa.

vii. En 2009 se observa sentencia de la Sala de Casación Social del Máximo Tribunal:

> Reclamó el ciudadano (…) la suma de cien millones de bolívares (…) por concepto de daño moral, con fundamento en que fue víctima de «*mobbing* laboral», mediante un «aislamiento en su gestión laboral», traducido en la limitación de comunicación, y acoso permanente para que firmara «acuerdos de confidencialidad» bajo el engaño de entregar información financiera de la empresa.

En ese sentido, observa la Sala que el *mobbing* es aquella situación en la que una persona o un grupo de personas ejercen violencia psicológica extrema de forma sistemática –al menos una vez por semana–, durante un tiempo prolongado –más de seis meses– sobre otra persona en el lugar de trabajo. La Sala refiere que los hechos expuestos por el actor no enmarcan dentro de la definición precedentemente expuesta, sino como situaciones aisladas, por lo que declaró sin lugar el recurso.

En este caso, aun cuando la Sala desciende a las actas procesales para dictar sentencia de mérito, se observa que, cuando se realiza la definición de *mobbing*, se sostiene como uno de sus elementos la prolongación de los «actos de violencia psicológica extrema» (*sic*), de forma sistemática en el tiempo. Sin embargo, somos del criterio que la continuidad o reiteración no puede ser impuesta por un lapso de seis meses. Bien puede ser factible por corto tiempo, si se evidencia de la sucesión de los actos o conductas enmarcadas en el fenómeno del *mobbing*. También nos alejamos de la opinión de quienes sostienen que en un solo hecho aislado se puede configurar el *mobbing*, pues esto imposibilitaría evaluar los efectos que una sola acción pueda generar en la salud del trabajador.

En algunos países y legislaciones, se trata el fenómeno del *mobbing* como accidente laboral, aplicando allí la ausencia de la continuidad en el tiempo, o reiteración de las conductas, asimilándolo al hecho aislado, de allí que pensamos que «… reiterado: no es un episodio aislado ni una conducta indebida que se disipa y corrige, aunque en Canadá la legislación lo prohíbe aún en casos aislados», pero insistimos, sería sumamente difícil determinar que un hecho aislado generó una patología considerada como enfermedad ocupacional o lesión psicológica o física, configurándose el fenómeno del *mobbing*, mucho más sencillo será asimilarlo a un accidente laboral.

En el caso bajo análisis, el recurrente argumenta que estuvo sometido a aislamiento «… por una data aproximada de ocho meses», y esta investigación sostiene el criterio que el elemento de la reiteración en el tiempo, es fundamental para que se configure el fenómeno; es por ello que no se comparte la decisión cuando declara: «… como situaciones aisladas, por lo que resulta forzoso declarar sin lugar este aspecto del *petitum*».

En este caso, la concurrencia de los elementos no es valorada, aun cuando la Sala define las situaciones que configuran el *mobbing*, luego discurre contrariamente argumentado que el mismo no se configura, debido a que se tiene el suceso como un hecho aislado, es decir que el argumento del trabajador sobre el hecho que estuvo ocho meses, aislado, incomunicado, y sin recursos, no es suficiente para que sea considerado que fue víctima de *mobbing*, y se descalifica que el aislamiento al que fue sometido el trabajador sea una forma de acoso u hostigamiento.

Para concluir, realizamos la siguiente reflexión, ya mencionada en otros comentarios a lo largo de esta investigación: si actualmente es sumamente frecuente observar cómo los juzgadores desestiman las causas donde se demande el *mobbing* laboral, argumentando la ausencia de vinculación entre la causa y el efecto generada en una enfermedad ocupacional, que no deviene por un suceso único, sino por una continua o reiterada exposición a un riesgo, con más ligereza y rechazo serán tomados los efectos en la salud psicológica y física generados por un hecho aislado.

viii. Sentencia de la Sala Constitucional N.° 1545 del 09-11-09: Se trata de una acción de amparo constitucional por presunto acoso laboral. El Juzgado Superior 4.° en lo Civil y Contencioso-Administrativo de la Región Capital, se declaró incompetente para conocer la acción de amparo y declinó la competencia en el Juzgado Quinto de Primera Instancia de Violencia contra la Mujer en Funciones de Control, Audiencia y Medidas del Circuito Judicial Penal del Área Metropolitana de Caracas, el cual por decisión del 29 de julio de 2009, declinó la competencia en el Juzgado Segundo de Primera Instancia en Función de Juicio de Violencia contra la Mujer del mismo Circuito Judicial Penal, el cual su vez, por sentencia dictada 6 de agosto de 2009, se declaró incompetente y ordenó remitir copia certificada del expediente a esta Sala Constitucional del Tribunal Supremo de Justicia.

… Por su parte, el 6 de agosto de 2006, el Juzgado Segundo de Primera Instancia en Función de Juicio de Violencia contra la Mujer del Circuito Judicial Penal de la Circunscripción Judicial del Área Metropolitana de Caracas, también se declaró incompetente para conocer la acción de amparo, al considerar que la relación existente entre la accionante y las presuntas agraviantes, así como los hechos narrados y los derechos constitucionales denunciados como lesionados, se pueden subsumir dentro de la competencia inherente a la materia contenciosa administrativa, que aun cuando el juzgado contencioso se declaró incompetente por cuanto valoró que los hechos denunciados configuran violencia de género, los hechos en que se fundamentan no se subsumen dentro del tipo penal de violencia psicológica, ni dentro del tipo penal de violencia laboral, ni constituye forma de violencia alguna basada en género, pues si bien la accionante solicita que cese el hostigamiento y acoso laboral, pues dicho hecho no deriva de las relaciones sociales entre hombre y mujer, donde se evidencie la situación de discriminación y marginación de la mujer y el poder del hombre como inherente a sus características biológicas y, en consecuencia, ordenó la remisión del expediente a la Sala Constitucional a los fines de que se resuelva el conflicto de competencia, por no haber juzgado superior común y por tratarse de una acción de amparo.

… la accionante denuncia la actuación material de la Directora de Determinación de Responsabilidad, de la Jefe de Grupo y de la Asesora Legal, adscritas a la Unidad de Auditoria Interna del Ministerio del Poder Popular para la Economía y Finanzas, quienes han ordenado a la secretaria de la dirección «no recibirle trabajo alguno», lo cual, en su criterio, lesionó los derechos relativos al trabajo, al respeto a la dignidad de su persona humana y profesional, a no ser acosada, a su honorabilidad y reputación, pues tal situación afecta su estabilidad laboral y futuras evaluaciones a los efectos de un ascenso. Se aprecia que el hecho que dio origen a la demanda de tutela constitucional tienen lugar en el marco de una relación de naturaleza funcionarial, pues los mismos responden a la presunta inconformidad de las señaladas como agraviantes con el informe presentado por la hoy accionante. Finalmente se declara que el tribunal competente para conocer de la acción de amparo interpuesta es el Juzgado Superior Cuarto en lo Civil y Contencioso Administrativo de la Región Capital.

En este caso, se observa que surge un conflicto de competencia por desconocimiento del tema del hostigamiento psicológico laboral por parte de los jueces de los tribunales, no solamente en materia contencioso-administrativo, sino en todas las jurisdicciones en donde se recibe el caso, al considerar que «… el presunto acoso laboral denunciado por la accionante, constituye una forma de violencia de género, previsto en la Ley Orgánica sobre el

Derecho de las Mujeres a una Vida Libre de Violencia», demuestra claramente que no se conoce que el fenómeno del *mobbing* tiene su origen en las
relaciones de trabajo, sin clasificación del género, y aun cuando en este caso
se trata que la víctima de la situación es mujer, la misma se da por la condición de trabajadora, independientemente del sitio donde se preste el servicio
y del sujeto acosador, por lo que no debe ser descalificada esta causa solo
por tratarse de una trabajadora regulada por la materia funcionarial.

Al respecto es importante reiterar lo que la doctrina ha planteado como
mobbing laboral cuando señala «Nos referimos a un tipo de situación co-
municativa que amenaza con infligir al individuo graves perjuicios psíquicos y físicos. El *mobbing* es un proceso de destrucción; se compone de
una serie de actuaciones hostiles que, tomadas de forma aislada, podrían
parecer anodinas, pero cuya repetición constante tiene efectos perniciosos».

Se entiende por acoso u hostigamiento psicológico en el trabajo: «... Comportamiento hostil que atenta, ofende, humilla, atemoriza, de forma sistemática la integridad física o psíquica llevada a cabo por una o varias personas».

De lo anteriormente descrito, en relación con el caso de la sentencia bajo
análisis se concluye que, debido al desconocimiento del tema planteado, se
identifica la esencia de la controversia con la materia de violencia de género
y por ello se declara incompetente, remitiéndolo a los tribunales de violencia
contra la mujer, evidenciándose claramente la necesidad de que exista la difusión y profundización del fenómeno del hostigamiento psicológico laboral
en todos los ámbitos de las relaciones de trabajo.

La Sala Constitucional en el conflicto de competencia planteado por la
materia, enmarcó el tema en un asunto entre funcionarias de la Administración Pública; es por ello que remite la acción a la jurisdicción contencioso administrativa que es la encargada de dirimir las controversias en
materia funcionarial.

ix. En febrero de 2013 la Sala de Casación Social del Tribunal Supremo de Justicia señaló los elementos característicos que indicamos *supra* del hostigamiento psicológico laboral:

> La actora afirma que el hostigamiento laboral al que fue sometida le generó un estrés de tal magnitud que llegó al estado de «depresión», motivo por el que acudió a consulta psiquiátrica y posteriormente a consulta psicológica a fin de realizar terapia para soportar la «carga de trabajo y el estado de acoso laboral», siendo diagnosticada como «trastorno mixto ansioso-depresivo», y tratada con fármacos y sesiones de psicoterapia de corte cognitivo-conductual semanal por tiempo indefinido.

> Constituye criterio reiterado de la Sala, que para la procedencia de las acciones por responsabilidad subjetiva, previstas en la Ley Orgánica de Prevención Condiciones y Medio Ambiente de Trabajo (Lopcymat), la parte actora debe demostrar los extremos de la responsabilidad subjetiva, a saber: a. la existencia del daño –enfermedad–, b. el hecho ilícito del patrono –incumplimiento de las condiciones de higiene y seguridad en el trabajo–, y c. la relación de causalidad, entre el daño y la prestación del servicio.

> Mientras que para la responsabilidad objetiva, también llamada «teoría del riesgo profesional», surge en cabeza del patrono la obligación de pagar una indemnización a favor del trabajador, por los infortunios laborales de los trabajadores que están bajo su cargo, independientemente de que haya mediado el hecho ilícito o no por parte del patrono.

> Con base al artículo 130 de la Ley Orgánica de Prevención, Condiciones y Medio Ambiente de Trabajo, constituye requisito *sine qua non* para la procedencia de la indemnización reclamada que esté demostrado que el infortunio laboral se originó por la violación de la normativa relativa a las condiciones de higiene y seguridad en el trabajo, cuya estimación será fijada de acuerdo a la falta cometida y lesión, tomando como base los parámetros indicados en la norma.

Por su parte, el artículo 1196 del Código Civil, establece «la obligación de reparación se extiende a todo daño material o moral causado por el acto ilícito».

A tal efecto, cursa a los folios (…) certificación de enfermedad ocupacional,
expedida por el Instituto Nacional de Prevención, Salud y Seguridades Laborales (Inpsasel) (…) sin embargo, no quedó demostrado en las actas
procesales, que la enfermedad certificada a la trabajadora, provenga del
incumplimiento por parte de la empresa demandada de la normativa de
higiene y seguridad en el trabajo, esto es, el hecho ilícito del patrono…

Con relación al daño moral reclamado, se advierte que ciertamente en el
caso *sub examine* quedó demostrada la existencia del daño, en este caso, que
la ciudadana (…) padece de «trastorno mixto ansioso-depresivo secundario
a factor de riesgo psicosocial –estrés laboral–», considerada como enfermedad ocupacional «agravada con ocasión al trabajo», que le ocasionó una
discapacidad parcial y permanente para el trabajo, por tanto, con base en la
teoría del riesgo profesional, es procedente el pago de una indemnización
por daño moral, independientemente de que exista culpa o no del patrono
en la ocurrencia del daño; sin embargo, dado que la trabajadora en el marco
del acuerdo transaccional recibió la cantidad de ciento veinticinco mil bolí-
vares (…) por concepto de «indemnización transaccional adicional y especial», suma que en definitiva representa el pago de cualquier indemnización
en que hubiere incurrido la empresa demandada por responsabilidad civil
extracontractual, en este caso, daño moral, deviene sin lugar dicho concepto.
Así se decide. Con base en lo expuesto, se declara sin lugar la demanda…

Cabe comentar que la sentencia citada si bien no acuerda la indemnización por daño moral en el caso concreto en razón del previo acuerdo transaccional, aceptó la posibilidad de existencia del mismo con base en la
citada teoría objetiva del riesgo, esto es, independientemente de la culpa del
patrono. Por otra parte, si bien la decisión admite la existencia de una enfermedad ocupacional, señala que no ha logró probar que la misma provenga del incumplimiento por parte de la empresa demandada. De tal

suerte, que al menos desde el punto de vista conceptual se admite la posibilidad de indemnización con base en la figura bajo análisis, aunque no se considera procedente en el caso concreto.

x. También en octubre de 2013, se aprecia decisión relativa al tema en estudio:

> … De igual forma la actora reclamó de conformidad con el artículo 1185 del Código Civil, los daños materiales causados por los gastos para la atención médica, los exámenes practicados, terapias, citas médicas a especialistas, gastos de transporte a los centros asistenciales y medicinas. Como ya se explicó en el recurso de casación el artículo 1185 del Código Civil corresponde a la responsabilidad civil extracontractual ordinaria que obliga al civilmente responsable a reparar los daños causados por hecho propio. En el caso concreto, al haber atribuido la actora dicha responsabilidad a la demandada por los hechos realizados por la ciudadana (…) que era su supervisor inmediato y que no era directiva ni representante de la demandada según sus estatutos, considera la Sala que es improcedente la pretensión de indemnización por daños materiales de conformidad con lo establecido en el artículo 1185 del Código Civil.
>
> En relación con el reclamo relativo a la indemnización prevista en el artículo 130 numeral 6 de la Ley Orgánica de Prevención, Condiciones y Medio Ambiente de Trabajo, el artículo 56 ordinal 5.º *eiusdem* prevenir toda situación de acoso. En el caso concreto, si bien el daño psicológico fue causado por la ciudadana (…) que no es representante de la empresa, correspondía al patrono, de conformidad con el segundo deber establecido en el numeral 5, prevenir toda situación de acoso laboral contra sus trabajadores (…) considera la Sala que la trabajadora padeció una enfermedad profesional psicológica causada por no cumplir la empresa demandada con lo establecido en el artículo 56 numeral 5 de la Ley Orgánica de Prevención, Condiciones y Medio Ambiente de Trabajo al exponer la ciudadana (…) a un ambiente de trabajo hostil y tenso, razón por la cual se declara procedente la indemnización prevista en el artículo 130 ordinal 6.º *eiusdem*.

Asimismo, en relación con la indemnización por daño moral reclamado derivado de la responsabilidad objetiva, tomando en cuenta las circunstancias para la estimación del daño moral realizadas tanto por primera como por segunda instancia, la Sala acuerda mantener la cantidad estimada.

Cabe indicar que la presente es una de las escasas decisiones favorables al trabajador por considerar acertadamente que el sometimiento a un ambiente hostil y tenso puede propiciar una enfermedad profesional psicológica.

xi. Decisión de la Sala de Casación Social del Máximo Tribunal de 2014. Al efecto refiere la citada decisión:

> Se denunció «un posible acoso laboral» por parte de la empresa (…) A tal efecto, manifestó síntomas de insomnio, irritabilidad y conflictos en el núcleo familiar. De la evaluación clínica, se desprende que el referido ciudadano se observa: «triste, con signos de ansiedad, desmotivación, minusvalía, sin expectativas ni ganas de trabajar, susceptible a la crítica, con actitudes de desconfianza, asilamiento e incluso heteroagresividad», asimismo se recomendó continuar control por consulta psiquiatríca, realizar psicoterapia y continuar con tratamiento psicofarmacológico.
>
> A fin de demostrar el «acoso laboral» argüido, el trabajador presentó ante el referido servicio de psicología, un grupo de cinco ex compañeros de trabajo, quienes acudieron voluntariamente y fueron entrevistados en forma individual y todos manifestaron hechos y circunstancias que perfectamente encuadran en la figura del acoso. Así mismo se refieren otros elementos probatorios que evidencian que el denunciante fue sometido a tratamientos característicos del hostigamiento. Y así por ejemplo se afirma que estuvo sometido bajo turno de rotación, que estuvo expuesto a riesgos psicosociales laborales durante las doce horas de su jornada diaria, que estuvo sometido a bipedestación prolongada; que posteriormente fue cambiado a un turno completo diurno sin posibilidad de rotación, que

existía división del personal por cargos, que los compañeros de trabajo no podían comunicarse con personas de otros departamentos, que en caso de infracción los trabajadores eran sometidos a prestar su labor en la sala de castigo, concretamente en el sótano bajo altas temperaturas y expuestos al monóxido de carbono. De hecho, ello también es referido por el Instituto Nacional de Prevención, Salud y Seguridad Laborales (Inpsasel).

La empresa incumple con el artículo 56 numerales 5, 7 de la Ley Orgánica de Prevención, Condiciones y Medio Ambiente de Trabajo, clínicamente comienza a presentar cuadros de trastorno depresivos ansioso a los 2 años y 1 mes (*sic*) (…) siendo evaluado por el servicio de psiquiatría del Instituto Venezolano de los Seguros Sociales, quien le diagnóstica: trastorno depresivo ansioso. Lo cual se desprende de la correspondiente certificación médica.

Todas estas situaciones de hecho ocasionaron al trabajador un «trastorno depresivo compulsivo» enfermedad agravada por el trabajo, para una discapacidad parcial y permanente, razón por la que a juicio de esta Sala, al estar certificada la incapacidad parcial y permanente del trabajador por el órgano competente y el incumplimiento de la normativa en materia de higiene y seguridad en el trabajo reseñada *supra*, resulta procedente la indemnización prevista en el numeral 4 del artículo 130 de la Ley Orgánica de Prevención, Condiciones y Medio Ambiente de Trabajo, como acertadamente estableció el fallo impugnado, por lo que se declara sin lugar la denuncia. Así se decide.

Vale resalar como positivo que la presente decisión reconoce, a propósito de la figura bajo análisis, que la misma puede propiciar un «trastorno depresivo compulsivo» que a su vez constituye una enfermedad laboral, que al estar certificada por el órgano competente dará lugar a las indemnizaciones de la Ley Orgánica de Prevención, Condiciones y Medio Ambiente de Trabajo. Por otra parte, es de resaltar en el caso concreto que los trabajadores compañeros del actor, dieron testimonio de las condiciones de acoso y castigo al que fue sometido el actor. Lo cual debe resaltarse como un punto excepcionalmente positivo, considerando, según hemos referido, la dificultad probatoria que incluye la testimonial vista la posibilidad de represalias. Pareciera que en el caso concreto fue tan evidente el trato hostil y degradante que las pruebas ciertamente apuntaron a ello, como se evidencia de la sentencia en comentario. Una de las más interesantes y expresivas del fenómeno bajo análisis.

xii. De seguidas se aprecia interesante referencia a la figura en estudio en decisión N.° 534 de fecha 7 de mayo de 2014 de la Sala de Casación Social (caso: Diana Josefina Ciavaldini *vs.* Banco Provincial, S.A., Banco Universal) en que la parte recurrente alegaba la existencia del hostigamiento psicológico laboral:

> Ahora bien, con el propósito de resolver la denuncia bajo estudio, se observa que en la presente causa se reclama la indemnización del daño material y moral supuestamente causado por la parte demandada, en razón del hecho ilícito patronal que le generó una enfermedad profesional –depresión severa–, derivada del trato hostil que –según se afirma– le propinó a la actora a lo largo de la relación laboral.
>
> En ese marco, la demandante promovió el acta de terminación de la relación de trabajo, a fin de demostrar el hostigamiento y la discriminación de que fue objeto.
>
> Se indica que verificó el juez que según dicha acta «la relación laboral terminó por voluntad común de las partes». Se concluye que el juzgador de la recurrida no incurrió en el vicio que se le imputa, de falta de aplicación de los artículos 3 de la Ley Orgánica del Trabajo y 5 de la Ley Orgánica Procesal del Trabajo, razón por la cual se desestima la denuncia bajo examen. Así se establece.
>
> … Lo señalado en el párrafo precedente conlleva, necesariamente, a la desestimación de la denuncia bajo examen, por cuanto el sentenciador de la recurrida no incurrió en el vicio de falta de aplicación de la disposición antes citada. Así se establece.

Se aprecia de dicha decisión que la referencia al hostigamiento fue muy genérica y no logro concretarse desde el punto de vista probatorio.

xiii. En octubre de 2014 la Sala de Casación Social presenta una decisión sobre el tema objeto de estudio:

> Acoso laboral: La demandante reclama el pago de doscientos mil bolívares (…) por haber estado sometida a conductas antijurídicas, dolosas e ilícitas por parte de sus victimarios, ciudadanos (…) sustentando su petición de conformidad con los artículos 1185 y 1196 del Código Civil.
>
> Al respecto, cabe señalar que para la procedencia de tal pedimento se tiene como presupuesto que el daño causado derive de un hecho ilícito del patrono. En efecto, el hecho ilícito como fuente de la obligación de indemnizar un daño injustamente causado, está consagrado en el artículo 1185 del Código Civil, y exige que el daño provenga de una conducta culposa o dolosa del agente, siendo necesario establecer la existencia del daño, la falta del agente, y la relación causal entre el daño ocasionado y la falta.
>
> En este sentido, se tiene que la parte actora ha debido probar el hecho ilícito generador del daño por acoso laboral cometido por su patrono, así como la ocurrencia real del daño y la relación de causalidad entre el hecho ilícito y el daño producido, por lo que al no haber cumplido con tales extremos, debe desestimarse dicha reclamación.

De dicha decisión se aprecia que la referencia genérica a la figura del «acoso laboral» se asoció necesariamente a los elementos que configuran la responsabilidad civil en general —daño, culpa y relación de causalidad—, respecto de los cuales la parte actora tiene la carga de la prueba. Y se consideró que en el caso concreto nada probó la actora sobre el acoso laboral alegado, toda vez que tales elementos se precisan en la petición del trabajador por hostigamiento, con la dificultad que ello conlleva. Ello sin perjuicio de la concepción objetiva del acoso, desarrollada por la doctrina chilena, según la cual no sería determinante el daño psicológico. Siendo lo fundamental «la violación de los derechos del trabajador».

xiv. En el año 2015 se aprecia decisión relativa a la materia dictada por la misma Sala de Casación Social:

> … Se aprecia de las actas anteriormente analizadas, que aún cuando el ciudadano (…) insistió en que había sido cambiado del espacio físico en el que realizaba sus funciones con anterioridad, la mayoría de las funciones que el mismo señaló haber ejercido, corresponden a las que se realizan fuera de las oficinas administrativas; razón por la cual, en virtud del simple hecho, de encontrarse bien sea en «un nuevo lugar en la parte de abajo» o en el lugar denominado «patio», no se puede considerar demostrado que se haya configurado alguna de las causas justificadas de retiro, previstas en los literales h y j, del artículo 80 de la Ley Orgánica del Trabajo, los Trabajadores y las Trabajadoras, y mucho menos que ello, pueda considerarse como despido indirecto por motivo de la conducta del empleador, siendo que no quedó comprobado la prestación de servicios por parte del ciudadano (…) en condiciones de índole distintas que alteraran las condiciones del trabajo que realizaba. Así como tampoco quedó probado, la exigencia del patrono o patrona al trabajador para que realizara un trabajo de índole manifiestamente distinta de aquel al que estaba obligado, que fuera incompatible con la dignidad y capacidad profesional del mismo, que debiera prestar sus servicios en condiciones que le acarrearan un cambio de su residencia, o que la prestación de sus servicios le generare algún perjuicio a éste o ésta; la reducción del salario; el traslado del trabajador a un puesto inferior; el cambio arbitrario del horario de trabajo, y; ningún otro hecho semejante capaz de alterar las condiciones previas de prestación del servicio. Así se declara.

De acuerdo a todo lo anteriormente expuesto, se resuelve sin lugar la denuncia. Así se declara y se confirme el fallo recurrido.

Se aprecia de la citada sentencia que la misma no analiza directamente el aspecto del hostigamiento psicológico laboral. Sin embargo, ciertamente la desmejora en las condiciones laborales puede ser considerado en una de las manifestaciones de dicha figura. Esto es, la «alternación negativa» de las condiciones de trabajo.

xv. En octubre de 2015 también apreciamos decisión relativa a la materia de parte de la citada Sala de Casación Social específicamente a la carga de la prueba:

> Ahora bien, bajo el escenario procesal antes establecido, se verifica que la carga de la prueba para la demostración del despido justificado efectuado por la accionada correspondía a la parte demandada (…) la demandada logró demostrar que la relación laboral culminó por despido justificado. Así se establece.
>
> En cuanto a las indemnizaciones por daño moral de conformidad con el artículo 1196 del Código Civil, por cuanto a su decir fue objeto de acoso laboral y hostigamiento, se verifica que la demandada negó, rechazó y contradijo que la trabajadora haya sido objeto de acoso laboral en su sitio de trabajo, ocasionándole una afectación psicológica e intenso dolor. Al respecto, le correspondía a la parte actora demostrar dichos hechos.
>
> De las pruebas aportadas a los autos esta Sala observa que la actora consignó copias simples de diferentes constancias médicas, emanados de terceros los cuales al no ser ratificados en juicio por quienes lo suscriben, carecen de valor probatorio. Aunado a ello, cursa (…) comunicación donde la Comisión Nacional Evaluadora de Incapacidades Laborales del Instituto Venezolano de los Seguros Sociales (IVSS), informa que la actora debía asistir a evaluaciones a dicha institución (…) con informes clínicos que avalen la patología (…) cursan resultas emanadas de la Dirección Nacional de Rehabilitación y Salud en el Trabajo, Comisión Nacional de Evaluación de Incapacidad Residual del Instituto Venezolano de los Seguros Sociales (IVSS), mediante la cual informan que la actora,

no asistió a la evaluación correspondiente. Asimismo se observa (…) relativo a copia simple de denuncia por acoso laboral, realizada por la actora por ante el Instituto Nacional de Prevención, Salud y Seguridad Laborales (…) donde consta que dicho Instituto se declaró incompetente para conocer y decidir sobre el presunto acoso laboral, razón por la cual en virtud de lo antes expuesto y por cuanto la parte actora no logró demostrar sus dichos, se declara improcedente la indemnización por daño moral reclamada. Así se decide.

Se aprecia así, nuevamente que consideró la Sala que la parte actora es quien tiene la carga de la prueba respecto de la figura bajo análisis. Pero que dicha parte no logró probar o acreditar el hostigamiento psicológico laboral cuyos elementos coinciden con la figura del hecho ilícito.

xvi. Sentencia de la Sala de Casación Social del Tribunal Supremo de Justicia de fecha 9 de marzo de 2017 que no obstante declarar sin lugar el recurso de casación porque la recurrida no cumplió con la carga de probar sus señalamientos, hizo las siguientes consideraciones:

En cuanto a la distribución de la carga de la prueba y procedencia del daño moral con ocasión del acoso laboral, esta Sala de Casación Social, en sentencia N.° 1510, de fecha 29 de octubre de 2014 (Caso: Jhonnely Vanessa Duarte Olivo *vs.* Panadería y Pastelería Royal Century, C. A.), estableció: (…) para la procedencia de tal pedimento se tiene como presupuesto que el daño causado derive de un hecho ilícito del patrono. En efecto, el hecho ilícito como fuente de la obligación de indemnizar un daño injustamente causado, está consagrado en el artículo 1185 del Código Civil, y exige que el daño provenga de una conducta culposa o dolosa del agente, siendo necesario establecer la existencia del daño, la falta del agente, y la relación causal entre el daño ocasionado y la falta.

En este sentido, se tiene que la parte actora ha debido probar el hecho ilícito generador del daño por acoso laboral cometido por su patrono, así como la ocurrencia real del daño y la relación de causalidad entre el hecho ilícito y el daño producido, por lo que al no haber cumplido con tales extremos, debe desestimarse dicha reclamación.

En el caso *sub examine*, se solicita el pago de una indemnización por daño moral, derivado del denunciado *mobbing* padecido por el demandante, el cual fue declarado improcedente por carecer de pruebas que demostraran tal afirmación.

… Partiendo de lo anterior, resulta forzoso concluir que no le era dable al sentenciador de la recurrida aplicar los artículos 46 y 89.1 de la Constitución de la República Bolivariana de Venezuela, 22, 43 y 164 de la Ley Orgánica del Trabajo, los Trabajadores y las Trabajadoras, y 2 de la Ley Orgánica Procesal del Trabajo, que contienen principios y definiciones legales, con relación a la primacía de la realidad sobre las formas y apariencias, respeto a la integridad física, moral y psicológica de las personas, responsabilidad objetiva del patrono, acoso laboral, y los principios rectores del juez, habiendo declarado improcedente conforme a Derecho la pretensión del accionante por no haber cumplido con la carga de demostrar sus alegaciones. En virtud de las consideraciones que anteceden, resulta forzoso declarar la improcedencia de la delación planteada.

La decisión previa sigue el mismo y reiterado criterio de la mayoría de las decisiones judiciales citadas: la imposibilidad de probar el hostigamiento y por tal la improcedencia del daño moral, porque no se logró acreditar el hecho ilícito. Sigue siendo evidente la inactividad del juez laboral.

xvii. Cabe citar la sentencia de la Sala de Casación Social del Máximo Tribunal de fecha 10 de marzo de 2017, a propósito del juicio que por indemnización de daño moral por acoso laboral. Dicha sentencia no obstante que declara sin lugar el respectivo recurso por considerar que no había sido probado el hecho ilícito y no constar la declaración previa de la enfermedad de origen ocupacional, reseña la necesidad del carácter recurrente o continuado del hostigamiento laboral, así como la afectación de la dignidad o la integridad biopsicosocial del trabajador. En cuyo texto se lee:

> De la transcripción *supra* citada, se desprende que el Juez de alzada, al analizar cada uno de los alegatos planteados por la parte actora como fundamento de su apelación, particularmente sobre el acoso laboral, no interpretó erradamente los artículos señalados en el recurso; por el contrario, los interpretó correctamente según la doctrina reiterada de esta Sala de Casación Social para el perfeccionamiento del acoso laboral o *mobbing*, reforzado con la definición del legislador contenida en el artículo 164 de la Ley Orgánica del Trabajo, los Trabajadores y las Trabajadoras, que prescribe «… entendiéndose como tal el hostigamiento o conducta abusiva ejercida en forma recurrente o continuada por el patrono o la patrona o sus representantes; o un trabajador o una trabajadora; o un grupo de trabajadores o trabajadoras, que atente contra la dignidad o la integridad biopsicosocial de un trabajador, una trabajadora o un grupo de trabajadores y trabajadoras, perturbando el ejercicio de sus labores y poniendo en peligro su trabajo o degradando las condiciones de ambiente laboral…». En definitiva, la alzada haciendo una correcta interpretación de los artículos denunciados, declara la improcedencia de la indemnización por daño moral debido a que las pruebas aportadas al proceso son insuficientes para formar convicción sobre los hechos afirmados en la demanda y que la carga probatoria de demostrar esos hechos le correspondía a la accionante, por lo que, al no existir prueba en el expediente que evidencie el hecho ilícito, según los artículos 1185 y 1196 del Código Civil, resulta improcedente la indemnización solicitada.

> … A mayor abundamiento, advierte la Sala de Casación Social, que no consta en las actas procesales la certificación emitida por el Instituto Nacional de Prevención, Salud y Seguridad Laborales (Inpsasel), previo procedimiento administrativo, que declare la enfermedad como de origen ocupacional y que por consecuencia determine el grado de discapacidad de la trabajadora demandante; no consta la evidencia de la

patología que pueda presentar o desarrollar la trabajadora víctima de su-
puestas conductas hostigadoras y sistemáticas por acoso laboral, tales
como, síndrome depresivo, trastorno de ansiedad, trastorno de estrés postraumático, entre otros. En tal sentido, se comprueba que la sentencia
recurrida, no incurre en el vicio de error de interpretación (…) En consecuencia de lo anteriormente expuesto, se declara sin lugar la denuncia.

Se hace referencia la decisión de «instancia», que confirma la Sala con base
–como en la generalidad de las examinadas– en la falta de material probatorio a favor del actor.

xviii. Más recientemente encontramos sentencia N.° 414 de fecha 29 de
mayo de 2017 de la Sala de Casación Social de Máximo Tribunal (caso:
Distribuidora Verocerámica):

En el caso que nos ocupa, la accionante solicita el pago de una indemnización por daño moral, derivado del denunciado acoso laboral padecido,
el cual fue declarado improcedente por carecer de pruebas que demostraran tal afirmación…

Considera la Sala que al no existir en el expediente ninguna prueba que
permita a la parte actora demostrar sus alegatos, necesariamente el administrador de justicia debía declarar la inexistencia del acoso aducido, y en
consecuencia, la improcedencia del daño moral peticionado, de conformidad con el criterio reiterado de esta Sala de Casación Social referido
a la carga de la prueba cuando se pretenda la indemnización por el daño
moral derivado del acoso laboral arriba citado.

Con fundamento en lo dicho, se concluye, al igual que en la sentencia
N.° 147, de fecha 9 de marzo de 2017 (…) que al no haber cumplido
la parte actora con la carga de demostrar sus alegaciones, no le era dable
al sentenciador de la recurrida aplicar los artículos 46 y 89.1 de la Constitución de la República Bolivariana de Venezuela, 22, 43 y 164 de la Ley

Orgánica del Trabajo, los Trabajadores y las Trabajadoras, y 2 de la Ley Orgánica Procesal del Trabajo, que contienen principios y definiciones legales, con relación a la primacía de la realidad sobre las formas y apariencias, respeto a la integridad física, moral y psicológica de las personas, responsabilidad objetiva del patrono, acoso laboral, y los principios rectores del juez, por lo que decidió conforme a derecho cuando declaró improcedente la pretensión de la accionante.

De las razones anteriores se desprende que la alzada no incurrió en falta de aplicación de las normas delatadas; y en consecuencia se declara improcedente la denuncia.

La sentencia en comentarios se apunta en la línea de la generalidad de las previas, a saber, el actor no logra probar el hostigamiento psicológico laboral.

xix. Cabe citar más recientemente la sentencia N.° 522 publicada por la Sala de Casación Social del Tribunal Supremo de Justicia el 21 de junio de 2017 (caso: Mauricio Pérez *vs.* Distribuidora Verocerámica): La Sala ratificó su doctrina sobre la carga de la prueba cuando el trabajador alega ser víctima de acoso laboral, así dispuso:

… sin poderse constatar probanza alguna que permita verificar el alegado hostigamiento, era ineludible declarar la inexistencia del acoso laboral, y por ende sin lugar de la demanda incoada.

Cabe señalar, que en cuanto a la distribución de la carga de la prueba y procedencia del daño moral con ocasión del acoso laboral, esta Sala de Casación Social, en sentencia N.° 1510, de fecha 29 de octubre del año 2014 (caso: Jhonnely Vanessa Duarte Olivo *vs.* Panadería y Pastelería Royal Century, C. A.), estableció: «… De acuerdo al criterio jurisprudencial transcrito, el daño moral derivado del acoso laboral o *mobbing*, encuentra su basamento legal en el artículo 1185 del Código Civil, y el mismo deviene del hecho ilícito del patrono, por cuanto se trata de una acreencia especial que obligatoriamente debe ser demostrada por el accionante; debiendo comprobarse además, la existencia de la relación de causalidad entre el hecho ilícito generador del daño por acoso laboral cometido por su patrono y el daño que en virtud de éste se le hubiese producido al trabajador, por lo que al no constar en el expediente probanza alguna que permita al demandante demostrar sus alegatos, resultaría forzoso para el administrador de justicia declarar la inexistencia del invocado acoso y declarar la improcedencia del pretendido daño moral».

Establecido lo anterior, al apreciar que en el caso *sub examine*, se reclama el pago de una indemnización por daño moral, derivado del denunciado acoso laboral –del cual se alega que fue objeto el demandante– que fue declarado improcedente por carecer de pruebas que así lo demostraran; esta Sala colige que lo requerido por la parte actora recurrente, atiende a la disconformidad con la decisión pronunciada por el Juez de alzada, derivada del incumplimiento de la carga probatoria atribuida al demandante, que siendo así se encuentra ajustada a Derecho.

En tal sentido, al haberse declarado improcedente la pretensión del accionante por no haber cumplido con la carga de demostrar sus alegaciones; indudablemente se debe ratificar, como se indicó en casos similares a éste, mediante sentencia N.º 147 de fecha 9 de marzo del año 2017 (…) y a través de sentencia N.º 414 de fecha 29 de mayo del año 2017 (…) que no le era posible al sentenciador de la recurrida aplicar los delatados artículos 46 y 89, numeral 1 de la Constitución de la República Bolivariana de Venezuela, 22, 43 y 164 de la Ley Orgánica del Trabajo, los Trabajadores y las Trabajadoras, y 2 de la Ley Orgánica Procesal del Trabajo (…) Así se declara. Se declara sin lugar el recurso de casación.

Se aprecia que la decisión –citando sentencias previas como criterio reiterado– insiste en el criterio recurrente de tener el trabajador la carga de la prueba de los elementos determinantes del hecho ilícito a los efectos de la demostración del hostigamiento psicológico laboral.

xx. Sentencia N.º 154 publicada por la Sala de Casación Social del Tribunal Supremo de Justicia el 5 de junio de 2019, en que se denuncia al Banco Provincial S.A. Banco Universal de acoso laboral. Al efecto, la Sala indicó:

> … observa la Sala de los anexos consignados por la parte accionante junto con el escrito de la demanda de nulidad, que la Dirección Estadal de Salud de los Trabajadores Capital y Vargas del Instituto Nacional de Prevención, Salud y Seguridad Laborales (Inpsasel), con motivo de la solicitud de investigación de origen de enfermedad, interpuesta por el ciudadano (…) contra la entidad de trabajo (…) que el referido ente administrativo realizó la correspondiente investigación, concluyendo con la Certificación cuya nulidad se demanda, en la que se determinó que el referido trabajador fue diagnosticado con: «… 1. acoso laboral…»…
>
> De los párrafos precedentes, esta Sala verifica que al haberse analizado la Certificación de enfermedad ocupacional (…) el a quo no se fundamentó en hechos inexistentes, ni estableció que ocurrieron de manera distinta a la apreciación efectuada por los funcionarios a quienes les fue encomendada la investigación y que derivó en la certificación cuya nulidad fue demandada. Igualmente, quedó ampliamente demostrada la relación de causalidad existente entre las actividades desarrolladas por el trabajador y el «ambiente hóstil y en condiciones inadecuadas [por] factores psicosociales y emocionales [de origen ocupacional]», como los referidos *supra*, que derivaron en la certificación del acoso laboral, entendido este, como «… aquella situación en la que una persona o un grupo de personas ejercen violencia psicológica extrema de forma sistemática –al menos una vez por semana–, durante un tiempo prolongado –más de 6 meses– sobre otra persona en el lugar de trabajo», el cual genera respuesta de estrés que desencadena en el ciudadano (…) manifestación de depresión mayor con síntomas de ansiedad generalizada, que le ocasionan al trabajador una discapacidad parcial permanente, con limitación para actividades en el trabajo donde existan condiciones como las ampliamente descritas. (*Vid.* sentencias de esta Sala N.ᵒˢ 674 del 5 de

mayo de 2009 y 973 del 2 de noviembre de 2017, casos: Javier Díaz
Bolaños y Nohemy Trinidad León Acevedo). Así se decide.

… Con fundamento en lo precedentemente expuesto, al no evidenciarse el vicio denunciado, se concluye que en la sentencia impugnada
no se incurrió en el vicio de error de juzgamiento por parte del *a quo*, al
pronunciarse con relación al vicio de falso supuesto de hecho delatado.
Así se declara.

… Del mismo modo, consta en la referida Certificación que el prenombrado ciudadano fue evaluado por el Departamento Médico (…) el cual
determinó que el trabajador se le diagnosticó: «… 1. acoso laboral y genera respuesta de estrés que desencadena la manifestación de depresión
mayor con síntomas de ansiedad generalizada (Código CIE10: F 32.2),
considerada como una enfermedad origen ocupacional –agravada por
el trabajo– que le ocasionan al trabajador una discapacidad parcial permanente, con limitación para actividades en el trabajo donde exista ambiente hostil y en condiciones inadecuadas, donde se encuentre expuesta
a factores psicosociales y emocionales…» (*sic*). suscrita por el médico
especialista en medicina ocupacional…

Dicho acto administrativo fue producto del procedimiento de investigación
de origen de enfermedad o accidente de trabajo, previsto en el artículo 76 de
la Ley Orgánica de Prevención, Condiciones y Medio Ambiente de Trabajo,
sin que se evidenciaran pruebas que desvirtuaran la validez del mismo.

La Sala en definitiva considera improcedente la solicitud de inconstitucionalidad y, en concecuencia, firme el acto impugnado[361]. Es de resaltar que

---

[361] «Visto el anterior criterio, el cual se reitera en este fallo, se declara improcedente la
solicitud de desaplicación por control difuso formulada por el recurrente al no colidir
ni ser incompatible el artículo 76 de la Ley Orgánica de Prevención, Condiciones y
Medio Ambiente de Trabajo con la aludida disposición contenida en el artículo 49 de
la Constitución de la República Bolivariana de Venezuela (*vid.*, sentencia de esta Sala

la reciente sentencia relativa al tema del hostigamiento laboral constituye un interesante avance hacia la prueba efectiva de la figura por parte del trabajador, que reconoce claramente la existencia de la «relación de causalidad» entre los eventos o efectos y el respectivo hostigamiento. Dios mediante podamos en lo sucesivo apreciar más sentencias en este sentido.

III.4.2.2. *Comentarios a las decisiones judiciales (denominador común)*

Salvando la última de las decisiones citadas *ut supra*, se aprecia como denominador común de la inmensa mayoría o generalidad de las decisiones locales reseñadas *supra* que se declaran sin lugar –porque no se consideró probado generalmente– la petición asociada al hostigamiento psicológico laboral. Porque, como hemos insistido, la mayor dificultad viene dada por la carga de la prueba, en cuyo caso tiene lugar una remisión a los elementos de la responsabilidad civil –daño, culpa y relación de causalidad–.

De tal suerte que el problema fundamental con que se topa la figura en las sentencias analizadas, viene dado por la carga de la prueba, que no la ha podido cumplir el trabajador demandante. Ello no obstante que la doctrina ha referido la amplitud probatoria que tendría el trabajador en su carga probatoria[362], según veremos de seguidas.

N.° 54 del 10 de febrero de 2017, caso: Banco Provincial, S.A., Banco Universal). Así se decide. Con fundamento en lo precedentemente expuesto, al no evidenciarse los vicios denunciados en la sentencia recurrida, resulta forzoso para esta Sala de Casación Social declarar sin lugar el recurso de apelación interpuesto, se confirma el fallo apelado y, en consecuencia, firme el acto administrativo impugnado. Así se declara».

[362] Véase: Henríquez, ob. cit., Es importante destacar, que en materia de juicios por acoso laboral, la carga de la prueba corresponde al trabajador en aquellos casos en los cuales el patrono haya negado la existencia de algún tipo de acoso en el ámbito del trabajo, y deberá demostrar tales hechos a través de los medios de prueba contemplados en la ley. Dentro de los medios de prueba, tenemos los siguientes: certificación del Inpsasel; documentos –comunicaciones escritas, correos electrónicos, memorándum, otros–, experticias, investigación realizada por el comité de seguridad y salud laboral de la empresa, testigos, prueba de informes, etc.

Así, por ejemplo, en la sentencia N.º 414, la posición de la Sala de Casación Social del Tribunal Supremo de Justicia es que el accionante no suele probar los hechos que constituyen el acoso, lo cual no tiene sentido lógico pues siempre sería extremadamente difícil para el acosado hacerlo, mientras que –según indicamos– con base en el principio inquisitivo de la Ley Procesal del Trabajo el juez está facultado para indagar lo que realmente pasó y lo debería hacer.

En efecto, la suerte de *test* que utiliza el Máximo Tribunal está errado: i. es absurdo que el demandante deba probar el hostigamiento, pues el juez debe buscar la verdad y el resto de los trabajadores tendrían miedo de ir a declarar voluntariamente por las consecuencias que tendrían por futuras retaliaciones –es decir, el juez puede y debe llamar a personas a atestiguar o mediante la declaración de parte–; ii. la referencia a la doctrina española relativa a actos de acoso repetidos durante el lapso mínimo de seis meses, no puede a nuestro parecer ser enteramente determinante[363]. La ley no impone un lapso imperativo mínimo, por lo que el requisito de la reiteración no se le ha de imponer tiempo mínimo. En nuestro criterio, todo ello es inaceptable porque hace nugatoria la posibilidad de reparación por imposibilidad de prueba en nuestro ordenamiento.

En efecto, se afirma que corresponderá al trabajador probar que sufre o ha sufrido acoso, pero esta prueba puede llegar a ser una verdadera *probatio diabollica* pues, como observa Molina, se trata de «un comportamiento que tiende a difuminarse y a articularse a través de actuaciones no inmediatamente perceptibles, intransparentes, indirectas, difusas, no materializadas en actos con relevancia jurídica-negocial inmediata». Por tanto, se trata de hacer una valoración global de estas actuaciones, procurando desvelar su unidad de sentido y fin. En este punto pueden llegar a conectar los dos problemas probatorios, siempre y cuando el acoso provoque consecuencias

---

[363] Véase *supra* III.4.1.3.

negativas sobre la salud psicofísica del trabajador, ya que a partir de ellas un médico especializado podría inferir una situación de acoso. En efecto, según Hirigoyen, las sintomatologías que presentan las víctimas de acoso son tan estereotipadas que «el personal clínico con una vasta experiencia en este tipo de situaciones advierta el acoso moral únicamente a partir de sus consecuencias sobre la salud de las personas y consiga así distinguirla de las denuncias abusivas»[364]. Por ello se replantea el problema del peso de la carga probatoria con proyección a las cargas dinámicas con base en los indicios[365].

Se propone que la problemática de las cargas probatorias dinámicas puede sortearse si se entiende la expresión «indicio» como base de «presunción judicial». En tal caso, resulta que para que el empleador reciba la carga de probar los fundamentos de las medidas adoptadas y su proporcionalidad, el trabajador ha debido probar la lesión mediante presunciones graves, precisas y concordantes o, conforme mediante una sola presunción si, a juicio del tribunal, tiene caracteres de gravedad y precisión suficientes para formar su convencimiento[366].

---

[364] Palavecino Cáceres, ob. cit., p. 25.

[365] Ibíd., p. 26. Por mi parte, considero que el legislador no estableció la inmediata inversión del peso de la prueba, pero la comprensión errada de la expresión «indicios» podría dar lugar al fenómeno de las cargas probatorias dinámicas, esto es, a la posibilidad que se abre al juez de flexibilizar la regla legal e imponer la carga de la prueba a la parte que se encuentra en mejor posición de probar hechos que dificultosamente pueden ser demostrados por quien los alegó. En efecto, algunos piensan que los «indicios» son «algo» más que mera alegación pero menos que prueba, un «principio de prueba», «hechos que han de generar en el juzgador al menos la sospecha fundada de que ha existido la lesión de derechos fundamentales». El problema es que la tan alabada «carga probatoria dinámica» solo genera incertidumbre y amplio margen al decisionismo judicial. Porque no sabemos qué definirá cada juez como «principio de prueba» o «indicio suficiente».

[366] Ibíd., p. 27.

Sin embargo, son ideas incipientes a la luz de la jurisprudencia patria laboral citada. De allí que se indique acertadamente que «el tratamiento del *mobbing* en Venezuela ha tenido un tímido desarrollo en el ámbito judicial»[367], no apreciándose pronunciamientos relevantes sobre la materia[368].

Y así, por ejemplo, se afirma respecto de la jurisprudencia chilena pero aplicable al ámbito venezolano: «el carácter de superilícito que reviste el acoso laboral, al lesionar derechos que son fundamento del orden político y moral de nuestra sociedad, le confiere a tal conducta un plus de reprochabilidad que los tribunales deberían considerar a la hora de tasar la indemnización del daño moral, habida cuenta de que, además, gozan de amplia libertad para efectuar tal operación. Sin embargo, el principio de la reparación íntegra en sede laboral hasta ahora permanece enturbiado por una interpretación dogmática y judicial injustificadamente restrictiva»[369].

Así mismo se reseña en una decisión judicial de Chile: los requisitos formales que debe contener la demanda, especialmente, que no basta con señalar de manera general que fue víctima de *mobbing*, sino que se debe indicar de forma clara y precisa los actos de hostigamiento puntuales que lo constituyen y la persona o personas naturales que los realizaron. Así, entonces, es relevante que el tribunal ponga de manifiesto la necesidad de que se aporten elementos de prueba acerca de los actos de hostigamiento, sus sujetos y efectos, con lo que es consecuente con un enfoque jurídico y no necesariamente sicológico sobre el *mobbing*[370].

---

[367] Véase también: Córdova, *Análisis…*, p. 105, además reseña que las decisiones encontradas están dirigidas a la indemnización por daño moral.

[368] Véase: ibíd., pp. 94 y ss., señalando que del estudio jurisprudencial hasta la fecha de la tesis (2010), las decisiones judiciales referidas no se aprecian pronunciamientos que evidencia la relevancia esperada del *mobbing*.

[369] Palavecino Cáceres, ob. cit., p. 28.

[370] Caamaño Rojo, *La noción…*, pp. 233 y 234, Sentencia del Tribunal del Trabajo de Temuco RIT T-4- 2009, de fecha 2 de febrero de 2010.

Precisamente, la jurisprudencia chilena parece haber sido más flexible y consciente de las limitaciones probatorias del trabajo, según parece evidenciarse de una decisión judicial:

> Que, en este orden de ideas y a tenor de lo descrito por el psicólogo, tratante del actor, quien refiere en certificado extendido al denunciante que éste padecería de *mobbing* laboral, si bien es cierto en autos –como ya se dijera– el actor no logró acreditar la discriminación que alega, no es menos cierto que según Marie-France Hirigoyen son conductas de *mobbing* laboral «el que se retire a la víctima el trabajo que usualmente realizaba y que se le asignen tareas inferiores a su competencia», cuestión que ha quedado acreditada en autos, toda vez que es un hecho de la causa que una vez modificado su contrato de trabajo, el actor no ha realizado labores de chofer, para la demandada, sino que ha cumplido funciones de apoyo de la secretaria de la oficina llevando cartas y licencias médicas, lo que tampoco hace habitualmente, sino cuando surge la necesidad de ello. En tal sentido, el referido certificado, expresa claramente que el actor estaría padeciendo depresión, lo cual el psicólogo relaciona directamente al ámbito laboral en el que se desenvuelve el trabajador, cuestión que analizada en forma conjunta con las declaraciones de los testigos de la parte denunciante (…) permiten establecer en forma inequívoca que el denunciante ha sido vulnerado en su derecho a la integridad psíquica. Ahora bien, al tenor de la prueba rendida por las partes, cabe concluir que existe un nexo entre el deterioro psíquico del trabajador y la actitud contumaz del empleador en cuanto a no otorgarle el trabajo convenido (…) En consecuencia, solo cabe acceder a la demanda en esta parte, por lo que se ordenará que el empleador cese en forma inmediata esta conducta lesiva, esto es, la de no proporcionar el trabajo convenido al denunciante, toda vez que dicha situación laboral ha ocasionado un detrimento en la psiquis del trabajador, tal como se determinará en resolutiva[371].

---

[371] Ibíd., pp. 234 y 235, Sentencia del Tribunal del Trabajo de Iquique, causa RIT T-12 2009, de fecha 28 de septiembre de 2009.

En forma interesante se admite que los jueces chilenos evitan pronunciarse sobre el hostigamiento laboral y tratan de resolver las denuncias por vía general de la tutela de derechos fundamentales[372].

En el caso venezolano, se aprecia, sin embargo, en términos generales, que suele declararse sin lugar las demandas asociadas a la figura en estudio, básicamente por dificultades probatorias[373]. Cabe insistir que ello es producto de una radical interpretación de los elementos determinantes del hostigamiento psicológico laboral. Pero, ciertamente, tal tendencia debe ser matizada mediante una activa y oficiosa intención del juzgador que la propia normativa laboral le impone. Lo contrario haría enteramente inoficiosa la figura bajo análisis y las normas que la amparan. Cabe abogar entonces por un cambio de la orientación jurisprudencial imperante en la visión del instituto en estudio, para que el acoso laboral no quede reducido a un tópico meramente de interés doctrinario.

---

[372] Ibíd., pp. 238 y 239, la estrategia más utilizada es la de obviar las referencias al acoso moral laboral y centrarse en la efectividad o no de la lesión de los derechos fundamentales alegada, lo que tiene el mérito de atender al fin mismo del procedimiento de tutela, pero no permite aún consolidar una jurisprudencia judicial coherente y consistente acerca del sentido y alcance del *mobbing*. Por lo anterior, pareciera que la solución debería pasar necesariamente por la introducción de un concepto legal de acoso moral en el trabajo, como se hizo con los actos de discriminación, así como que se incorporen obligaciones legales específicas para los empleadores con el fin de prevenir y sancionar toda forma de hostigamiento psicológico en el trabajo. En el entretanto, creemos que la noción de *mobbing* propuesta en este estudio siguiendo el desarrollo de la doctrina laboralista nacional y extranjera, así como la delimitación de los elementos configurativos del acoso moral laboral, pueden ser un instrumento de apoyo a la labor jurisdiccional y a la de los operadores jurídicos, ante el tremendamente incierto escenario de que el proyecto de ley sobre *mobbing* –más allá de sus ventajas y deficiencias– pueda ver la luz, con el fin de fortalecer el resguardo de los derechos fundamentales de las víctimas ante el preocupante aumento de denuncias y las graves consecuencias de salud, económicas y laborales que día a día genera el acoso laboral.

[373] Véase *infra* IV.1.

III.5. Actuaciones calificadas como provocadoras
del hostigamiento psicológico y su relación con
el accidente laboral y la enfermedad ocupacional

Algunos autores[374] apuntan a que podemos encontrar accidentes laborales
ocultos precedidos de una situación de acoso laboral, tales como los accidentes *in itinere*, lesiones y accidentes graves.

Respecto de los accidentes de trabajo, la Lopcymat expresamente señala
en su artículo 69:

> Definición de accidente de trabajo. Se entiende por accidente de trabajo,
> todo suceso que produzca en el trabajador o la trabajadora una lesión fun-
> cional o corporal, permanente o temporal, inmediata o posterior, o la
> muerte, resultante de una acción que pueda ser determinada o sobreve-
> nida en el curso del trabajo, por el hecho o con ocasión del trabajo. Serán
> igualmente accidentes de trabajo: 1. La lesión interna determinada por
> un esfuerzo violento o producto de la exposición a agentes físicos, me-
> cánicos, químicos, biológicos, psicosociales, condiciones metereológicas
> sobrevenidos en las mismas circunstancias...

Asimismo, ya el artículo 561 de la LOT derogada establecía: «Se entiende
por accidentes de trabajo todas las lesiones funcionales o corporales, permanentes o temporales, inmediatas o posteriores, o la muerte, resultantes
de la acción violenta de una fuerza exterior que pueda ser determinada y
sobrevenida en el curso del trabajo, por el hecho o con ocasión del trabajo. Será igualmente considerada como accidente de trabajo toda lesión
interna determinada por un esfuerzo violento, sobrevenida en las mismas
circunstancias».

---

[374] *Jornada y talleres buenas prácticas para prevenir el* mobbing *en las organizaciones*,
Barcelona, 2004, Recuperado de http://www. prevencionintegral.com/eventos/jor-
nadas/mobbing_bilbao/ [octubre 4, 2005, 11:05 pm].

Sin duda las reclamaciones por concepto de accidente de trabajo tienden a ser las más utilizadas en los procedimientos de trabajo en virtud de los resultados que se obtienen –indemnizaciones–.

Según Segalés[375], existe una corriente jurisprudencial europea favorable a imputar la consideración de accidente de trabajo a ciertas patologías psíquicas que tradicionalmente habían sido atribuidas a factores ajenos al trabajo. Así, la asociación entre la patología psíquica y el accidente de trabajo no necesariamente precisa de la detección de una conducta o de un comportamiento definido, basta con que los síntomas apreciables se manifiesten a causa del trabajo, en otras palabras, basta con convencer al órgano jurisdiccional que es el trabajo el que ha acabado con la salud psíquica del demandante para que se califique a una lesión como accidente ocupacional, lo cual hace aparentemente sencillo para la víctima la obtención de los beneficios asociados con el accidente.

Ahora bien, no compartimos la idea de considerar a las lesiones derivadas del hostigamiento psicológico laboral como un accidente ocupacional, puesto que las mismas no provienen de un accidente o suceso eventual que produce lesiones en la salud mental de la víctima, sino que, por el contrario, se proviene de exposiciones continuas a acciones de hostigamiento, lo cual no obsta para plantearnos si podría tratarse de una enfermedad profesional.

A este respecto, el artículo 70 de la Lopcymat define a las enfermedades ocupacionales de la siguiente manera:

Se entiende por enfermedad ocupacional, los estados patológicos contraídos o agravados con ocasión del trabajo o exposición al medio en el que

---

[375] Segalés, Jaime: «Acoso moral y doctrina judicial. Consideraciones sobre el actual modelo judicial de tutela frente al acoso moral». En: *Lan-Harremanak-Revista de Relaciones Laborales*, N.º 7 (Reflexiones y preguntas sobre el acoso psicológico laboral o *mobbing*), Vizcaya, Universidad del País Vasco, 2002, p. 125.

el trabajador o la trabajadora se encuentra obligado a trabajar, tales como los imputables a la acción de agentes físicos y mecánicos, condiciones disergonómicas, meteorológicas, agentes químicos, biológicos, factores psicosociales y emocionales, que se manifiesten por una lesión orgánica, trastornos enzimáticos o bioquímicos, trastornos funcionales o desequilibrio mental, temporales o permanentes. Se presumirá el carácter ocupacional de aquellos estados patológicos incluidos en la lista de enfermedades ocupacionales establecidas en las normas técnicas de la presente Ley, y las que en lo sucesivo se añadieren en revisiones periódicas realizadas por el ministerio con competencia en materia de seguridad y salud en el trabajo conjuntamente con el ministerio con competencia en materia de salud.

En igual sentido, ya la LOT derogada establecía el artículo 562: «Se entiende por enfermedad profesional un estado patológico contraído con ocasión del trabajo o por exposición al ambiente en que el trabajador se encuentre obligado a trabajar; y el que pueda ser originado por la acción de agentes físicos, químicos o biológicos, condiciones ergológicas o meteorológicas, factores psicológicos o emocionales, que se manifiesten por una lesión orgánica, trastornos enzimáticos o bioquímicos, temporales o permanentes. El Ejecutivo Nacional al reglamentar esta Ley o mediante resolución especial podrá ampliar esta enumeración». En este mismo orden de ideas, los artículos 43 y 44 del DLOTT establecen expresamente lo siguiente:

Artículo 43.- Responsabilidad objetiva del patrono o patrona. Todo patrono o patrona garantizará a sus trabajadores o trabajadoras condiciones de seguridad, higiene y ambiente de trabajo adecuado, y son responsables por los accidentes laborales ocurridos y enfermedades ocupacionales acontecidas a los trabajadores, trabajadoras, aprendices, pasantes, becarios y becarias en la entidad de trabajo, o con motivo de causas relacionadas con el trabajo. La responsabilidad del patrono o patrona se establecerá exista o no culpa o negligencia de su parte o de los trabajadores, trabajadoras, aprendices, pasantes, becarios o becarias, y se procederá conforme a esta Ley en materia de salud y seguridad laboral.

Artículo 44.- Participación en salud y seguridad. Los patronos o patronas están en la obligación de garantizar que los delegados y delegadas de prevención dispongan de facilidades para el cumplimiento de sus funciones, y que los comités de salud y seguridad laboral cuenten con la participación de todos y todas sus integrantes, y sus recomendaciones sean adoptadas en la entidad de trabajo.

En aplicación de las anteriores normas jurídicas, somos de la opinión que las patologías psíquicas que sean producto de conductas de acoso psicológico en el trabajo, son consideradas por el legislador venezolano como enfermedades ocupacionales y, en consecuencia, el afectado bien podría acudir a los órganos jurisdiccionales y reclamar el pago de indemnizaciones por este concepto.

En razón de lo anterior, el hostigamiento psicológico laboral en tanto proceso de violencia psicológica que se produce en el entorno laboral que atenta contra la integridad psicológica del acosado, no es una enfermedad, pero, ciertamente, estas conductas pueden producir daños severos a la salud de la víctima y de su entorno socio-familiar y, a este nivel si pudiéramos calificarla como enfermedad profesional, la cual será más grave o menos grave según el grado de explotación y dominación del entorno laboral en donde se desenvuelve. En otras palabras, una de las consecuencias del hostigamiento psicológico laboral es la ocurrencia de una enfermedad ocupacional para el trabajador víctima de acoso laboral.

La diferencia con otros tipos de enfermedades es que las que origina el hostigamiento psicológico laboral, como un tipo de tortura, es externa, pues proviene de una conducta humana voluntaria a diferencia de las otras que provienen de factores internos de la persona que la padece.

No obstante lo anterior, encontramos un aspecto negativo de la legislación venezolana –tanto en el ámbito civil por indemnizaciones por daños y perjuicios, como en la laboral por enfermedad profesional– en tanto que posee pocas cualidades preventivas –previstas en las normas que anteriormente indicamos–. En efecto, solo podrá promoverse una solicitud de amparo constitucional o una demanda por enfermedad profesional o por daños y perjuicios cuando la víctima de acoso psicológico ya sufra alguna patología –enfermedad-daño–. En estos casos, la normativa venezolana y los mandatos jurisprudenciales exigen la existencia de un daño cierto ya producido, de tal suerte que, de limitarnos a contemplar este itinerario como el único posible para combatir al acoso moral, quedarían desprotegidos tanto los acosados que no sufren aun de enfermedades como aquellos que, gracias a su fortaleza mental, no llegarán nunca –posiblemente– a padecerla.

Capítulo IV

De las pruebas, prevención y sanción del hostigamiento psicológico laboral

IV.1. Dificultad probatoria

La única norma reglamentaria asimilable al hostigamiento psicológico laboral es el artículo 15 del RLOT que dispone en su parágrafo único que el accionante, el trabajador víctima de hostigamiento psicológico laboral, deberá aportar al proceso elementos de juicio que permitan deducir la discriminación alegada, correspondiendo a la parte demandada la justificación objetiva y razonable de las medidas adoptadas y su proporcionalidad.

La norma referida establece el «estándar probatorio» que el reglamentista previó especialmente para ser considerado en los procedimientos de amparo constitucional incoados para obtener la restitución de la situación jurídica infringida en los casos de acoso laboral y el consecuente cese de las actitudes de hostigamiento hacia el trabajador. El estándar probatorio especial al que hacemos referencia implica:

i. El reconocimiento de la dificultad que tiene el trabajador de poder aportar pruebas que demuestren las conductas patronales actuales constitutivas del acoso laboral, máxime considerando que el trabajador está activo en la relación laboral.

ii. El reconocimiento de la dificultad que las pruebas que finalmente pueda aportar el trabajador demuestren plenamente que las actitudes hostiles del empleador constituyen un acoso laboral.

Como consecuencia de ello la norma que comentamos dispone:

a. Para probar el hostigamiento psicológico laboral para el trabajador accionante es suficiente aportar indicios de que los hechos y conductas asumidas por el empleador constituyen acoso laboral.

Señalamos que la norma permite que la actividad probatoria del trabajador sea considerada suficiente con el aporte de indicios de los hechos que a su decir constituyen el acoso laboral, pues no exige la prueba plena de los hechos, sino que hace exigencias de menor rango, al señalar que se deben aportar «elementos de juicio», coincidiendo con la definición de indicio contenida en el artículo 117 de la LOPT, que lo explica como todo hecho, circunstancia o signo suficientemente acreditado a través de medios probatorios, que adquieren significación en su conjunto cuando conducen al juez a la certeza en torno a un hecho desconocido relacionado con la controversia.

b. Se le asigna al empleador la carga de evidenciar la racionalidad y proporcionalidad, entendida como necesidad, de haber adoptado las medidas que se alegan constituyen hostigamiento psicológico laboral.

Entonces, se puede postular que, conforme al parágrafo único del artículo 15 del RLOT, para la procedencia del procedimiento de amparo constitucional para lograr el cese de las conductas de hostigamiento que constituyen el acoso laboral, el trabajador no está obligado a probar plenamente la ocurrencia de tales conductas.

Ahora bien, la validez de dicha disposición puede ser objeto de cuestionamiento por afectar el principio de reserva legal de las normas de procedimiento, en el entendido que mediante normas reglamentarias no se pueden crear reglas de procedimiento judicial, en particular del de amparo constitucional; sin embargo, consideramos pertinente la exposición que antecede a los fines de evidenciar lo inapropiado de considerar que el trabajador debe en juicio probar en forma plena la ocurrencia de los hechos que pueden constituir el hostigamiento psicológico laboral.

También debemos acotar que dada la naturaleza del procedimiento de amparo constitucional las exigencias de la prueba de los hechos que constituyen el acoso laboral son más flexibles.

La sentencia N.º 7 de la Sala Constitucional del 1 de febrero de 2000, establece como normas que rigen la actividad probatoria en los procedimientos de amparo constitucional:

> a. La carga del accionante de promover las pruebas que considere pertinentes y necesarias junto con la interposición de la solicitud de amparo constitucional. b. En la oportunidad de la audiencia oral y pública el tribunal decidirá si hay lugar a pruebas, caso en que el cual presunto agraviante podrá ofrecer las que considere legales y pertinentes, ya que este es el criterio que rige la admisibilidad de las pruebas. Los hechos esenciales para la defensa del agraviante, así como los medios ofrecidos por él se recogerán en un acta, al igual que las circunstancias del proceso. c. En la misma audiencia oral y pública, el tribunal decretará cuáles son las pruebas admisibles y necesarias, y ordenará, de ser admisibles, también en la misma audiencia, su evacuación, que se realizará en ese mismo día, con inmediación del órgano, en cumplimiento del requisito de la oralidad, o podrá diferir para el día inmediato posterior la evacuación de las pruebas. d. La evacuación de las pruebas, si fueran necesarias, las dictará en las audiencias el tribunal que conozca del amparo, siempre manteniendo la igualdad entre las partes y el derecho de defensa. e. El principio de libertad de medios regirá estos procedimientos, valorándose las pruebas por la sana crítica, excepto la prueba instrumental que tendrá los valores establecidos en los artículos 1359 y1360 del Código Civil para los documentos públicos y en el artículo 1363 del mismo Código para los documentos privados auténticos y otros que merezcan autenticidad,

entre ellos los documentos públicos administrativos. f. El tribunal podrá diferir la audiencia por un lapso que en ningún momento será mayor de 48 horas, por estimar que es necesaria la presentación o evacuación de alguna prueba que sea fundamental para decidir el caso, o a petición de alguna de las partes o del Ministerio Público. g. Los jueces constitucionales siempre podrán interrogar a las partes y a los comparecientes.

En sentencia N.° 522 de la Sala Constitucional del 8 de junio de 2000 (caso: Ivan Santander Garrido) se amplió el criterio sobre la actividad probatoria que debe ser desarrollada en el procedimiento de amparo constitucional, estableciendo que:

a. La acción de amparo constitucional está regida por la urgencia, por el temor fundado que la amenaza o la lesión hagan imposible el restablecimiento de la situación jurídica que quedó o quedará infringida y tal carácter tutelar y urgente, se proyecta sobre las pruebas que van a recibirse en estos procesos, y que van a abarcar en lo relativo a la pretensión de amparo tres extremos: i. La existencia de la situación jurídica; ii. la infracción de los derechos y garantías constitucionales del accionante; iii. el autor de la transgresión.

b. Debido a la función del amparo, «no exige la ley especial», ni podría exigirlo, «que las pruebas produjeran en el ánimo del sentenciador el grado de convencimiento máximo o plena prueba», que es el que va más allá de la duda razonable. El legislador consideró que la plena prueba no era lo que se buscaba y de allí que no previó términos probatorios para probar, admitir, contradecir o enervar; ni incidencias relativas a los medios, ni impugnaciones, ni formas de actos, ni el funcionamiento de instituciones medulares del Derecho Probatorio.

c. A juicio de la Sala Constitucional el grado de convencimiento en el procedimiento de amparo constitucional corresponde al criterio de prueba suficiente, la cual debe llegar a los autos básicamente por iniciativa del actor y hasta por iniciativa judicial, ya que la acción de amparo es de eminente orden público y en materia de orden público, el juez puede dictar providencias de oficio, lo que no excluye a las probatorias (artículo 11 del Código de Procedimiento Civil).

d. La estructura del amparo constitucional, con la urgencia antes de que la amenaza se concrete o se haga irreparable el daño, limita necesariamente el aporte de pruebas por la celeridad de la actuación que pesa sobre el actor y obliga al juez a actuar con conocimiento de causa, lo que lo autoriza a ordenar al actor, ampliaciones de pruebas sobre algunos hechos, o a solicitar complemente algunas sin perjuicio −por la naturaleza de orden público del proceso− que el juez pueda ordenar de oficio pruebas, aun ante la admisión del amparo. No se trata de autos para mejor proveer, sino de dos tipos de iniciativas probatorias en cabeza del juez constitucional: i. ordenar a las partes ampliaciones o complemento de pruebas; ii. hacer uso de iniciativas probatorias oficiosas, lo que lo autoriza la naturaleza de orden público de este proceso.

e. La Ley Orgánica de Amparo no prohíbe prueba alguna, y el artículo 17 *eiusdem* impone como valla a la admisión y evacuación de las pruebas en esta etapa, el que ellas no sean acordes con la brevedad del procedimiento, o que sean de difícil o de imposible evacuación.

Entonces, es claro que la finalidad del amparo constitucional permite considerar que la actividad probatoria en este tipo de procedimiento no persigue demostrar plenamente los hechos alegados por las partes, sino la suficiencia o verosimilitud de que tales hechos constituyen una violación de los derechos constitucionales y que deben ser suspendidos o eliminados a los efectos de restablecer la situación jurídica infringida.

Bajo este supuesto el juez constitucional puede mandar a ampliar la prueba de alguna de las partes, como desarrollar una actividad probatoria propia, caracterizada por la celeridad.

Concretamente, si el objeto del amparo constitucional es ordenar el restablecimiento de la situación jurídica prexistente del trabajador que ha
sido víctima de actitudes de hostigamiento por parte del empleador y
que configuran el acosa laboral, para que la acción de amparo sea declarada procedente bastaría que el accionante aporte elementos de juicio
suficientes que le permitieran al juez constitucional deducir la discriminación o el acoso alegado, coincidiendo con lo previsto en el mencionado
artículo 15 del RLOT.

Igualmente, podrá el juez hacer uso de su iniciativa probatoria a los fines
de decidir apropiadamente conflictos de orden constitucional aunque tal
iniciativa se vea limitada por la propia celeridad del procedimiento de
amparo constitucional.

Finalmente, debemos hacer mención de la prueba de los hechos y actos de
hostigamiento desarrollados por el empleador en perjuicio del trabajador
y que constituyen hostigamiento psicológico laboral, cuando el objeto de la
acción judicial es el reclamo de cantidades de dinero mediante la acción de
cobro de indemnizaciones de naturaleza laboral y no el restablecimiento
de la situación jurídica infringida mediante una acción de amparo constitucional con la orden de cese inmediato de los hechos que constituyan el
hostigamiento psicológico laboral.

En este respecto, apreciamos que se presentan dos situaciones: i. el trabajador víctima de acoso se retira del trabajo en forma justificada pero
no recibe por parte del empleador el pago correspondiente a la indemnización prevista en el artículo 92 del DLOTT para los supuestos en que la
relación de trabajo termina por causas ajenas al trabajador, y ii. el trabajador víctima de hostigamiento psicológico laboral se retira del trabajo y
reclama la indemnización por daño moral por el ilícito extracontractual
en que incurrió el patrono.

Una constante en ambas supuestos es la desestimación de la demanda por cuanto el extrabajador demandante no demostró el hostigamiento psicológico laboral y ello se debe a que, a pesar de una convicción de la justeza de su reclamo, el trabajador no recolectó evidencias de la ocurrencia de los hechos que constituyeron el acoso laboral durante la relación de trabajo y le es difícil obtenerlas una vez terminada la relación de trabajo.

En este sentido, debemos considerar que generalmente el hostigamiento psicológico laboral está constituido, antes que por pocos actos permanentes y de duración prologada que puedan ser de alguna manera recolectados o registrados por el trabajador, por múltiples eventos, actitudes frases y órdenes, que perturban las labores del trabajador y degrada su medio ambiente de trabajo.

Vistas las circunstancias mencionadas, resulta pertinente que en estos casos excepcionales el juez de primera instancia del juicio del trabajo a quien le toca sustanciar y decidir la causa desarrolle la iniciativa probatoria prevista en los artículos 6, 71 y 156 de la LOPT, y una vez estudiado los términos en los que se planteó la controversia, proceda a ordenar la evacuación de pruebas que considere convenientes a los fines de evidenciar si efectivamente se verificaron los actos de hostigamiento que puedan ser constitutivos de hostigamiento psicológico laboral.

En efecto, en su función de averiguar o inquirir la verdad por todos los medios legales previstos, el juez de primera instancia de juicio del trabajo está facultado para promover pruebas adicionales a las promovidas por las partes u ordenar la evacuación de aquellas que considere necesarias para evidenciar la certeza de los hechos que representan la contradicción entre las partes.

Concretamente, el artículo 71 de la LOPT establece que el juez de primera instancia de juicio del trabajo tiene la facultad de ordenar la evacuación de medios probatorios adicionales que considere necesario cuando, a su juicio, los promovidos por las partes sean insuficientes para formar convicción sobre lo debatido.

Debe entenderse que el juez de primera instancia de juicio del trabajo puede ejercer esta facultad al momento de hacer el examen inicial del material probatorio promovido por las partes previo a la admisión de tales, de manera que en la misma oportunidad pueda disponer de la admisión de las pruebas promovidas por las partes y ejercer su iniciativa probatoria, ordenando la evacuación de aquellas pruebas que considera convenientes.

De igual manera, el artículo 156 de la LOPT establece la facultad que tiene el juez de primera instancia de juicio del trabajo de ordenar, a petición de parte o de oficio, «la evacuación de cualquier otra prueba que considere necesaria para el mejor establecimiento de la verdad».

De dicha norma se deriva que el juez de primera instancia de juicio del trabajo puede ejercer esta facultad durante la audiencia de juicio, durante la evacuación y contradicción de las pruebas promovidas por las partes. Además, el juez de primera instancia de juicio del trabajo tiene la facultad de ordenar la evacuación de medios de prueba promovidos por las partes, así como de pruebas que no hayan promovido, pero que él considere conveniente evacuar.

El ejercicio de la facultad de iniciativa probatoria por parte del juez de primera instancia de juicio del trabajo es discrecional, y por ello no está previsto el ejercicio de recurso alguno contra los autos dictados de conformidad con lo previsto en los artículos 71 y 156 de la LOPT.

Ciertamente, en el ejercicio de la iniciativa probatoria para la cual lo facultan los artículos 71 y 156 de la LOPT, el juez de primera instancia de juicio del trabajo está limitado en tanto su actividad no signifique el ejercicio de la omisión o negligencia de una de las partes.

De tal suerte, que, aunque se pretenda la prueba del acoso u hostigamiento laboral mediante la remisión de la concurrencia de los elementos de la responsabilidad civil por hecho ilícito, que implican el daño, la culpa y la relación de causalidad[376], debemos admitir que en materia laboral por imperativo de la Ley especial laboral, el trabajador no precisa la plena prueba del hostigamiento porque ella sería imposible, sino que simplemente deben aportar «elementos de juicio».

Así pues, en la mayoría de los casos no hay más constancia que el testimonio de la víctima, pues normalmente no existen o son muy pocas las evidencias documentales u otras pruebas físicas que pueden contribuir con sustentar las pretensiones de la víctima del hostigamiento psicológico laboral. Adicionalmente, recordemos que usualmente si existen otros testigos, pero que estos se muestra «mudos» o, en todo caso, renuentes a prestar su testimonio por miedo a sufrir represalias[377].

---

[376] Y vale recordar que ante tal dificultad probatoria y rígida carga para la víctima es que surgen en el ámbito civil los supuestos que aligeran la carga probatoria de la culpa, surgiendo los supuestos excepcionales de responsabilidad objetiva o por riesgo (CC, artículos 1190 y ss.).

[377] Véase: GINER ALEGRÍA, ob. cit., p. 244, se ha de tener en cuenta respecto al tema que se ha tratado es que la mayoría de las investigaciones se han centrado en analizar la díada víctima-acosador. Sin embargo, los procesos de acoso psicológico aparecen y se desarrollan en un contexto organizacional y social que los configura y condiciona. Es por ello, que los futuros estudios deberían ampliar la perspectiva y analizar el papel que juegan los testigos y los observadores en el proceso; PEÑA SAINT MARTÍN y SÁNCHEZ, *El mobbing. Contribuciones...*, p. 32, «Otra condición imprescindible para que se produzca el acoso moral, es la complicidad implícita o el consentimiento indiferente del resto del grupo, que, o bien colabora o, cuando menos es testigo silencioso de las calumnias, las difamaciones, las injurias y las injusticias. Callan por temor a las represalias en los ambientes de total impunidad, por satisfacción íntima y secreta ante el sufrimiento de otro, por razones personales –la envidia y la resistencia al cambio juegan un papel importante– o simplemente por egoísmo convenenciero, tratando de situarse "correctamente" frente al ambiente general de acoso e impunidad para que las agresiones no se dirijan hacia sus miembros. A este fenómeno de apatía generalizada se le denomina "desamparo

Una solución ante esta situación podría ser que el juez que habrá de conocer el caso, en virtud del principio inquisitivo previsto en el artículo 5 de la Ley Orgánica Procesal del Trabajo, intervenga de forma activa en el proceso, requiriendo que los testigos comparezcan a rendir declaración, recabando medios de prueba distintos a los promovidos por las partes, etc. Esto porque, aun cuando tenga lugar una remisión a los elementos de la responsabilidad civil y la carga de la prueba, en materia laboral el juzgador puede, e incluso debe, según hemos indicado, asumir una posición activa en pro de la defensa de derecho irrenunciables del trabajador. Lo contrario haría nugatorio cualquier reclamación de este último, dadas las evidentes dificultades probatorias en que se encuentra por razones obvias.

En cuanto al análisis de las pruebas, indica Peris[378] que basta con que existan evidencias de que el organismo ha estado sometido a una situación provocadora de estrés y que no se le ha facilitado una salida al trabajador sin perjudicarle en sus beneficios laborales y en su *status*, para establecer la relación causal entre el hostigamiento psicológico laboral y las consecuencias físicas y psicológicas que de este se derivan. Sin embargo, no creemos que esto pueda plantearse en términos de blanco y negro, pues en la mayoría de los casos el estrés si se prueba[3793] pero no así las conductas hostiles

---

aprendido". La gente, como los animales, deja de actuar cuando advierte que su acción no incide y no modifica el contexto. Es lamentable pero real. Cuando la ciudadanía advierte que no puede incidir con sus actos, deja de participar y abandona la tarea sistemática de luchar por sus derechos (Scialpi, 2005)».

[378] Peris, María Dolores: «Fundamentos científicos de la defensa ante el *mobbing*». En: *Lan-Harremanak-Revista de Relaciones Laborales*, N.º 7 (Reflexiones y preguntas sobre el acoso psicológico laboral o *mobbing*), Vizcaya, Universidad del País Vasco, 2002, p. 256.

[379] Véase: Giner Alegría, ob. cit., pp. 241 y 242, Para diagnosticar un caso de acoso laboral, existen diferentes pruebas, entre ellas cabe destacar: el daño a la víctima y el tipo de organización del trabajo. Aunque el daño en la víctima, por sí solo, no podrá definir si hubo o no acoso laboral, ya que lo único que podrá determinar son las secuelas individuales del acoso por lo que servirá para la tasación del daño pero no para el dictamen, dado que las lesiones en la víctima van a depender más de la

que lo han generado y, en consecuencia, los jueces no pueden declarar con lugar una situación de hostigamiento psicológico laboral que no está plenamente comprobada.

Así, pues, la compleja realidad del acoso se evidencia en el ámbito de la prueba y las dificultades de la misma, convirtiéndose en una cuestión crucial[380]. El tema probatorio es el gran problema que presenta el hostigamiento psicológico laboral. La práctica muestra las dificultades que deben confrontar el trabajador, pues la carga probatoria recae sobre este[381].

No obstante, dada la obvia dificultad del trabajador en obtener las pruebas correspondientes, cabe recordar las facultades inquisitivas que le concede la LOPT al juez laboral, y la relevancia de la prueba indiciaria.

Esto último ha sido desarrollado en Chile a propósito de la reforma de 2012 que prevé la figura del hostigamiento laboral. Se afirma que en dicha legislación se entregaron a los jueces del trabajo las atribuciones necesarias para conocer y sancionar las lesiones de derechos fundamentales, incluyendo mecanismos de resguardo y de reparación, y se consagraron reglas probatorias especiales –la prueba de indicios del artículo 493– mediante las cuales se facilita a las víctimas el establecimiento de los hechos denunciados[382].

---

resistencia personal de cada individuo que del hostigamiento recibido. Habría que considerar las características personales del trabajador. Historia sociolaboral de la persona en su puesto actual y en puestos o empresas anteriores. Análisis y condiciones de trabajo de su puesto actual. Sucesión y frecuencia de los acontecimientos traumáticos origen del problema. Las consecuencias físicas, psicológicas, familiares y sociales. El empleo de cuestionarios.

[380] García Rodríguez, Bernardo: «La tutela jurisdiccional frente al acoso laboral. Una aproximación al estado de la cuestión». En: *Acoso moral en el trabajo. Concepto, prevención, tutela procesal y reparación de daños.* Manuel Correa Carrasco (Coord.), Navarra, Aranzadi S. A., 2006, p. 231.

[381] Güiza y Camacho, ob. cit., p. 75.

[382] Véase: Caamaño Rojo y Ugarte, ob. cit., pp. 80-82.

Se afirma en dicha legislación que «Tradicionalmente, sobre el demandante recae una pesada sanción si no logra acreditar sus aseveraciones y
mantiene dudas sobre su efectiva ocurrencia. En tal sentido, corre el riesgo
de sucumbir en el proceso, pues la falta de prueba le haría trasgredir su
obligación de apoyar la búsqueda de la verdad, a la cual se habría comprometido una vez que se somete al mismo. Por este motivo, el llamado
"riesgo de la prueba", se transforma en un mecanismo abrumador para
un denunciante de hostigamiento psicológico laboral, quien regularmente
no contará con medios de prueba directos para acreditar su acción. Es por
ello que el artículo 493 diluye esta exigencia y la traspasa a la parte de-
nunciada, quien deberá demostrar la necesidad y proporcionalidad de las
medidas reprochadas, en el marco de la relación laboral». No acontece así
una inversión de la carga de la prueba, sino que se precisa la prueba de indicios razonables que generen una duda razonable en el juzgador[383]. Se
afirma que el Derecho Laboral chileno avanza en la protección del trabajador cuando se encuentra en una posición probatoria disminuida[384]. Pues

---

[383] Ibíd., p. 85, En consecuencia, la carga de la prueba sigue recayendo sobre el trabajador que ha sido víctima de un acoso laboral; sin embargo, deberá encaminarse
a demostrar que existen «indicios suficientes» de una lesión de derechos fundamentales, a través de conductas hostiles o agraviantes. Estos indicios, usualmente conocidos como prueba indirecta o circunstancial, corresponden, como se ha señalado,
a «hechos que generen en el juez una sospecha razonable de que ha existido una
conducta lesiva» y técnicamente equivalen a aportar un «principio de prueba» al
juicio, que será suficiente para dar por cumplida la labor probatoria del demandante.
Ha sido éste el sentido que, en general, se aprecia en las sentencias de acoso laboral.

[384] Ibíd., pp. 86 y 87, En este sentido, el Derecho Laboral avanza en la protección del
trabajador, toda vez que, a diferencia de la justicia civil e, incluso, de la reformada
justicia de familia, se consagra expresamente un estándar de convicción rebajado
respecto de aquel litigante que se encuentra en una posición probatoria disminuida.
Gracias a esta consideración es que se aligera la importante carga que debe enfrentar
quien ha sido víctima del *mobbing* y, en consecuencia, el Derecho del Trabajo hoy
cumple con mayor efectividad uno de sus principales cometidos: dar vigencia a la
noción de ciudadanía en la empresa, a través del resguardo de los derechos fundamentales del trabajador.

de lo contrario, difícilmente veremos una demanda de hostigamiento psicológico laboral con éxito.

Por su parte, en cuanto a la carga de la prueba en la figura bajo análisis, indicó la Corte Constitucional colombiana que esta carga probatoria debe ser asumida por el trabajador que padece el hostigamiento, ya que las conductas desplegadas no son manifiestas ni evidentes, por lo cual la actividad encaminada a llevar la convicción al juez se hace más exigente. Sin embargo —admite la doctrina colombiana— debe reconocerse la rigurosidad que implica esta responsabilidad asignada a la víctima considerando que el acosador evitará dejar cualquier rastro que llegar a responsabilizarlo jurídicamente. Razón por la cual, la sentencia olvida la protección de la dignidad humana y se centra en el derecho a la defensa de quien ejerce el acoso[385]. Sin embargo, la citada Ley colombiana N.º 1010 de 2006 en su artículo séptimo consagra una presunción legal al establecer que se presume el acoso si se logra acreditar la ocurrencia repetida y pública de una serie de conductas que se encuentran señaladas en dicha Ley. La Corte Constitucional consideró que dicha norma no constituye una violación al debido proceso[386]. En el caso venezolano, a falta de normas como las citadas en el ordenamiento extranjero, amén del poder de oficio probatorio del juzgador que permite la normativa especial en atención a la naturaleza de la materia, el juzgador podría llegar a una conclusión parecida por vía indiciaria o presuntiva. Esto es, el acoso ciertamente podrá presumirlo el juez de un elenco probatorio que lo llevé a tal conclusión. Sería prácticamente imposible una prueba plena, porque el acosador tratará de no dejar evidencia física.

En el ámbito nacional, se ha referido que la prueba documental o instrumental pudiera ser un importante elemento que acredite el hostigamiento

---

[385] Güiza y Camacho, ob. cit., pp. 66 y 67.
[386] Ibíd., p. 68.

psicológico laboral, especialmente a través de memos o cartas dirigidas, correos electrónicos, notas escritas sin formalidad, así como correcciones hechas a los trabajos asignados a la víctima[387]. En efecto, se afirma que las pruebas documentales son de gran importancia en la demostración del acoso. Se podría visualizar el hostigamiento en correos electrónicos, memorandos, llamados de atención, constancias que denotan un maltrato. Amén que resultan de fácil recaudación para el trabajador[388].

Por su parte, se reseña que la prueba o peritaje de la figura requiere de un triple aspecto: médico, psicológico y social[389]. Y así Parés Soliva alude a la peritación social del *mobbing* y señala que «la pericia social es un informe en donde se realiza un estudio objetivo, pormenorizado y fundamentado,

---

[387] Véase: Córdova, *La prueba documental…*, pp. 109-125.

[388] Güiza y Camacho, ob. cit., p. 61.

[389] Véase: Parés Soliva, ob. cit., En virtud de la dificultad de obtener pruebas directas del acoso será necesario llegar al dictamen de la existencia del mismo a través de los informes periciales. Como el perito no puede confiar en la indicación de un solo signo, precisamente por la trascendencia de su opinión, valorar tanto el daño a la víctima como el tipo de organización del trabajo aportarán datos e informaciones complementarias que servirán para avalar o para contradecir el primer diagnóstico. Por tanto en la peritación del *mobbing* tendremos dos objetivos de pericia, el primero será determinar la existencia o no de un caso de acoso laboral y el segundo consistirá en determinar la afectación sobre la salud de la víctima y su relación con las condiciones laborales. Así los objetivos de la pericia serán primero hacer un diagnóstico y responder a la pregunta ¿es o no es *mobbing*?, y segundo saber las consecuencias sobre la víctima, mediante la tasación del daño. Debido a su complejidad serán necesarios tres tipos de peritación. Los tres tipos de periciales necesarios para poder determinar un caso de acoso laboral serán: la pericia médica, la pericia psicológica y la pericia social. La pericia médica determinará el grado de afectación sobre la salud del trabajador, básicamente a través de la constatación de los síntomas físicos de las alteraciones psicosomáticas y de las secuelas. La pericia psicológica será útil para determinar las alteraciones sobre la salud emocional del trabajador, así como el contexto organizacional donde emergió el acoso. En cambio la pericia social será la base determinante del diagnóstico de *mobbing*, dado que el acoso moral en el trabajo es un fenómeno social podrá ser diagnosticado mediante parámetros sociales, tales como la existencia de comportamientos hostigantes, el tipo de acoso del que se trata y la fase actual del mismo.

sobre los aspectos del problema que se presentan en la demanda judicial. En los casos de una situación de acoso laboral o *mobbing* habrá que demostrar que han existido comportamientos de presión laboral tendenciosa. La metodología de peritación social se basa en la entrevista pericial como técnica básica, por tanto el trabajador social como perito deberá poder determinar el tipo de acoso frente al que estamos y la fase actual de evolución del proceso hostigante mediante pruebas e indicios. Las pruebas podrán ser testificales, escritas o mediante grabaciones. Cuando pueda ir acompañada de la entrevista a otros trabajadores del departamento implicado podremos contar con una evidencia contrastable. Así, para poder determinar que ha habido presión laboral tendenciosa encaminada a la autoexclusión de un trabajador debemos probar que la presión ha sido ejercida especialmente en contra de un trabajador en concreto a diferencia del resto de compañeros[390]. La prueba testimonial podría llevar fácilmente a la solución de la controversia laboral, pues lo compañeros pueden verificar si se dio o no el acaso. Además, tales podrían ser futuras víctimas del acoso[391].

Se afirma así que sin perjuicio de cualquier tipo de prueba admisible[392] pueda servir a fin de acreditar el hostigamiento psicológico laboral, son especialmente destacables las pruebas periciales psicológicas y los informes o declaraciones de los responsables de la salud laboral y los representantes de los trabajadores[393]. Las pruebas deben presentar las características de pertinencia, conducencia y utilidad[394].

---

[390] Parés Soliva, ob. cit., agrega: La peritación social del *mobbing* podrá determinar la existencia de un caso de *mobbing*, mediante tres pasos: el primer paso consistirá en listar y detallar varias de las conductas de acoso, el segundo paso consistirá en la determinación del tipo de acoso y el tercero en probar la fase en la que está la víctima.

[391] Güiza y Camacho, ob. cit., p. 62.

[392] Véase: ídem, señalan Güiza y Camacho que un video grabado por la víctima al acosador no sería válido judicialmente por constituir una violación a la intimidad.

[393] Rivas Vallejo, ob. cit., p. 105.

[394] Güiza y Camacho, ob. cit., p. 63.

Sin embargo, ya existen casos a nivel internacional que nos sirven para tomar como ejemplo a la hora de preparar «las evidencias físicas» de un caso de hostigamiento psicológico laboral.

En efecto, se trata de una denuncia[395] de acoso moral y discriminación presentada por tres funcionarias del Centro de Educación Vial de Salamanca. Si bien no conocemos que se haya producido una decisión judicial sobre este caso, nos parece importante comentar sobre las pruebas utilizadas por las funcionarias para sustentar sus pretensiones y alegatos. En primer lugar, las denunciantes señalaban la violación de su derecho de ocupación efectiva por parte de su empleador: para sustentar sus pretensiones aportaron: i. correos electrónicos y memoranda en los cuales se les asignaban tareas sin justificar o de menor importancia, o la realización de cursos, presentaciones e informes que posteriormente no son utilizados, etc. ii. un estudio comparativo del número de cursos impartidos a trabajadores de la empresa, tipo de cursos según sus destinatarios y número de horas de los mismos y el número de cursos y talleres recibidos por éstas.

Por otra parte, en cuanto a la presión psicológica bajo la cual estuvieron sometidas, las funcionarias presentaron correos electrónicos, comunicaciones y memoranda en los cuales se giraban órdenes con exigencias reiteradas de «hoy para hoy», solicitudes de cuantificar de manera detallada –horas y minutos– el tiempo invertido en una actividad realizada tres meses atrás, e incluso presentaron ocho expedientes disciplinarios, cuatro de ellos iniciados contra una sola de ellas en menos de veinte días, etc.

Sin duda, en la mayoría de los supuestos no tendremos un número significativo de pruebas idóneas para sustentar un caso de acoso moral; sin embargo, esto bien nos da una idea en la labor probatoria que debemos emprender ante un caso como los aquí planteados.

---

[395] «Salamanca: historia sobre acoso a tres funcionarias de la DGT». Recuperado de http://www.ugt.es/mobbing/acososalamanca.html [octubre 4, 2005, 5:20 pm].

En todo caso, seguros estamos que en un futuro cercano se producirá un incremento del número de demandas iniciadas por acoso psicológico, todo es cuestión de tiempo y del conocimiento que se tenga de este fenómeno, pues estamos convencidos que el problema existe en la mayoría de los sitios de trabajo.

Se afirma que es claro que el trabajador debe probar los elementos del hostigamiento, a saber, que el sujeto agresor le propicia actos de agresión u hostigamiento en forma «reiterada». Reiteración que hemos criticado cuando se pretende imponer un lapso mínimo de seis meses. Siendo a decir de la doctrina posiblemente este último aspecto de la reiteración, el más difícil de probar y que diferencia la institución de otras en el ámbito laboral[396].

En efecto, en la práctica jurisprudencial chilena se aprecia la extraordinaria importancia que se le da a este componente y el efecto que genera es, con frecuencia, negativo, pues se condiciona la noción de acoso y las demandas son rechazadas por no demostrarse la reiteración de la agresión u hostigamiento. La consecuencia de que los tribunales eleven este elemento a la calidad de «esencial» es clara: al no configurarse la persistencia temporal de la agresión, el análisis de la lesión de los derechos fundamentales del trabajador, que es el verdaderamente relevante y que constituye el

---

[396] Véase: Caamaño Rojo y Ugarte, ob. cit., p. 82, la presencia de un sujeto agresor es imprescindible para acreditar la procedencia de un acoso vertical, horizontal o mixto y en este sentido, el trabajador será quien deba demostrar que la conducta proviene de su empleador o de otros trabajadores, o bien, que ambos agentes han concurrido, mediante acciones u omisiones, a propiciar el *mobbing* y la consecuente lesión de derechos fundamentales. Por otra parte, la agresión u hostigamiento se transforma también en un elemento laxo dentro del concepto de acoso laboral puesto que la prueba, en este caso, solo se orienta a exponer el hostigamiento, careciendo de total relevancia la vía por la cual éste se haya ejercido. Hasta ahora, los referidos elementos no constituyen una prueba en exceso gravosa para el denunciante; sin embargo, la exigencia de que la conducta ofensiva sea reiterada, finalmente estrecha el concepto de *mobbing* y le imprime el sello de la psicología, que, en cierta medida, aleja a la figura del Derecho del Trabajo y de la protección de los derechos del trabajador.

núcleo del acoso laboral, termina siendo minimizado o, peor aún, simplemente soslayado. Si bien es cierto, el acoso en el trabajo por regla general se presenta como un atentado continuo, ya sea este permanente o solo reiterado, también podría pensarse en ciertas hipótesis en que gestiones aisladas concreten el asedio, si estas aparejan como consecuencia el elemento central del hostigamiento psicológico laboral: que la conducta hostil vulnere derechos fundamentales de origen constitucional del trabajador[397].

Vimos de las decisiones judiciales en el ámbito nacional, que suelen ser declaradas sin lugar señalándose que el actor es quien tiene la carga de la prueba del acoso laboral. Lo cual ha sido con razón criticado[398]. Pero recordemos que no se le puede exigir plena prueba al trabajador sino suficientes elementos de juicio, aunado a las facultades inquisitivas del juez laboral. De lo contrario pocas o alguna demanda exitosa por hostigamiento psicológico laboral, existirá en el haber de la jurisprudencia venezolana.

De allí que, mientras la jurisprudencia de la Sala de Casación Social toma otro rumbo más a tono con el equilibrio en materia probatoria, cabe recordar que el trabajador tiene abierta como opción útil la vía de la acción amparo, según explicamos[399].

---

[397] Ibíd., p. 83.

[398] Véase: CORREA CARRASCO, *La juridificación...*, p. 70, las principales vías de actuación en este ámbito deben ir dirigidas a paliar en lo posible uno de los grandes escollos que plantea la defensa jurídico-procesal frente al acoso: la acreditación de la prueba. En efecto, como se sabe, las dificultades probatorias constituyen un problema común a todo tipo de acoso, sea sexual o moral. Pero en el caso del acoso moral tales dificultades se acentúan considerablemente dada la complejidad del fenómeno, donde concurren una serie de conductas de diversa índole que, tomadas aisladamente, pueden considerarse anodinas, de modo que solo su encadenamiento en el tiempo desde una perspectiva teleológica les da una unidad de sentido susceptible de ser jurídicamente relevante. En tales circunstancias, la inversión de la carga probatoria, solución justificada con base en los derechos afectados, y habitualmente contemplada en Derecho comparado, supone un indudable avance, pero deja incólume otras cuestiones no menos relevantes.

[399] Véase *supra* III.4.1.3.

IV.2. Recomendaciones para prevenir o detener el hostigamiento psicológico en el trabajo

Ciertamente el patrono o empresario está obligado a prevenir[400] o impedir el hostigamiento psicológico laboral[401], aunque para algunos ello no

---

[400] Véase: Pedrosa Alquézar, Sonia Isabel: «Actualidad de la prevención del acoso moral en el trabajo jurídica». En: *Acoso moral en el trabajo. Concepto, prevención, tutela procesal y reparación de daños.* Manuel Correa Carrasco (Coord.), Navarra, Aranzadi S. A., 2006, pp. 95-120; y en la misma obra colectiva Rodríguez Copé, María Luisa: «Prácticas de empresas sobre la prevención del acoso», pp. 121-154.

[401] Rojo y Cervera, ob. cit., p. 65; Morales, ob. cit., es responsabilidad del patrono controlar, así como prevenir accidentes y enfermedades ocupacionales; Henríquez, ob. cit., sugiere a las empresas: incluir en el «programa de seguridad y salud en el trabajo», lo relacionado con la prevención del acoso laboral y sexual, así como notificar al comité de seguridad y salud laboral, toda denuncia de supuesto de acoso laboral o sexual y la obligación de tener toda la información relacionada con talleres, adiestramientos y políticas en materia de prevención de acoso laboral y sexual, para presentar tales documentos ante cualquier investigación de la Inspectoría del Trabajo o Inpsasel. Véase referencia a la «prevención» en su propuesta de anteproyecto de ley: Gil, ob. cit., «artículo 8.- Prevención del acoso laboral. Responsabilidades de prevención. Todo patrono tendrá la responsabilidad de mantener, en el lugar de trabajo, condiciones de respeto para quienes laboran ahí, por medio de una política interna que prevenga, desaliente, evite y sancione las conductas de acoso laboral. Con ese fin, deberán tomar medidas expresas en los reglamentos internos, los convenios colectivos, los arreglos directos o de otro tipo. Sin limitarse solo a ellas, incluirán las siguientes: 1. Comunicar, en forma escrita y oral, a los supervisores, los representantes, las empleadas, los empleados y los clientes la existencia de una política contra el acoso laboral. 2. Establecer un procedimiento interno, adecuado y efectivo, para permitir las denuncias de acoso laboral, garantizar la confidencialidad de las denuncias y sancionar a las personas hostigadoras cuando exista causa. El procedimiento mencionado en el inciso anterior, en ningún caso, podrá exceder el plazo de tres meses, contados a partir de la interposición de la denuncia por hostigamiento». Véase también sobre la prevención del acaso laboral: Cubillo Rodríguez, ob. cit., pp. 60 y ss.; Palavecino Cáceres, ob. cit., p. 18, El empleador debe, pues, contribuir a la prevención del acoso dentro del ámbito en que ejerce sus facultades de organización y dirección. Y además puede hacerlo ya que la legislación le otorga algunos instrumentos idóneos para tal efecto; Arbonés Lapena, ob. cit., pp. 86 y ss, amén del título de su trabajo, la autora desarrolla la tutela preventiva especialmente en tales páginas.

pase de ser una línea optimista[402]. Pues vale recordar que por constituir un riesgo psicosocial y expresión de violencia psicológica, así como ocurre con la discriminación, surge el sometimiento al régimen que consagra la Lopcymat[403]. El origen del problema puede ser muy diverso. Pero, según afirman Martín Daza y Pérez[404], la aparición de este tipo de conductas –relacionadas con los conflictos de cualquier naturaleza entre hostigadores y hostigado– se encuentra ligado a dos aspectos fundamentales: la organización del trabajo y la gestión de los conflictos por parte de los superiores.

Ello sin perjuicio que autores como Ausfelder proponen ciertas herramientas para que la potencial víctima pueda reconocer el acoso[405],

---

[402] Véase: Gimeno Lahoz, ob. cit., pp. 170 y ss.

[403] Carballo Mena, *Derecho a la igualdad…*, pp. 391 y 392, ubica entre las medidas o deberes de prevención el diseño de políticas y programas de seguridad, identificar las condiciones peligrosas, evaluar los niveles de inseguridad, controlar las condiciones inseguras, vigilar la ejecución de medidas preventivas.

[404] Martín Daza y Pérez, ob. cit.

[405] Ausfelder, ob. cit., p. 73, «1. Estructura frontal: el equipo que antes era armónico comienza a fragmentarse en grupos. Los frentes se endurecen cuando un jefe da la señal: "¡Quien no esté de mi lado, está en mi contra!". 2. Control: se presta más atención a las conversaciones ajenas y se controla la puntualidad. La confianza ha desaparecido y comienzan a reunirse pruebas y a buscarse motivos para acosar a la víctima. 3. Discusiones interminables: el intercambio de impresiones ya no interesa. Lo importante a partir de ese momento será despistar. 4. Chismes: el tema de conversación consistirá solamente en habladurías como "¿quién se acuesta con quién?", o "¿quién está hoy enfermo?". 5. Casos singulares: los trabajadores aíslan a un trabajador y se ensañan con él. En el bar le hacen bromas sobre sus rasgos y sus defectos durante la comida. 6. Desaparece el espíritu de colaboración: la víctima deja de recibir información, le retienen las noticias importantes y ya no le pasan las llamadas telefónicas ni los avisos. 7. Se incomunica a la víctima: de repente se le cierran las puertas y se evita hablarle abiertamente. El grupo ya no tiene un espíritu de equipo. 8. Falta de compañerismo: ahora ya no pasa nada. Nadie echa la mano a la víctima cuando está agobiada por el trabajo, necesita combinarse las vacaciones o se ausenta de la empresa por enfermedad»; Vidal Casero, ob. cit., «Entre las estrategias a tener en cuenta, merecen considerar las siguientes: 1. Tomar conciencia de la situación. 2. Localizar al acosado. 3. Investigar y analizar los recursos disponibles

así como ofrece tips para defenderse del mismo[406], aunque considera en forma exageradamente pesimista que no hay forma de prevenirlo. Pero ello podrá predicarse respecto de la víctima, mas el patrono sí está obligado a prevenirlo.

−apoyo familiar, social, terapéutico, legal, económico…− y decidir la procedencia de la denuncia como única posibilidad para neutralizar la situación del acoso psicológico. 4. Registrar o escribir las situaciones de acoso anotando las fechas, horarios, lugares y posibles testigos, incluyendo aquellas personas que no lo han presenciado pero si han tenido conocimiento de los hechos. 5. Se debe conservar cualquier objeto enviado por el acosador: cartas, correo electrónico, registro de llamadas telefónicas, etc. 6. Solicitar ayuda de forma ordenada». Véase reseñando el peligro del correo electrónico en la materia: AUSFELDER, ob. cit., p. 36, El correo electrónico se ha convertido en un arma muy peligrosa. Los mensajes privados pueden ser leídos por todo el personal mediante la manipulación de las direcciones de *e-mail*. El daño es inmenso, ya que solo puede remediarse mediante explicaciones agotadoras. Téngase en cuenta que a pesar de que en los correos electrónicos figura la dirección y el nombre del remitente, los datos pueden falsearse con facilidad. Mediante este sistema incluso la central de Microsoft puede ser acosada con saña. En principio, el trabajador cuyo monitor está conectado a una red es una persona de vidrio. Para cada pulsación de una tecla existen diversos protocolos.

[406] AUSFELDER, ob. cit., p. 74, Nadie puede protegerse del acoso ni tampoco preverlo. Con frecuencia, la víctima se lleva bien con sus compañeros hasta que de repente se desatan las intrigas. Cuando el jefe o los compañeros han puesto sus ojos en la víctima, ésta apenas puede hacer nada en contra. Muchas veces llega a ser el blanco de las críticas por culpa de hechos −color de la piel, sexo, religión− ante los cuales no puede hacer nada. Solo las empresas pueden prevenirlo y tomar las medidas necesarias para erradicarlo. Intente no hacerse el fuerte y no deje que todo recaiga sobre usted. A la larga seguro que no podrá soportarlo. Busque la opinión directa con mucha atención. Muchas cosas aún pueden solucionarse al principio; largas conversaciones sobre los asuntos privados ofrecen situaciones de ataque innecesarias. ¡No hable demasiado!, créese buenos aliados para que pueda explicar a alguna persona de confianza el comportamiento de los compañeros; hable con su pareja sobre sus problemas en la empresa y deje respaldarse; evite especialmente los arrebatos espontáneos. Solo empeorará la situación; no acepte en absoluto las alusiones ambiguas si no comprende lo que quieren decir. Exija una explicación; si la situación no se puede arreglar entre el círculo de compañeros, tendría que acudir a los superiores o al comité de empresa; refuerce su propia autoestima mediante actividades positivas durante el tiempo libre. Recuerde sus cualidades profesionales; anote los incidentes. En caso de una querella jurídica podrían serle de ayuda.

Muchas veces, los empleadores ante situaciones de hostigamiento psicológico laboral tienden a atribuir la violencia a lo que François Courcy[407]
denomina el «mito del perfil del agresor». Coincidimos con la psiquiatra
y psicoanalista Hirigoyen[408] en cuanto que el acoso psicológico en el trabajo no es el resultado de la crisis económica actual, ni tampoco del mito
del perfil del agresor o al menos no son estas las causas directas, sino que
deriva de la permisividad organizativa.

Luego, aun cuando el problema existe, somos de la opinión que bien
puede reducirse a frecuencias razonablemente tolerables, siempre teniendo en claro que la finalidad de la implementación de estas medidas es la
mejora del ambiente de trabajo. Para esto, los empleadores deben tener presente que la prevención es el elemento básico de control para mejorar la
vida laboral y evitar la exclusión social[409]. Es necesario que los empleadores no esperen recibir quejas de las víctimas para actuar, sino que se
atienda el asunto incluso cuando se habla de inquietudes y quejas y no
de agresión[410]. No pareciera una salida jurídica que el trabajador afectado

---

[407] Citado en Marzoan, ob. cit.

[408] Hirigoyen, Marie-France: *Le harcelement moral: la violence perverse au quotidien.*
       Syros, Paris, 1998, Recuperado en http://www.iol.org/public/spanish/bureau/inf/
       magazine/43/mobbing.htm [octubre 15, 2005, 10:35 am].

[409] Véase: Correa Carrasco, *La juridificación...*, p. 61, solo a través de una adecuada
       política preventiva en los centros de trabajo, el problema del acoso puede ser atajado
       en su raíz. En efecto, si como hemos señalado anteriormente, el acoso moral es un
       problema eminentemente organizacional y, en consecuencia, las causas que lo pro-
       vocan están íntimamente conectadas con fallos en la organización del trabajo, no
       cabe duda alguna sobre la virtualidad «correctora» de las medidas preventivas. En
       definitiva, la intervención normativa debería dirigirse a la eliminación de aquellos
       factores que intervienen de modo decisivo en la creación de un ambiente de trabajo
       proclive a la aparición del caldo de cultivo donde nacen y proliferan las conductas
       de acoso. Lógicamente, no estamos ante una tarea fácil.

[410] Véase: Morales, ob. cit., en Venezuela existe una escasa promoción entre el patrono
       y trabajador de la normativa para prevenir el acoso laboral, siendo de igual impor-
       tancia, constatar el contenido de la normativa vigente en cuanto a las sanciones para

por hostigamiento pueda implementar como una suerte de excepción de incumplimiento, reteniendo o no realizando sus labores[411].

Se ha planteado inclusive en materia de prevención la existencia de «protocolos antiacoso»[412], a saber, documentos elaborados en el seno de la

---

las personas que activamente actúan como acosadoras, como una forma de proteger a la víctima minimizando la ocurrencia de este tipo de violencia en el ámbito laboral; Mac Donald, ob. cit., 1. Propender un clima laboral estable a los fines de no convertir al mismo en un campo de batalla. 2. El tratamiento equitativo del empleador hacia los integrantes de la organización o empresa. 3. El establecimiento de programas de capacitación en las empresas sobre el tema. 4. La existencia de una información simétrica entre trabajador y empleador evitando malos entendidos en la relación laboral. 5. La aplicación de sanciones disciplinarias para todo aquel que ejerza dentro de la organización conductas hostigadoras o acosadoras sin distinción de jerarquía o categoría dentro de la organización.

[411] Véase planteando tal posibilidad: Calvimonte, ob. cit., De allí que el trabajador hostigado –que oportunamente dio avisos de la situación que padece– se encuentra legalmente habilitado a intimar para que cesen los comportamientos lesivos o se arbitren las medidas a tal fin y se le garantice el cumplimiento de su labor en condiciones dignas, funcionales, adecuadas a ley y a lo pactado, bajo apercibimiento de retener legítimamente sus tareas. De no obtener respuesta favorable se encuentra autorizado a concretar su apercibimiento suspendiendo su prestación con derecho a cobro de salarios y haciendo saber que así lo hará hasta que se le aclaren y garanticen las condiciones de labor. Lógicamente, esta conducta constituye un medio transitorio de presión, a efectos de que el empleador tome los recaudos necesarios y convenientes para restituir el contrato a las condiciones normales. Básicamente, el trabajador se autoprotege, deja de concurrir a un ambiente laboral que lo daña, aspirando a hacer cesar las conductas para el futuro y a que se cumplan íntegramente las prestaciones a cargo del empleador sin perder su fuente laboral y alimentaría. Si no logra una respuesta favorable emplazará bajo apercibimiento de darse por despedido e iniciar las acciones legales correspondientes, que escapan a este análisis. Este proceder puede suscitar algunas inquietudes en relación con su (in)eficacia: no garantiza por sí ni la eliminación del hostigamiento ni la conservación del vínculo, y a los peligros de su ejercicio abusivo por parte del trabajador.

[412] Véase: Maneiro Vázquez, Yolanda y José M. Miranda Botto: «Las obligaciones de la empresa en materia de acoso moral, acoso sexual y acoso por razón de sexo: los protocolos antiacoso». En: *Mobbing, acoso laboral y acoso por razón de sexo*. María Teresa Velasco Portero (Directora). Madrid, Tecnos, 2.ª edic., 2011, pp. 65-92.

empresa, preferiblemente a través de la negociación, que recoja procedimientos de actuación para prevenir y castigar el acoso, creando sistemas autónomos de resolución de conflictos[413]. La preparación de tales sería responsabilidad de la respectiva empresa con la participación de los representantes de los trabajadores[414]. Ello teniendo por norte la igualdad, sin perjuicio de la intervención de expertos y considerando las particularidades de la empresa[415]. El protocolo no podría ser elaborado de forma aislada, sino que debe incluir un plan de prevención de riesgos y a la vez evitar cargas inútiles[416]. Tal instrumento debería incluir ante quién se hace la denuncia, encargado de la asistencia, respeto a la intimidad y plazos breves para la tramitación[417].

Así mismo, se alude a considerar medidas «preventivas» y de «gestión». Teniendo por norte el diálogo para evitar la aparición del conflicto. Una vez que apareció el conflicto, gestionarlo en forma acertada entre los involucrados y los superiores, investigando y realizando un pormenorizado seguimiento del caso, además de intentar paralizar la acción violenta. Luego, intervenir a objeto alejar al acosador de la institución y para otorgarle asistencia médica y psicológica a la víctima. Finalmente, sancionar severamente al acosador y procurarle asistencia de reinserción al acosado. En cuanto a las medidas de gestión, se debe analizar la posibilidad de incorporar a la agenda de la negociación colectiva general y por empresa, el tema del hostigamiento psicológico laboral y reconocerlo como riesgo profesional[418].

---

[413] Ibíd., p. 65.
[414] Ibíd., p. 70 y 71.
[415] Ibíd., p. 72.
[416] Ibíd., p. 73. Véase considerando que la situación puede subsumirse en el «incumplimiento de deberes de prevención de riesgos laborales»: Rivas Vallejo, ob. cit., p. 81.
[417] Maneiro Vázquez y Miranda Botto, ob. cit., pp. 78-84.
[418] Véase: Ausfelder, ob. cit., p. 83, El *mobbing* constituye hoy un riesgo profesional que no deriva de la actividad que se realiza, al menos considerada en sí misma, sino básicamente del entorno o ambiente en que tal actividad se lleva a cabo.

Entre las concretas vías de prevención del acoso se citan: la evaluación de riesgos y planificación preventiva de medidas antiacoso, intervención activa de la negociación colectiva y de los representantes de los trabajadores, auditoría e intervención de la inspección del trabajo, puesta en marcha del principio de adaptación con proyección a la idea de salud integral[419].

Se propone, además, el deber empresarial de protección del trabajador frente al hostigamiento psicológico laboral en la normativa de prevención; la prevención en origen como medida de evitación del acoso; la evaluación de los riesgos no evitados; la planificación de la actividad preventiva por ser clave en la «gestión del riesgo» y la elaboración de códigos de conducta[420].

Las medidas preventivas deben ir encaminadas a mejorar la organización en el trabajo y evitar la aparición de conflictos y la estigmatización. Debería existir así un iter preventivo que propicie un buen clima laboral con dos fases o períodos: uno centrando la atención en los códigos de conducta. Una segunda etapa que ponga en marcha mecanismos internos y externos de solución de conflictos una vez que han sido identificados y evaluados[421]. Prevención y protección frente a la violencia psicológica en el trabajo es la línea de actuación que se propone[422].

En sentido semejante, la doctrina colombiana alude a las acciones preventivas encaminadas a evitar la ocurrencia de conductas constitutivas de acoso, por ejemplo, a través de reglamentos de trabajo en las organizaciones privadas[423]. En dicho ordenamiento la Resolución N.º 2646 de 2008 en su artículo 14 hace referencia a ciertas medidas preventivas[424].

---

[419] Pedrosa Alquézar, ob. cit., pp. 113-120.
[420] Rodríguez Copé, ob. cit., pp. 133-143.
[421] Ibíd., pp. 152 y 153.
[422] Molina Navarrete, *La tutela…*, p. 239.
[423] Güiza y Camacho, ob. cit., p. 29.
[424] Véase: ibíd., p. 30, la formulación de una política clara dirigida a prevenir el acoso laboral, que incluya el compromiso, por parte del empleador y de los trabajadores,

A continuación, ofrecemos nuestras recomendaciones para prevenir la ocurrencia del hostigamiento psicológico laboral en el trabajo:

a. En primer lugar, es necesario dar a conocer qué es el hostigamiento psicológico laboral, cómo se desarrolla y cuáles son sus consecuencias, por ejemplo a través de folletos, planes de formación del personal, etc. A los fines de propiciar planes de prevención[425].

b. Debe crearse una cultura organizativa con normas[426] y valores contra el hostigamiento psicológico laboral en todos los niveles jerárquicos de la

---

de promover un ambiente de convivencia laboral; la elaboración de códigos o manuales de convivencia en los que se identifiquen los tipos de comportamiento aceptables por la empresa, la realización de actividades de sensibilización sobre el tema; la realización de actividades de capacitación sobre resolución de conflictos; el seguimiento y vigilancia periódica del acoso bajo un esquema de confidencialidad; desarrollo y promoción de relaciones positivas entre los trabajadores; conformación de comités de convivencia laboral.

[425] Véase: Pérez Alonso, ob. cit., p. 207, «es por ello que, en mi opinión, en la empresa se debería adoptar planes de prevención, de reeducación de los trabajadores para utilizar lo que se denomina la técnica "del lenguaje no violento o comunicación no violenta" que va en la línea, anteriormente, apuntada y que, ya se viene utilizando dentro de las empresas para resolver problemas personales que surgen en un determinado grupo y que, de no ser atajado a tiempo y adecuadamente, derivan con el tiempo, en las envidias, en el asedio, en la intromisión personal, en atentados contra la dignidad, en suma generan el acoso que afecta a tantos grupos y a tanto trabajadores por no realizar reeducación social hacia la no violencia, hacia la cordialidad, a la buenas relaciones, al entendimiento, a la cooperación entre los individuos para evitar así, la envidia, la rivalidad, el asedio entre individuos, en suma para evitar esta lacra denominada "acoso" o, más propiamente, violencia en sus distintas manifestaciones».

[426] Véase: Correa Carrasco, La juridificación…, p. 62, Por otra parte, de forma complementaria, caben actuaciones normativas dirigidas a perfilar de forma más nítida y específica los mecanismos de prevención frente al acoso. Una primera línea de intervención se proyectaría sobre el plano del poder de dirección de empresario y se concretaría en fórmulas de procedimentalización de su ejercicio dirigidas, por un lado, a instaurar sistemas de control en la organización productiva con capacidad para detectar acciones u omisiones susceptibles de afectar negativamente al

organización de manera de fomentar ambientes laborales libres de acoso que pongan el acento en la prevención de conductas de acoso psicológico.

c. Es importante establecer directrices claras sobre comportamientos aceptables y lo que no lo son. Para esto, pueden ser implementados códigos de buenas prácticas o de ética. Sería incluso recomendable que, en las reglamentaciones internas y en los convenios colectivos, se incluyeran cláusulas de protección contra el hostigamiento psicológico laboral, tales como las previstas en la convención colectiva de los trabajadores del Sindicato del Personal de la Oficina Internacional del Trabajo[427].

d. Tanto el empleador como los trabajadores y sus representantes sindicales, deben conocer los síntomas del hostigamiento psicológico laboral para su reconocimiento y detección precoz a través de la implementación de sistemas de evaluación temprana, tales como establecimientos de canales de comunicación –preferiblemente confidenciales o al menos reservados– dentro de la organización y asesorar a todo el personal sobre dónde y cómo puede plantear inquietudes, quejarse, denunciar situaciones y recibir

---

ambiente de trabajo. Y, por otro lado, la utilización con carácter disuasorio del poder disciplinario frente a quienes incurran en tales conductas conductas. Lógicamente, la procedimentalización del poder del empresario en el sentido señalado, encontraría en la negociación colectiva –preferentemente, a nivel de empresa– un cauce privilegiado. Por otra parte, la intervención normativa debe tener por objeto la potenciación de los mecanismos instaurados para la ejecución de las políticas preventivas en los centros de trabajo. De este modo, en el ámbito de la información, deberían acentuarse las actuaciones dirigidas a otorgar la mayor transparencia posible sobre el funcionamiento de la organización y, especialmente, de los procedimientos para la toma de decisiones que afecten a los trabajadores. Todo oscurantismo sobre la materia favorece la arbitrariedad y falta de control de quienes ejercen el poder en la empresa, lo que, como hemos señalado, constituye, una de las características de las organizaciones donde proliferan las conductas de acoso.

[427] *Convenio colectivo sobre prevención y solución de reclamaciones en materia de acoso entre la Oficina Internacional del Trabajo y el Sindicato de la OIT.* Recuperado de: http://www.ilo.org/public/spanish/staffun/docs/harassment.htm [enero 4, 2010, 6:12 pm].

ayuda –incluso psicológica–. ROJO y CERVERA recomiendan «Establecer en los convenios colectivos la decisión de la empresa de no permitir los supuestos de *mobbing*, advirtiendo de manera tajante que los acosadores serán perseguidos por ello»[428].

e. De ser posible, debería realizarse una auditoría del estrés laboral con la ayuda de psicólogos y expertos en relaciones industriales, pues, si bien es la forma más cara y larga de afrontar el problema del exceso de estrés en el trabajo, es la forma más eficaz para ello.

f. Los empleadores deberían promover sistemas de presentación, acogida e integración de las personas recién incorporadas a la empresa, informándoles y explicándoles las normas de la organización.

g. Finalmente, debe reaccionarse lo más pronto posible ante una situación de hostigamiento psicológico laboral. En este sentido, los trabajadores –potenciales víctimas– deben entender que la única manera de acabar con estas situaciones de hostigamiento es denunciarlas, primero ante la dirección de la empresa –jefe inmediato, departamento de recursos humanos–, al comité de higiene y salud industrial de la organización empresarial[429] y si es preciso al Inspector del Trabajo o los órganos jurisdiccionales. Se alude así a tomar inmediatamente las respectivas acciones «correctivas» en la esfera interna –empresa– y externa –autoridades–[430]. Una vez agotadas las medidas preventivas[431], se incluyen las acciones «sancionadoras», si la

---

[428] ROJO y CERVERA, ob. cit., p. 91, advirtiendo de manera tajante a la empresa no permitir estos supuestos, pues serán perseguidos los acosadores.

[429] Véase: ídem, ROJO y CERVERA recomiendan igualmente que al margen de lo dispuesto en los convenios colectivos, se establezcan protocolos de actuación y procedimiento en caso de presentación de una denuncia de *mobbing*.

[430] GÜIZA y CAMACHO, ob. cit., p. 31.

[431] Véase decisión española http://www.laboral-social.com/sites/laboral-social.com/files/NSJ056319.pdf, y http://www.laboral-social.com/cuando-acoso-entre-trabajadores-no-es-despido.html?utm_source=Boletin&utm_medium=email&utm_

conducta subsiste, que pudieran incluir al acosador en el marco laboral, la finalización de la relación de trabajo[432]. Se adicionan las acciones «indemnizatorias»[433] que ya fueron referidas *supra*.

Creemos que las soluciones eficaces duraderas deben ser encontradas en la ética. Las situaciones de hostigamiento psicológico laboral solo se desarrollan si se las alimenta o se las tolera, luego, es un asunto de los empleadores volver introducir el respeto en sus estructuras organizativas.

No estaría de más considerar una regulación legal más detallada de la figura en estudio[434]. Aunque una propuesta concreta escapa de los límites del presente estudio.

---

campaign=Boletin_Laboral_15_6_2017, «Para que los actos de violencia o acoso entre compañeros, incluso fuera del tiempo de trabajo y por motivos extralaborales, sean susceptibles de proyectarse en el ámbito laboral, es preciso que exista conexión funcional por el trabajo y que coincidan los tiempos y lugar de trabajo. En el caso analizado no ocurre así, ya que aunque ambos pertenecen a la misma compañía, no comparten entorno laboral, salvo los días en que la mujer debe acudir a reuniones en el centro donde trabaja el actor que pueden dar lugar a un encuentro ocasional en las zonas comunes del edificio. En este contexto, no ha existido una conducta del trabajador despedido que constituya un incumplimiento específicamente laboral por el que pueda ser sancionado, puesto que por el delito cometido contra la víctima ya ha sido sancionado penalmente, no siendo finalidad de las sanciones laborales reforzar las sanciones penales o administrativas. No obstante, una situación previa de acoso constituye un riesgo para la trabajadora, puesto que al acudir esporádicamente al centro de trabajo donde presta servicios el actor podría encontrarse con él, situación que debe ser evitada. La empresa debe hacer su propia valoración del riesgo a efectos de adoptar las medidas oportunas, pero una valoración de un riesgo de agresión no puede ser equiparada automáticamente a una conducta infractora del trabajador. La empresa, por tanto, debe adoptar medidas preventivas –y no disciplinarias como el despido–, estando plenamente justificada la imposición proporcional de cambios en la prestación de servicios del trabajador en cuanto al lugar de trabajo o su jornada, pero no como sanción, sino con la finalidad de prevenir cualquier riesgo evitando toda posibilidad de encuentro o contacto entre agresor y víctima».
[432] Güiza y Camacho, ob. cit., pp. 32 y 33.
[433] Ibíd., pp. 34 y ss.
[434] Véase: Correa Carrasco, *La juridificación…*, p. 41, Con todo, a pesar de este encomiable esfuerzo llevado a cabo por nuestros jueces y tribunales, la intervención

IV.3. SANCIONES Y COSTO

La multa en caso de acoso laboral está prevista en el artículo 528 del DLOTTT de 30 a 60 Unidades Tributarias. Tales multas son adicionales a cualquier sanción administrativa, civil o penal (artículo 521 del DLOTTT). Curiosamente para este procedimiento de multa, artículo 547, sería el Inspector quien la determina, lo cual también es recurrible (artículo 548). Es decir, que el Inspector también tiene competencia para determinarlo, además de los jueces del trabajo y ello debe ser precisado. Como una curiosidad adicional, en caso de multa por temas de tercerización, se castiga con una multa que va de 120 a 360 UT, lo cual significa, opinamos, que axiológicamente se deriva del DLOTTT, que es menos costoso acosar laboralmente que «tercerizar». A la importante figura de la tercerización nos referimos en otra oportunidad[435].

Otra posible sanción es la pérdida de la «solvencia laboral». Los incumplimientos en materia de higiene y seguridad laboral y de ordenamientos efectuados por el INPSASEL podrían ser causales de revocatoria de la solvencia laboral. De acuerdo con lo previsto en el Decreto N.º 4248 del 30 de enero de 2006 (GORBV N.º 38 371, de fecha 2 de febrero de 2006) todo empleador deberá presentar una solvencia laboral si desea efectuar alguno de los siguientes trámites:

---

del legislador parece inevitable, y su inhibición hasta la fecha carece de toda justificación. Y ello, no solo porque dicha intervención vendría a paliar los déficit de protección que existen –puestos de relieve por las propias sentencias que se han dictado–, sino por el importante efecto disuasorio –además del pedagógico, no menos relevante– que traería consigo la plasmación normativa de la tipificación del fenómeno y de sus consecuencias jurídicas.

[435] Véase: PRÓ-RÍSQUEZ, Juan Carlos: *La tercerización…*, ob. cit., p. 21. De acuerdo con el texto del DLOTT, se prohíbe toda simulación o fraude cometidos por patronos, «con miras a desvirtuar, desconocer u obstaculizar la aplicación de la legislación laboral», amén de establecer «la primacía de la realidad en la relación laboral», ideas consagradas en los artículos 47 y 48.

Solicitar créditos provenientes del sistema financiero público; acceder al sistema nacional de garantías, fondo de riesgo y sociedad de capital de riesgo; recibir asistencia técnica y servicios no financieros; participar en los programas de compras del Estado, ruedas y macro ruedas de negocios, nacionales e internacionales; renegociar deudas con el Estado; recibir apoyo y protección integral para la innovación y ampliación tecnológica; solicitar recursos que favorezcan la importación de materias primas, insumos o tecnologías dirigidos a mejorar y ampliar la producción; participar en procesos de licitación; tramitar y recibir divisas de la Administración Pública; y solicitar el otorgamiento de permisos o licencias de importación y exportación; deberá solicitar al Inspector del Trabajo competente, un documento de solvencia laboral que certifica que éste respeta los derechos humanos laborales y sindicales de sus trabajadores.

Este documento es válido por el período de un año desde su expedición y es emitido por cada trámite en especial, en otras palabras, la compañía debe obtener tantas solvencias como trámites desee efectuar de los mencionados anteriormente y dirigidos al ente con el que se efectuarán. Sin embargo, una vez obtenida la solvencia laboral, nada obsta para que comprobado un incumplimiento, la solvencia obtenida pueda ser revocada.

Desde un punto de vista más amplio, hay costos que exceden lo económico para el patrono. Así los superiores, tienen que compensar la pérdida de productividad originada por la falta de cooperación, los avisos de despido internos, las bajas de los perjudicados y los períodos de aprendizaje de los nuevos trabajadores y trabajadoras. El empresario, pues, tiene que sufragar los costos de todo esto. Según la Organización Internacional del Trabajo (OIT), los actos de violencia provocan una alteración inmediata y a menudo duradera de las relaciones interpersonales, la organización del trabajo y el entorno laboral en su conjunto. En los empresarios recae el costo directo del trabajo perdido y de la necesidad de mejorar las medidas de seguridad. Entre los costos indirectos se pueden citar la menor eficiencia y productividad, la reducción de la calidad de los productos, la pérdida de prestigio de la empresa y la disminución del número de clientes. Al respecto, vale la pena indicar que, según una encuesta del Instituto Nacional de Seguridad e Higiene español, el costo total de la violencia en el trabajo se cifra en millones de euros. Se calculó que el costo directo de la violencia psicológica en una empresa con mil trabajadores se eleva a 112 000 euros al año, mientras que los costos indirectos son de 56 000 euros. No existe ningún caso de acoso que sea favorable. Cuando un empresario o un superior introducen este método por motivos estratégicos, o lo consiente en silencio, para reducir costos o personal, no es consciente de que está destruyendo el ambiente de trabajo y de que desmotiva a los empleados. El hipotético beneficio queda mermado por la pérdida de motivación y creatividad[436].

Se aprecia así que en efecto, no obstante la multas que prevé la Ley, y otras sanciones a las que nos hemos referido[437], para el caso de que haga efectivo el hostigamiento psicológico laboral –situación difícil jurídicamente dado el limitado criterio del Máximo Tribunal–, nadie gana; todos pierden. La víctima verá disminuida su integridad psicológica y profesional y el empresario podría perder un trabajador valioso o mantener uno disminuido laboralmente por el brutal ataque a su dignidad profesional y estabilidad psicológica.

---

[436] AUSFELDER, ob. cit., p. 81.

[437] Si se llega a evidenciar ante el INPSASEL una supuesta situación de *mobbing* u hostigamiento psicológica, podría darse origen a la aplicación de sanciones administrativas, fijadas en unidades tributarias, en función del número de trabajadores afectados. De la misma forma, la Ley sobre Violencia contra las Mujeres establece sanciones administrativas, fijadas también en UT, por tratarse de un tipo de violencia en contra de la mujer y, adicionalmente, pudiera dar origen a las sanciones penales allí previstas. Asimismo, podría traer como consecuencia –según indicamos– la revocatoria de la solvencia laboral, indispensable para la obtención de divisas y para las licitaciones gubernamentales, entre otros importantes aspectos. Adicionalmente, si se logra demostrar que se adquirió una enfermedad ocupacional producto de hostigamiento psicológico en el trabajo, o que el mismo le ocasionó algún daño, el patrono podría ser condenado al pago de indemnizaciones por responsabilidad subjetiva y a la aplicación de las sanciones penales en los términos establecidos en la LOPCYMAT, siempre que se prueben los hechos correspondientes.

A manera de conclusión

i. Cualquier tipo de violencia debe ser advertida, erradicada y eficientemente castigada en toda sociedad civilizada. Pero mientras ello ocurre, especial protección debe dársele a los más vulnerables y necesitados. Su prevención, así como una eficiente y oportuna reparación de esas conductas es un requisito mínimo indispensable de cualquier sistema jurídico contemporáneo.

ii. El hostigamiento psicológico laboral es un proceso de violencia psicológica basado en conductas abusivas, caracterizado por situaciones de conflicto interpersonal o grupal en la que, como medio para poner fin a la relación laboral del afectado, una persona o un grupo de personas deciden formal o informalmente, expresa o tácitamente, ejercer sobre la víctima, prevaliéndose de cualesquiera relación de poder asimétrico[438] instaurada en el lugar del trabajo, una violencia psicológica externa, sistemática, planificada y recurrente durante un tiempo prolongado con el fin de conseguir su aislamiento del grupo y haciéndole perder su autoestima personal o reputación profesional para provocar su retiro y consecuente terminación de la relación de trabajo.

iii. Debe tenerse una cabal comprensión de este tipo de violencia y saberlo diferenciar con claridad de otro tipo de conductas ejercidas sobre los prestadores

---

[438] Véase: Rivas Vallejo, ob. cit., p. 33, cita sentencia STSJ de Andalucía, Sevilla, de 20-03-03, Ar. 2791, que indica que debe existir una situación de desigualdad entre el acosador y la víctima que no necesariamente supone una determinada posición jerárquica. Lo califica como «conflicto asimétrico entre las dos partes, donde la parte hostigadora tiene más recursos apoyados en una posición superior a la del trabajador hostigado».

de servicios, así como los síntomas que evidencian su ocurrencia. Reconocer su tipología, el o los sujetos agraviantes y su víctima, así como su manifestación, servirá de base para que se organicen todos los planes de prevención necesarios para evitarlo y regularlo eficientemente.

iv. De acuerdo con la Constitución Nacional, el Estado venezolano debe garantizar que los trabajadores ejerciten su derecho al trabajo en respeto de su dignidad. Asimismo, según la legislación laboral venezolana, el empleador es el responsable de la adopción de las medidas necesarias para evitar que sus trabajadores sean víctimas de hostigamiento y acoso psicológico en su sitio de trabajo; siendo que el incumpliendo de este deber –ya sea por sí, por sus representantes o por sus trabajadores– acarrea sanciones administrativas, laborales y civiles. En el caso del hostigamiento sobre la mujer, la sanción también puede ser de tipo penal.

v. Ante una situación de hostigamiento psicológico laboral, la víctima dispone de varias vías jurisdiccionales: a. la administrativa, ante el Inpsasel, por incumplimiento de las normas previstas en la Lopcymat; b. el amparo constitucional cuando se hayan lesionado los derechos humanos de la víctima previstos en las leyes, la Constitución Nacional y en los tratados celebrados por la República Bolivariana de Venezuela; c. la laboral, ante los jueces de sustanciación mediación y conciliación del trabajo por concepto de enfermedad ocupacional, daño moral e indemnización por daños y perjuicios; d. la indemnización civil por reclamación por daños y perjuicios, no obstante tener lugar en sede laboral, dado el fuero atrayente de ésta. Asimismo, en los casos que el trabajador víctima de hostigamiento psicológico laboral considere que ha sido discriminado puede alternativamente: a. terminar unilateralmente la relación de trabajo invocando una causa justificada, con derecho a exigir las indemnizaciones previstas para los casos de despido injustificado; b. demandar daños aún sin terminar la relación de trabajo, o c. presentar una solicitud de amparo constitucional. En nuestro criterio, el lapso de seis meses previsto en la jurisprudencia patria es realmente injustificado y sin fundamento, y además impide la acción de reparación inmediata que prevé el procedimiento de amparo.

vi. El hostigamiento psicológico laboral representa algo muy similar a los trucos de delincuencia de cuello blanco, con rasgos de complejidad, innovación y privacidad de los actos delictivos, el ocultamiento y la falsificación; lo que genera un problema probatorio para quien lo alega y, hasta ahora, no existen remedios legislativos al respecto. De allí el importante poder oficioso que puede ejercer el juzgador en la búsqueda de la verdad por imperativo de la ley laboral, con base en el principio inquisitivo del proceso laboral, a la vez que ha de basarse en la prueba presuntiva e indiciaria, dada la dificultad del trabajador en probar directamente el hostigamiento psicológico laboral.

vii. El trabajo constituye hecho vital para el desarrollo del ser humano[439]. Las condiciones que lo rodean han de ser dignas y a tono con el respeto que se merece el trabajador en el ambiente del trabajo. El hostigamiento psicológico laboral constituye una figura que debe ser prevenida y a todo evento combatida en el seno del entorno laboral porque destruye la esencia psíquica y psicológica del trabajador. Este estudio espera constituir solo un acercamiento a tan relevante instituto que, lamentablemente, está latente en cualquier ambiente laboral.

---

[439] Véase: Güiza y Camacho, ob. cit., p. 109, considerando que el lugar de trabajo es uno de los ámbitos más importantes para el desarrollo productivo y social del ser humano, pues en ese espacio se invierte gran parte del tiempo, se estrechan relaciones que trascienden la esfera laboral y se vierten expectativas, intereses y frustraciones, es que claro que dicho ambiente puede propiciar la aparición de conductas hostigadoras encaminadas a afectar la condición física y psicológica de las víctimas y en consecuencias sus relaciones familiares y sociales. Dichas conductas de acoso laboral pueden causar graves daños a la integridad del trabajador.

Bibliografía

AGUAYO, Francisco y Juan LAMA: «El estrés ocupacional: una perspectiva ergonómica y su protección en el diseño organizacional». En: *Boletín de Factores Humanos*, N.° 18, diciembre, 1998.

ALFONZO-GUZMÁN, Rafael: *Nueva didáctica del Derecho del Trabajo*. Caracas, Editorial Melvin, 11.ª edic., 2000.

_____: *Nueva didáctica del Derecho del Trabajo*. Caracas, Editorial Melvin, 7.ª edic., 1994, p. 58.

_____: *Estudio analítico de la Ley del Trabajo venezolana*. Caracas, Ediciones Libra, C. A., 1987, T. III.

ÁLVAREZ, Macu: «Algunos aspectos sobre el acoso psicológico, acoso psicológico en el trabajo, psicoterror laboral, violencia psicológica, acoso moral o *mobbing*». En: *Lan-Harremanak-Revista de Relaciones Laborales*, N.° 7 (Reflexiones y preguntas sobre el acoso psicológico laboral o *mobbing*), Vizcaya, Universidad del País Vasco, 2002.

ANNAN, Kofi A.: «Salud y seguridad en el trabajo: máxima prioridad en el programa de acción mundial, internacional y nacional». En: *Red Mundial de la Salud Ocupacional*, N.° 1, Publicación de Global Occupational Health Network (GOHNET).

ARBONÉS LAPENA, Hilda Irene: *Acoso moral en el trabajo y su tutela preventiva*. España, Edit. Bomarzo, 2014.

AUSFELDER, Trude: Mobbing: *El acoso moral en el trabajo. Prevención, síntomas y soluciones*. España, Océano Ámbar, 2002.

BARBADO, Patricia B.: «La necesidad del tratamiento legal de la violencia laboral en la Argentina de hoy». En: *Jurisprudencia Argentina*, 2005-II, 27 de abril de 2005. http://www.acosomoral.org/juric29.htm. [enero 4, 2010, 5:59 pm].

BASILE, Alejandro Antonio: «El *mobbing* y sus implicaciones médico-legales», noviembre 2008, http://www.saij.gob.ar/alejandro-antonio-basile-mobbing-sus-implicancias-medico-legales-dacc080097-2008-.

BLANCO, M. y L. PARADA: «La dignidad y el *mobbing* en un Estado social y democrático de Derecho». Recuperado en http://www.psiologia-online.com/colaboradores/mjblanco/mobbing.shtml.

BLANCO-BAREA, María José: «¿Una legislación antiacoso psicológico?». En: *Lan-Harremanak-Revista de Relaciones Laborales*, N.º 7 (Reflexiones y preguntas sobre el acoso psicológico laboral o *mobbing*), Vizcaya, Universidad del País Vasco, 2002.

BRODSKY, Carroll: *The Harassed Worker*, Toronto-Canadá, Lexinton Books, DC Health and Company, 1976.

BUSTAMENTE CASAS, María Cecilia: «El *mobbing* laboral», diciembre 2008, http://www.saij.gob.ar/maria-cecilia-bustamante-casas-mobbing-laboral-dacc080115-2008.

CAAMAÑO ROJO, Eduardo: «La noción de acoso moral laboral o «*mobbing*» y su reconocimiento por la jurisprudencia en Chile». En: *Revista de Derecho de la Pontificia Universidad Católica de Valparaíso*, N.º XXXVII, Valparaíso, 2011, http://Caamaño%20Rojo,%20La%20noción%20de%20acoso%20moral%20laboral.pdf.

CAAMAÑO ROJO, Eduardo y José Luis UGARTE: «El acoso laboral: tutela y prueba de la lesión de los derechos fundamentales». En: *Revista Ius et Praxis*, Año 20, N.º 1, Universidad de Talca, Facultad de Ciencias Jurídicas y Sociales, 2014.

Calero, C. y D. R. Navarro: «El *mobbing* o acoso psicológico en el trabajo». Recuperado en http://www.ugt.es/mobbing/guiapvmobbing.pdf [octubre 3, 2005, 8:25 pm].

Calvimonte, Beatriz: «*Mobbing*: no nos olvidemos de la retención de tareas». Diciembre 2008, http://www.saij.gob.ar/beatriz-calvimonte-mobbing-nos-olvidemos-retencion-tareas-dacc08010.

Cano, Antonio: «Consecuencias del estrés laboral». Recuperado en: http://www.ucm.es/info/seas/estres_lab/consecue.htm [enero 4, 2010, 6:05 pm].

Carballo Mena, César Augusto: «Derecho a la igualdad e interdicción de discriminaciones en el empleo por razón de sexo, género u orientación sexual». En: *Derecho del Trabajo y Derecho de la Seguridad Social. Estudios en homenaje a la memoria del profesor Rafael Caldera*. Caracas, Universidad Católica Andrés Bello-Universitas, Fernando I. Parra Aranguren y César Augusto Carballo Mena, (Coords.), 2011, Vol. I.

Casal Vázquez, José Manuel: «Comentarios sobre la regulación sustantiva del acoso sexual en la Ley sobre la Violencia contra la Mujer y la Familia». En: *Revista de la Facultad de Ciencias Jurídicas y Políticas*, N.º 114, Caracas, Universidad Central de Venezuela, 1999, http://www.ulpiano.org.ve/revistas/bases/artic/texto/RDUCV/114/rucv_1999_114_261-280.pdf.

Contreras de Moy, Aura Maribel: «A propósito del artículo 60 de la Constitución de la República Bolivariana de Venezuela». En: *Revista de Derecho de la Defensa Pública*, N.º 1. Caracas, 2015, http://www.ulpiano.org.ve/revistas/bases/artic/texto/rdefpub.

Convenio Colectivo sobre Prevención y Solución de Reclamaciones en Materia de Acoso entre la Oficina Internacional del Trabajo y el Sindicato de la OIT. Recuperado de: http://www.ilo.org/public/spanish/staffun/docs/harassment.htm [enero 4, 2010, 6:12 pm].

CÓRDOVA, Janette: *La prueba documental del mobbing en Venezuela.* Trabajo Especial presentado para optar al Título de Especialista en Derecho Procesal. Área del conocimiento Procesal Laboral. Caracas, Universidad Central de Venezuela, Facultad de Ciencias Jurídicas y Políticas, Centro de Estudios de Postgrado, octubre 2012 (Tutor: Marcial MUNDARAY SILVA).

_____: *Análisis jurisprudencial del mobbing en Venezuela.* Trabajo Especial presentado para optar al Título de Especialista en Derecho del Trabajo. Caracas, Universidad Central de Venezuela, Facultad de Ciencias Jurídicas y Políticas, Centro de Estudios de Postgrado, abril 2010 (Tutora: Carla MENA).

CORREA CARRASCO, Manuel: «La juridificación del acoso moral en el trabajo: bases metodológicas». En: *Temas Laborales: Revista Andaluza de Trabajo y Bienestar Social*, N.º 77, 2004, https://dialnet.unirioja.es/descarga/articulo/1060741.pdf.

_____: «El concepto jurídico de acoso moral en el trabajo». En: *Acoso moral en el trabajo. Concepto, prevención, tutela procesal y reparación de daños.* Manuel CORREA CARRASCO (Coord.), Navarra, Aranzadi S. A., 2006.

CUBILLO RODRÍGUEZ, Carlos: *Tratamiento jurídico del* mobbing. Madrid, Editorial Centro de Estudios Ramón Areces S. A., 2008.

CHAVERO GASDIK, Rafael J.: *El nuevo régimen de amparo constitucional en Venezuela.* Caracas, Editorial Sherwood, 2001.

DE FIGUEREDO, María E.: *El marco jurídico del* mobbing *en Venezuela.* Trabajo Especial presentado para optar al Título de Especialista en Derecho del Trabajo. Caracas, Universidad Central de Venezuela, Facultad de Ciencias Jurídicas y Políticas, Centro de Estudios de Postgrado, abril 2010, (Tutora: Carla MENA).

DOMÍNGUEZ GUILLÉN, María Candelaria: *Curso de Derecho Civil III Obligaciones*. Caracas, Editorial Revista Venezolana de Legislación y Jurisprudencia, 2017, www.rvlj.com.ve.

_____: *Diccionario de Derecho Civil*. Caracas, Panapo, 2009.

_____: «Alcance del artículo 20 de la Constitución de la República Bolivariana de Venezuela (libre desenvolvimiento de la personalidad)». En: *Revista de Derecho*, N.º 13. Caracas, Tribunal Supremo de Justicia, 2004.

_____: «Aproximación al estudio de los derechos de la personalidad». En: *Revista de Derecho*, N.º 7, Caracas, Tribunal Supremo de Justicia, 2002.

DOMÍNGUEZ GUILLÉN, María Candelaria y Edison Lucio VARELA CÁCERES: «El abuso de derecho. Un estudio. Tres autores». En: *Revista Venezolana de Legislación y Jurisprudencia*, N.º 8 (Edición homenaje a juristas españoles en Venezuela), Caracas, 2017.

European Agency for Safety and Health at Work. *Research on Work-Related Stress*. Luxemburgo Office for Official Publications of the European Communities, 2002, Recuperado en: http://agency.osha.eu.int/publications/reports/stress/toc.php3 [septiembre 5, 2005, 7:50 pm].

European Journal of Work and Organizational Psychology: *Mobbing Laboral*, 1996, Recuperado en http://www.ccoo.uji.es/documents/ccs/2202/mobbing.htm [octubre 12, 2005, 11:12 pm].

FERNÁNDEZ GARRIDO, Julio: «Perspectivas psicosociales en torno a la acoso y violencia psicológica en el trabajo». En: *Acoso moral en el trabajo. Concepto, prevención, tutela procesal y reparación de daños*. Manuel CORREA CARRASCO (Coord.), Navarra, Aranzadi S. A., 2006.

GARCÍA, Miguel y Gonzalo MAESTRO: «Constitución y acoso moral». En: *Lan-Harremanak-Revista de Relaciones Laborales*, N.º 7 (Reflexiones y preguntas sobre el acoso psicológico laboral o *mobbing*), Vizcaya, Universidad del País Vasco, 2002.

GARCÍA OVIEDO, Carlos: *Tratado elemental de Derecho Social*. Madrid, Librería General de Victoriano Suárez, 2.ª edic., 1946.

GARCÍA RODRÍGUEZ, Bernardo: «La tutela jurisdiccional frente al acoso laboral. Una aproximación al estado de la cuestión». En: *Acoso moral en el trabajo. Concepto, prevención, tutela procesal y reparación de daños*. Manuel Correa Carrasco (Coord.), Navarra, Aranzadi S. A., 2006.

GIL, Carmen: *Propuesta de Anteproyecto de ley contra el acoso laboral ante la inexistencia de un instrumento legal en Venezuela*, Universidad Nororiental privada, «Gran Mariscal de Ayacucho», Facultad de Derecho, mayo 2015, http://www.grin.com/es/e-book/300926/propuesta-de-anteproyecto-de-ley-contra-el-acoso-laboral-ante-la-inexistencia.

GIMENO LAHOZ, Ramón: *La presión laboral tendenciosa (mobbing)*. Universitat de Girona, tesis doctoral, septiembre 2004, www.bvsde.opsoms.org/bvsacd/cd49/presion.pdf.

GINER ALEGRÍA, César Augusto: «Aproximación conceptual y jurídica al término acoso laboral». En: *Anales de Derecho*, N.º 29, 2011, http://revistas.um.es/analesderecho/article/viewFile/143781/136781.

GÓMEZ ABELLEIRA, Francisco Javier: «Reflexiones sobre la responsabilidad civil o indemnizatoria por daños de acoso moral en el trabajo». En: *Acoso moral en el trabajo. Concepto, prevención, tutela procesal y reparación de daños*. Manuel CORREA CARRASCO (Coord.), Navarra, Aranzadi S. A., 2006.

GONZÁLEZ FUENMAYOR, Mervy: *Las conductas lesivas en las relaciones laborales*. Caracas, Vadell Hermanos Editores, 2009.

_____: *Nueva causal de retiro justificado del trabajo. El* mobbing, *psicoterror, acoso moral, estrés laboral*. Caracas, Editores Vadell Hermanos, 2005.

GÜIZA, Leonardo y Adriana CAMACHO: *Acoso laboral en Colombina*. Bogotá, Universidad del Rosario-Legis, Colección Precedentes Jurisprudenciales, reimp., 2014.

Hernández Álvarez, Oscar: «Consideraciones sobre el acoso sexual en el trabajo en Centro América y el Caribe Latino». En: *Revista de Derecho del Trabajo*, N.º 10, Barquisimeto, Fundación Universitas, enero-dic. 2010.

Henríquez, Carlos Alberto: «El acoso laboral y medios probatorios». Venamcham, Comité de Seguridad, Higiene y Ambiente. Marzo 2015, http://venamcham.org/index.php?option=com_content&view =article&id=1983:comite-de-seguridad-higiene-y-ambiente-marzo-2015&catid=8:comite-al-dia.

Henríquez la Roche, Ricardo: *Nuevo proceso laboral venezolano*. Caracas, Editorial Torino, 2003.

Hirigoyen, Marie France: *El acoso moral. El maltrato psicológico en la vida cotidiana*. Buenos Aires, Ediciones Paidós Ibérica S. A., 1999. Trad. por Enrique Folch González (*Le hacelement moral*. Editions La découverte y Syros, Paris. 1998).

Hirigoyen, Marie-France: *Le harcelement moral: la violence perverse au quotidien*. Syros, Paris, 1998, Recuperado en http://www.iol.org/public/spanish/bureau/inf/magazine/43/mobbing.htm [octubre 15, 2005, 10:35 am].

Iturraspe, Francisco: «Los deberes de prevención y seguridad del empleador en el cuadro de la estructura jurídica del contrato de trabajo. Legislación». En: *Prevención, salud y seguridad laboral*. Editorial Pitágoras, 2007.

Jeammaud, Antoine: «Los derechos de información y participación en la empresa. La ciudadanía en la empresa». En: *Autoridad y democracia en la empresa*. Madrid, Editorial Trotta, 1992.

Jornada y talleres buenas prácticas para prevenir el mobbing *en las organizaciones*, Barcelona, 2004, Recuperado de http://www. prevencionintegral. com/eventos/jornadas/mobbing_bilbao/ [octubre 4, 2005, 11:05 pm].

Juanes Peces, Ángel: «El fenómeno del *mobbing* en el ámbito castrense». En: *El* mobbing *desde la perspectiva social, penal y administrativa*. Consejo General del Poder Judicial, Centro de Documentación Judicial, Escuela Judicial, Estudios de Derecho Judicial N.° 94, Carlos Mir Puig (Director), 2006.

Kahale Carrillo, Djamil Tony: Mobbing: *El acoso laboral. Tratamiento jurídico y preventivo*. Caracas, Vadell Hermanos Editores, 2011.

_____: «El acoso moral en el trabajo (*"mobbing"*): Delimitación y herramientas jurídicas para combatirlo». En: *Gaceta Laboral*, Vol. 13, N.° 1, Maracaibo, Enero, 2007, http://www.scielo.org.ve/scielo.php?script=sci_arttext&pid=S1315-85972007000100005.

Kortum-Margor, E.: «Factores psicosociales que influyen en el trabajo». En: *Red Mundial de la Salud Ocupacional*, N.° 2, Publicación de Global Occupational Health Network (Gohnet). Invierno 2001-2002.

Krotoschin, Ernesto: *Instituciones de Derecho del Trabajo*. Buenos Aires, Depalma, 2.ª edic., 1968.

Ledesma Bartret, Fernando: «El *mobbing* y la responsabilidad patrimonial de las administraciones públicas». En: *El* mobbing *desde la perspectiva social, penal y administrativa*. Consejo General del Poder Judicial, Centro de Documentación Judicial, Escuela Judicial, Estudios de Derecho Judicial N.° 94, Carlos Mir Puig (Director), 2006.

Leymann, Heinz: «*Violence and Victims*». En: *Mobbing and Psychological Terror at Workplaces*, 1990, p. 5.

Leymann, H. y U. Tallgren: *Investigation into the frequency of adult mobbing in a Swedish steel company using the LIPT questionnaire*. Recuperado en http://www.leymann.se/engliah/frame.html [enero 5, 2010,11:46 pm].

Loreto González, Emile y Cyntia Seabra da Silva: *Estudio comparativo del acoso «mobbing» laboral en empresas públicas y privadas en Caracas*. Universidad Católica Andrés Bello, Facultad de Ciencias

Económicas y Sociales, Trabajo de Grado para optar al título licenciado en Relaciones Industriales (industriólogo), 2008 http://biblioteca2.ucab.edu.ve/anexos/biblioteca/marc/texto/AAR5091.pdf.

Lucena, Héctor: «Violencia laboral y sindical sin dolientes». En: *Derecho contra la violencia*. Mérida, Navarro, Catán y Asociados-Universidad de los Andes, Corpoula, s/f.

Mac Donald, Andrea Fabiana: «El *mobbing* o acoso moral en el Derecho Laboral», septiembre 2008, http://www.saij.gob.ar/andrea-fabiana-mac-donald-mobbing-acoso-moral-derecho-laboral-dacf080081.

Madrid Martínez, Claudia: *La responsabilidad civil derivada de la prestación de servicios. Aspectos internos e internacionales*, Caracas, Academia de Ciencias Políticas y Sociales, Serie Tesis 4, 2009.

Maneiro Vázquez, Yolanda y José M. Miranda Botto: «Las obligaciones de la empresa en materia de acoso moral, acoso sexual y acoso por razón de sexo: los protocolos antiacoso». En: Mobbing, *acoso laboral y acoso por razón de sexo*. María Teresa Velasco Portero (Directora). Madrid, Tecnos, 2.ª edic., 2011.

Mangarelli, Cristina: «El acoso en las relaciones de trabajo. *Mobbing* laboral». En: *Revista Derecho del Trabajo*, N.º 5, Fundación Universitas, 2008.

Manrique, Yevelyn: *El* mobbing *como conducta lesiva de la relación de trabajo y el* mobbing *horizontal dentro del marco normativo laboral venezolano*. Trabajo Especial presentado para optar al Título de Especialista en Derecho del Trabajo. Caracas, Universidad Central de Venezuela, Facultad de Ciencias Jurídicas y Políticas, Centro de Estudios de Postgrado, Especialización en Derecho del Trabajo, noviembre 2010 (Tutora: Carla Mena).

Martín Daza, Félix y Jesús Pérez: «NPT 476 el hostigamiento psicológico en el trabajo-*mobbing*». Recuperado de http://www.Internet.mtas.es/insht/ntp/ntp_476.htm [septiembre 29, 2005, 9:20 pm].

MARTOS RUBIO, Ana: *¡No puedo más! Las mil caras del maltrato psicológico.* Madrid, McGraw-Hill, 2003.

MARZOAN, Jean-Sébastien: «Acoso moral ¿Nuevo azote de actividad laboral para los sindicalistas?», 2002, Recuperado en: http://www.iol. org/public/spanich/bureau/inf/magazine/43/mobbing.htm [agosto 18, 2009, 2:50 pm].

MENA, Carla: «El *mobbing* o acaso laboral en el trabajo». En: *Revista Derecho del Trabajo*, N.° 5, Fundación Universitas, 2008.

MENDIZÁBAL BERMÚDEZ, Gabriela: «El acoso laboral y la reforma de México de 2012», http://www.adapt.it/boletinespanol/docs/gabriela_mendizaval.pdf.

MIR PUIG, Carlos: «El acoso moral en el trabajo (*mobbing*) y en la escuela (*bullying*) y el Derecho Penal». En: *El* mobbing *desde la perspectiva social, penal y administrativa*. Consejo General del Poder Judicial, Centro de Documentación Judicial, Escuela Judicial, Estudios de Derecho Judicial N.° 94, Carlos MIR PUIG (Director), 2006.

MOLINA NAVARRETE, Cristóbal: «La batalla por el derecho humano a un ambiente laboral libre de acoso-*mobbing*». En: *Revista Derecho del Trabajo*, N.° 5, Fundación Universitas, 2008.

_____: «La tutela frente al "acoso moral" en el ámbito de la función pública: cómo vencer las persistentes resistencia». En: *Acoso moral en el trabajo. Concepto, prevención, tutela procesal y reparación de daños.* Manuel Correa Carrasco (Coord.), Navarra, Aranzadi S. A., 2006.

_____: «Violencia moral en el trabajo: conducta prohibida y formas de tutela en los derechos europeos», 2003, Recuperado en: http://mobbingopinion.bpweb.net/artman/publish/printer_610.shtml [enero 4, 2010, 5:58 pm].

Morales, María: «Acoso Laboral como riesgo psicosocial en el contexto laboral venezolano». En: *Lex Laboro*, Vol. VI, enero-julio 2014, http://publicaciones.urbe.edu/index.php/lexlaboro/article/view Article/2928/4125.

Morales García, Óscar: «*Mobbing*: ¿Un hecho penalmente relevante o un delito específico?». En: *El* mobbing *desde la perspectiva social, penal y administrativa*. Consejo General del Poder Judicial, Centro de Documentación Judicial, Escuela Judicial, Estudios de Derecho Judicial N.° 94, Carlos Mir Puig (Director), 2006.

Moralo Gallego, Sebastián: «El *mobbing* o acoso moral en el trabajo. Responsabilidad social». En: *El* mobbing *desde la perspectiva social, penal y administrativa*. Consejo General del Poder Judicial, Centro de Documentación Judicial, Escuela Judicial, Estudios de Derecho Judicial N.° 94, Carlos Mir Puig (Director), 2006.

Navarro Urbáez, Ricardo: «La violencia desde la óptica del profesional: frente a la víctima y al victimario». En: *Derecho contra la violencia*. Mérida, Navarro, Catán y Asociados-Universidad de los Andes, Corpoula, s/f.

Olarte Encabo, Sofía: «La incidencia del acoso moral en el ámbito del sistema de seguridad social: hacia la equiparación de las enfermedades psicolaborales». En: *Acoso moral en el trabajo. Concepto, prevención, tutela procesal y reparación de daños*. Manuel Correa Carrasco (Coord.), Navarra, Aranzadi S. A., 2006.

OMS: *Entornos laborales saludables: fundamentos y modelo de la OMS: contextualización, prácticas y literatura de apoyo*. Organización Mundial de la Salud, 2010.

Oñate Cantero, Araceli: «Acoso y violencia escolar. Precisión terminológica e implicaciones jurídicas». En: *El* mobbing *desde la perspectiva social, penal y administrativa*. Consejo General del Poder Judicial, Centro de Documentación Judicial, Escuela Judicial, Estudios de Derecho Judicial N.° 94, Carlos Mir Puig (Director), 2006.

Palavecino Cáceres, Claudio: «El nuevo ilícito del acoso laboral en el Derecho del Trabajo chileno». En: *Revista Chilena de Derecho del Trabajo y de la Seguridad Social*, Vol. 3, N.º 6, 2012, Downloads/42769-149876-1-PB.pdf. European Journal of Work and Organizational Psychology: *Mobbing Laboral*, 1996. Recuperado en http://www.ccoo.uji.es/documents/ccs/2202/mobbing.htm [octubre 12, 2005, 11:12 pm].

Palomeque López, Manuel Carlos: «El derecho a la igualdad y no discriminación en el ordenamiento laboral español». En: *Revista del Derecho del Trabajo*, N.º 2, Barquisimeto, Fundación Universitas, enero-diciembre 2006.

Parés Soliva, Marina: «Peritación social del *mobbing*», http://psicologia-juridica.org/psj274.html.

Pedrosa Alquézar, Sonia Isabel: «Actualidad de la prevención del acoso moral en el trabajo jurídica». En: *Acoso moral en el trabajo. Concepto, prevención, tutela procesal y reparación de daños*. Manuel Correa Carrasco (Coord.), Navarra, Aranzadi S. A., 2006.

Pérez Alonso, María Antonia: «El acoso en el ámbito de las relaciones laborales». En: *Revista de Actualidad Jurídica Iberoamericana*, N.º 6, Idibe, febrero 2017, http://idibe.org/numeros-de-revista/.

Peris, María Dolores: «Fundamentos científicos de la defensa ante el *mobbing*». En: *Lan-Harremanak-Revista de Relaciones Laborales*, N.º 7 (Reflexiones y preguntas sobre el acoso psicológico laboral o *mobbing*), Vizcaya, Universidad del País Vasco, 2002.

Peña Pérez, Rosario: *Cómo desenmascarar el mobbing, en la Administración y en la empresa*. Barcelona, Servidoc, S. L., 2010, http://www.xn--rosariopea-19a.com/pdf/mobbing.pdf.

Peña Saint Martín, Florencia y Sergio G. Sánchez Díaz: «El *mobbing*. Su contenido y significado». En: *V Congreso Nacional AMET 2006, Trabajo y Reestructuración: los retos del nuevo siglo*. www.iztapalapa.uam.mx/amet/vcongreso/webamet/indicedemesa/.../Penasm19.pdf.

Peña Saint Martín, Florencia y Sergio G. Sánchez Díaz: «El *mobbing*. Contribuciones del concepto al estudio del trabajo y su organización», http://antropologiafisica.org/pdf/contribuciones.pdf.

Piñuel y Zabala, Iñaki: «El *mobbing* o acoso psicológico en el trabajo». En: *El mobbing desde la perspectiva social, penal y administrativa.* Consejo General del Poder Judicial, Centro de Documentación Judicial, Escuela Judicial, Estudios de Derecho Judicial N.º 94, Carlos Mir Puig (Director), 2006.

Plá Rodríguez, Américo: *Curso de Derecho Laboral, contrato de trabajo.* Montevideo, Acali, 1978, Tomo II, Vol. I.

Pró-Rísquez, Juan Carlos: *La tercerización y la subcontratación en el marco del Decreto Ley Orgánica del Trabajo, los Trabajadores y las Trabajadora.* Caracas, Legislación Económica, C. A., 2015.

_____: *El derecho a la intimidad del trabajador y el poder de fiscalización del patrono en la relación laboral venezolana.* Trabajo presentado para ascender a la categoría de prof. Agregado, Facultad de Ciencias Jurídicas y Políticas, Universidad Central de Venezuela, octubre 2011.

_____: «El Acoso en las Relaciones de Trabajo. Mobbing Laboral», *ii Congreso Internacional de Derecho del Trabajo y de la Seguridad Social*, Isla de Margarita, abril-mayo 2008, http://slideplayer.es/slide/2877640/.

_____: «La discriminación laboral por VIH (Sida)». En: *Libro homenaje a Fernando Parra Aranguren.* Caracas, Universidad Central de Venezuela, Facultad de Ciencias Jurídicas y Políticas, 2001, Tomo II.

Ragués i Valles, Ramón: «El acoso (*mobbing*) inmobiliario: respuestas jurídicas». En: *El mobbing desde la perspectiva social, penal y administrativa.* Consejo General del Poder Judicial, Centro de Documentación Judicial, Escuela Judicial, Estudios de Derecho Judicial N.º 94, Carlos Mir Puig (Director), 2006.

RAMÍREZ, Patricia: «¿Tu compañero de trabajo es un trepa?». *El País*, 30-07-17, https://elpais.com/elpais/2017/07/30/eps/1501365918_150136.html.

RIVAS PÉREZ, Miryam: «El acoso sexual en el trabajo. Un análisis jurídico, psicológico y social». En: *Derecho contra la violencia*. Mérida, Navarro, Catán y Asociados-Universidad de los Andes, Corpoula, s/f.

RIVAS VALLEJO, Pilar: *Violencia psicológica en el trabajo: su tratamiento en la jurisprudencia*. Madrid, Thomson-Civitas, 2005.

RODRÍGUEZ COPÉ, María Luisa: «Prácticas de empresas sobre la prevención del acoso». En: *Acoso moral en el trabajo. Concepto, prevención, tutela procesal y reparación de daños*. Manuel CORREA CARRASCO (Coord.), Navarra, Aranzadi S. A., 2006.

RODRÍGUEZ DE TESCARI, Marbella: «El acoso laboral atentado contra la dignidad humana». En: *Libro Homenaje a la Academia de Ciencias Políticas y Sociales en el Centenario de su fundación 1915-2015*, Caracas, Colección Centenario, ACIENPOL, 2015, T. I, pp. 543-567.

RODRÍGUEZ SANZ DE GALDEANO, Beatriz: «Las acciones de la persona acosada y de la acosadora. Reclamaciones procesales». En: *Mobbing, acoso laboral y acoso por razón de sexo*. María Teresa VELASCO PORTERO (Directora). Madrid, Tecnos, 2.ª edic., 2011.

ROJAS PÉREZ, Manuel: «Los deberes de los patronos en el marco de la Ley Orgánica de Prevención Condiciones y Medio Ambiente de Trabajo». En: *Revista de la Facultad de Ciencias Jurídicas y Políticas*, N.° 130, Caracas, Universidad Central de Venezuela, 2007, http://www.ulpiano.org.ve/revistas/bases/artic/texto/RDUCV/130/ucv_2007_130_349-376.pdf.

ROJO, José Vicente y Ana María CERVERA: Mobbing *o acoso laboral*. Madrid, Tébar, 2005.

RUBIO DE MEDINA, María Dolores: «Los conceptos de acoso laboral (*mobbing*), acoso sexual y acoso por razón de sexo y su relación con la igualdad de oportunidades». En: Mobbing, *acoso laboral y acoso por razón de sexo*. María Teresa Velasco Portero (Directora), Madrid, Tecnos, 2.ª edic., 2011.

«Salamanca: historia sobre acoso a tres funcionarias de la DGT». Recuperado de http://www.ugt.es/mobbing/acososalamanca.html [octubre 4, 2005, 5:20 pm].

Sánchez de Bovellán, L.: «Acoso moral». Recuperado en: http://www.acosomoral.org/acos28.htm [septiembre 19, 2005 - 4.20 p.m.].

Sánchez Tovar, Ligia *et al.*: «Consideraciones psicosociales sobre el acoso sexual en el trabajo». En: Mobbing, *acoso laboral y acoso por razón de sexo*. María Teresa Velasco Portero (Directora). Madrid, Tecnos, 2.ª edic., 2011.

Segalés, Jaime: «Acoso moral y doctrina judicial. Consideraciones sobre el actual modelo judicial de tutela frente al acoso moral». En: *Lan-Harremanak-Revista de Relaciones Laborales*, N.º 7 (Reflexiones y preguntas sobre el acoso psicológico laboral o *mobbing*), Vizcaya, Universidad del País Vasco, 2002.

Tercera encuesta europea sobre las condiciones de trabajo. Fundación Europea para la Mejora de las Condiciones de Vida y de Trabajo, Luxemburgo, 2001. Recuperado de http://www.eurofound.ie/publications/EFO121.htm [octubre 2, 2005, 8:50 pm].

The Oxford Spanish Dictionary. Oxford University Press, 1994.

Torrealba Sánchez, Miguel Ángel: *La vía de hecho en Venezuela*. Caracas, Funeda, 2011.

Trujillo Pons, Francisco: «El tratamiento de la provincia canadiense de Quebec respecto del acoso psicológico en el lugar de trabajo», RTSS, CEF, N.º 399, junio 2016.

Ugarte, José Luis: «El acoso laboral: entre el Derecho y la Psicología». En: *Revista de Derecho de la Pontificia Universidad Católica de Valparaíso*, N.º xxxix, Valparaíso, 2012.

VIDAL CASERO, María del Carmen: *El* mobbing *en el trabajo. su problemá-tica*, http://www.bioeticacs.org/iceb/investigacion/el_mobbing_en_el_trabajo.pdf.

WHITTINGTON, H.: *Stress: A Psychiatrists Realistic holistic Approach*. Savvy, 1981.

XIOL RÍOS, Juan Antonio: «El *mobbing* (acoso psicológico) en la función pública». En: *El* mobbing *desde la perspectiva social, penal y administra-tiva*. Consejo General del Poder Judicial, Centro de Documentación Judicial, Escuela Judicial, Estudios de Derecho Judicial N.º 94, Carlos MIR PUIG (Director), 2006.

ZAMBRANO VELASCO, José A.: *Teoría general de la obligación (parte general de las obligaciones). La estructura*. Caracas, Editorial Arte, 1985.

ZAPATA CARNAQUÉ, Esperanza Marlene: «*Mobbing*: una forma perversa de acoso laboral», http://www.cladperu.com.pe/web/archivos/produc-cion_intelectual/mobbing.pdf.